Prolog

Ich bin ein Sonntagskind, allerdings hat sich das Glück nicht besonders darum geschert.

Das Licht der Welt, das ich erblickte, fiel spärlich durch das vergitterte Fenster des Haftkrankenhauses in Jerichow – auf meine Mutter und auf mich, ihren frisch geborenen ersten Sohn. Der Tag war grau, die Wolken bedeckten den Himmel und es nieselte an jenem Tag. Draußen auf dem Hof drehten Schwangere unter Bewachung der uniformierten Schließerinnen ihre Runde, die täglich nur eine halbe Stunde dauern durfte.

Der Saal, in dem meine Mutter mit mir lag, war nichts anderes als eine Gruppenzelle für inhaftierte Frauen, die man aus der jeweiligen Haftanstalt nach Jerichow überführt hatte, damit sie dort ihre Kinder gebären konnten.

Auf die Welt geholfen hatte mir eine Mitgefangene meiner Mutter, eine wegen Kindsmord verurteilte Krankenschwester – wie ich einige Jahrzehnte später erfahren sollte.

Zweihundert Geburten soll es dort in diesem Jahr gegeben haben. Den Müttern wurde maximal zehn Wochen Zeit gelassen – bis dahin hatten sie die Säuglinge abzustillen, falls sie unter diesen Bedingungen überhaupt in der Lage waren zu stillen. Dann kamen sie zurück in den „richtigen" Strafvollzug und die Kinder wurden in Heime gesteckt oder zu Verwandtschaft gebracht.

Meine Mutter jedoch gehörte zu jenen, die keine Milch geben konnten. Und so landete ich schon nach vierzehn Tagen zunächst in einem Heim und dann bei „Pflegeeltern", die ich heute „Schläge-Eltern" nenne.

*

Was war los mit meiner Mutter?
Warum kam sie in Haft?
Von ihr habe ich das nie erfahren.
Das Puzzle über ihre Verhaftung, dessen Teile aus unterschiedlichen Quellen stammen, musste ich selbst zusammenfügen. Ob es hundertprozentig so stimmt, weiß ich bis heute nicht.

Meine Mutter war recht hübsch mit Anfang Zwanzig. Und wie es das Schicksal so wollte, hatte sie einen Freund, der war hochgradig kriminell. Nun gut, man schrieb das Jahr 1955 und teilweise war noch Selbstbeköstigung angesagt. Der Liebhaber meiner Mutter jedenfalls klaute Fotoapparate im Osten, die er in den Westen schmuggelte und dort verhökerte. Das brachte ordentlich Geld. Meine Mutter war bei dem einen oder anderen Raubzug dabei, versteckte das Diebesgut und unterstützte ihren Geliebten, wo sie nur konnte oder auch musste. Als junger Frau gelang es ihr offenbar nicht, den Verlockungen zu widerstehen, die so ein Gangster ihr bieten konnte, der immer Kohle hatte und auch mal eine Büchse Leberwurst für die Familie springen ließ.

Nichtsdestotrotz lernte Mutter einen anderen Mann kennen. Der spielte Trompete in einer Jazzkapelle, klaute nicht und kam aus gutbürgerlichem Hause. Und der junge Musiker verknallte sich wohl holterdiepolter in die blonde Schönheit.

Meine Zeugung stelle ich mir romantisch vor: mit Kerzenschein und Manieren, Charme und Grazie. Ja ja, mein Herr Vater war einer, zu dem man aufschauen konnte. Später stellte sich zwar heraus, dass er eine ganz schöne Pfeife war, aber so weit sind wir ja noch nicht. Sie wurde also von ihm schwanger, denn Kondome waren teuer und die Pille wurde erst 1960 zugelassen. Da war ich aber schon fünf und bekam bereits regelmäßig Keile von der zahnlosen Pflegemutter, zu der ich immer Mutter sagen musste.

Was war nun also los mit meiner Mutter?

Nichts Sonderliches eigentlich. Der Gangster wollte seine blonde Schönheit behalten.

Die war aber schon von dem Trompeter schwanger. Und so sagte der Gangster: „Wenn ich dich nicht haben kann, bekommt dich keiner."

So trug es sich zu, dass der Gangster aus Eifersucht die Volkspolizei informierte.

Meine Mutter wurde von Herren, die alle die gleichen Anzüge, die gleichen Schuhe, die gleichen Ledermäntel und dazu passend die gleichen Schlapphüte trugen, in ihrer eigenen Wohnung erwartet, verhaftet, eingelocht und zu drei Jahren Haft wegen Hehlerei verurteilt.

Und so kam es, dass ich schon im Knast saß, bevor ich auf der Welt war.

Zehn Jahre nach dem Krieg verlief das Leben noch nicht in so geregelten Bahnen wie heute.

Während Bundeskanzler Adenauer in der Sowjetunion die Rückkehr der letzten deutschen Kriegsgefangenen erwirkte, beeilte sich die UdSSR damit, die DDR als souveränen Staat anzuerkennen. Die Bundesrepublik trat der NATO und die DDR dem neugegründeten Warschauer Pakt bei. Im Westen flimmerte das erste Mal die Ratesendung *Was bin ich?* über die Bildschirme und im Osten erschien erstmalig das *Mosaik* mit den Abenteuern der *Digedags*.

Und ich war gerade geboren, saß im Gefängnis und konnte nichts machen. Noch nicht mal an der Brust meiner Mutter konnte ich saugen, weil der Knaststress die Milch nicht in ihre Brust schießen ließ.

Das bekam eine Gefangene mit, die sich Liebkind bei den Bewacherinnen machen wollte. Sie hatte nichts Besseres zu tun, als einer Wachtel, wie man die Schließerinnen im Frauengefängnis nannte, Bescheid zu geben. Und so wurde veranlasst, dass ich in ein Waisenhaus nach Berlin-Johannisthal in der Südostallee kam.

Ich war schon zwei Wochen alt, hatte eine Ernährungsstörung und eigentlich schon eine Macke weg. Draußen tobte das Leben.

Albert Einstein war bereits über sechs Monate tot, aber Rowan Atkinson, später besser bekannt als Mr. Bean, lebte schon ein dreiviertel Jahr.

Ich lag im Waisenhaus und wackelte, um einschlafen zu können, mit dem Kopf. Das ist nichts Außergewöhnliches, das machen alle Babys so, die mit dieser Bewegung die Brust der Mutter suchen. Sie schreien vor sich hin, bis sie die Brustwarze gefunden und angesaugt haben. Dann sind sie still und schlürfen friedlich aus der Mutter. Ist keine Mutter da, dann bleibt nur noch Kopfwackeln und Schreien.

Mein Schreien hörte irgendwann auf, wenn mal jemand mit einer Nuckelflasche vorbeikam.

Was passierte nun mit meiner Mutter?

Sie saß die ganzen drei Jahre ab. Kam völlig fertig aus dem Knast und ging erstmal wieder arbeiten. Mein Herr Vater mochte sich wohl mit einer Kriminellen, die aus dem Gefängnis entlassen wurde, nicht abgeben. Seine Musikerkarriere stand schließlich auf dem Spiel. Damals als Kind hatte er in der Hitlerjugend im Fanfarenzug freiwillig mitgemacht. Er wollte immer Trompete spielen. Und die Nazis boten das an. Es war billig und man war als kleiner Trompeter süß anzusehen. Und mein Vater konnte sich so durchs Leben blasen.

Nun lag ich da also im Waisenhaus in Johannisthal in Ostberlin und Tante Lenchen, die zwanzig Jahre ältere Schwester meiner Mutter, hatte gerade einen Platz in der Wohnung frei. Sie war mit Onkel Kurt verheiratet und lebte in der Stalinallee, die später dann die Karl-Marx-Allee wurde. Der gemeinsame Sohn hatte geheiratet und war ausgezogen. Und so holten sie also mich, ihr eigen Fleisch und Blut, wie Tante Lene stets betonte.

Alles schien schön. Alles so, wie es sein sollte. Alles mit Aussicht auf ein Happyend.

Mit Sprüchen wie „In unserer Familie war noch nie einer im Heim" und „Wir achten immer auf Ordnung und Sauberkeit" hatte Tante Lenchen wohl das Jugendamt überzeugt.

Und so kam ich im Lebensalter von zwei Monaten zum *Aktivisten der ersten Stunde*, Onkel Kurt, und seiner Gattin Tante Lenchen. Ich muss wohl sehr krank gewesen sein. In meiner Krankheitsgeschichte wurden Keuchhusten und Stoffwechselstörungen vermerkt. Mein Immunsystem hat die Trennung von der Mutter und die leckere Waisenhauskost wohl nicht so sehr vertragen. Tante Lenchen hatte eine Menge Rennerei mit mir. Sie war immerhin schon zweiundvierzig.

Anfangs war noch alles lustig. Ich war das „Schieperle", was immer das auch gewesen sein mag. Es schien alles friedlich. Die Ruhe vor dem Sturm. Und ich kränkelte und musste *Hoppe hoppe Reiter* spielen. Mit einer Mutter, die gar nicht meine Mutter war.

Meine richtige Mutter verschwand eines Tages aus Ostberlin. Sie seilte sich in den Westen ab und ließ mich im Osten zurück.

Als ich alt genug war, beschloss ich dann, ihr zu folgen. Nur gab es da indessen leider eine Mauer, die ganze Familien auseinanderriss und die auch mich von meiner leiblichen Mutter fernhielt.

Und so kam es wohl, wie es kommen musste …

Eins
(Kindheit)

Siebenstriem

Ein kurzer Schrei voll Wut und Hass.
Was ist nur wieder los?
Schon husche ich davon. Onkel Kurt, den ich Vater nennen soll, rennt hinter mir her.
Aus seiner Kehle kommen unartikulierte Laute. Nur seine Wut nehme ich deutlich wahr, seinen schrecklichen Jähzorn. Ich flüchte in die Küche. Das Herz schlägt mir bis zum Hals.
Gehe rückwärts, bis der Küchenschrank hinter meinem Rücken mich stoppt.
„Du Idiot! Du Null! Du Nichtsnutz! Du Versager! Dir werd' ich's zeigen!"
Er springt vor mir hin und her, um mich am Weglaufen zu hindern. Ich sehe die Waffe in seiner Hand.
Die Peitsche.
Den Siebenstriem.
Onkel Kurt wirkt bis aufs Äußerste angespannt. Er pirscht sich an mich heran wie ein Löwe, der zum Sprung ansetzt. Ich sehe etwas in seinen Augen, das mich im Innersten gefrieren lässt. So fixiert das Raubtier das Zebra, kurz bevor der tödliche Biss in die Kehle erfolgt. Ich erstarre vor Angst, kann mich nicht mehr rühren, verfalle in einen Totstellreflex. Onkel Kurt stellt seine Beute, lässt mir keinen Ausweg, hebt die Peitsche und holt aus. Doch plötzlich fliegen drei Riemen durch die Luft. Als er auf mich einschlägt, lösen sich weitere drei. Nur noch eine Lederschnur befindet sich an dem Holzgriff.
Unwillkürlich lache ich laut auf. Das war's dann, denke ich, als auch die letzte Schnur sich löst.
Doch Denken ist Glückssache und ich habe Pech.
Onkel Kurt drischt jetzt einfach mit dem Knüppel auf mich ein. Auf die Ellenbogengelenke, die ich dann drei Tage nicht richtig bewegen kann, auf den Kopf, auf dem eine riesige Beule sprießt,

auf die Hände, die vergeblich versuchen, meinen Schädel vor den Schlägen zu schützen.

Und warum? Wieso das alles?

Tante Lenchen, die ich Mutter nennen soll, hat sich mal wieder über mich beschwert. Ich habe das Bad nicht ordentlich genug geputzt. Ein Teller war nach dem Abwaschen nicht ganz sauber. Ich bin ein Störfaktor. Ich mache alles falsch. Und gebe dann auch noch Onkel Kurt, der schon mit schlechter Laune nach Hause kommt und mich zur Rede stellt, die falsche Antwort.

Heulend liege ich in der Ecke und schluchze: „Mutter hat gesagt, wenn alle Striemen abgefallen sind, gibt es keine Dresche mehr mit dem Ding. Und sie sind alle abgefallen!"

Doch Onkel Kurt scheint mich nicht zu hören.

Wieder hebt er den Knüppel, drischt wie ein Wahnsinniger auf mich ein.

Eine zweite Beule leistet der ersten Gesellschaft und die andere Hand schwillt auch an.

Während die Schläge auf mich einprasseln, schreit er jähzornig: „So lange du die Füße unter meinen Tisch stellst, mache ich mit dir, was ich will!"

Das war das letzte Mal, dass ich mit diesem Siebenstriem Senge bekam. Es hatte sich also gelohnt, die Lederstreifen anzuschneiden.

Ich war Sechzehn zu diesem Zeitpunkt und über zehn Jahre bin ich mindestens einmal pro Woche mit dem Ding verprügelt worden. Bis ich anfing mich zu wehren und meinen Verstand einsetzte – und ein kleines scharfes Messer mit dem ich die Riemen in aller Sorgfalt anritzte.

Der Siebenstriem bestand aus einem dreißig Zentimeter langen Hartholzknüppel, an dem, unter einer Ledermanschette, sieben Lederstreifen befestigt waren.

Ursprünglich war er wohl für die Reinigung von Uniformen gedacht. Man hing die Uniform auf einen Bügel und klopfte mit dem Ding den Staub ab. Früher haben manche Leute Rinder mit dieser Peitsche getrieben oder Pferde abgerichtet.

Ich kann mich gut erinnern, dass ich das Ding das erste Mal im zarten Alter von fünf Jahren zu spüren bekam.

Ich musste mich auf dem Korridor nackt ausziehen. Alle Türen wurden verschlossen und dann ging es los. Ich konnte zusehen, wie der Lederstriemen um meinen Arm schnellte oder das Ende vorn an der Brust sich in die Haut einschnitt. Die Stelle wurde erst blau, dann lila und dann rot. Wenn die Haut aufplatzte, fing es an zu bluten.

An diesen brennenden Schmerz konnte ich mich niemals gewöhnen. Ich war schutzlos der Willkür meiner Tante und meines Onkels ausgeliefert. Sie hatten kein Erbarmen.

Die Prügelexzesse wurden dann von Jahr zu Jahr heftiger.

Ich war fünf, sechs, sieben, acht, neun, zehn, elf, zwölf, dreizehn, vierzehn, fünfzehn, sechzehn Jahre alt.

Seit ich in die Schule ging, gab es zwei bis drei Mal pro Woche Prügel: mit Pantoffeln, mit den spitzen Hacken von Schuhen, mit dem Kochlöffel, mit Reibekeulen, mit nassen, eklig stinkenden Abwaschlappen oder eben mit dem Siebenstriem.

Meist setzte es die Prügel von Tante Lene, die ich Mutter zu nennen hatte.

Sie war eine strenge, derbe Frau. Wenn sie mich anbrüllte, weil ich wieder mal was vergessen hatte, sah man, dass ihr die oberen Schneidezähne fehlten. Die Eckzähne ließen sie dann beim Keifen wie einen Köter hinter dem Gartenzaun erscheinen, der an der Kette zieht und wütend die Zähne fletscht. Ihr langes Haar trug sie in einem Netz, das auf ihrem Nacken ruhte und aussah wie ein Drei-Kilo-Brot im Einkaufsbeutel.

Dass sie gar nicht meine richtige Mutter war, erfuhr ich durch einen Zufall.

„Deine Mutter ist nicht deine Mutter"

Der Krieg, über den nicht viel gesprochen wurde und wenn dann nur heimlich, war schon siebzehn Jahre vorbei. Ich war sieben. Der heutige Tag war kein besonderer Tag. Mutter weckte mich so früh, dass ich, wie fast jeden Morgen, vor Schulbeginn einkaufen gehen konnte. Sie war so fürsorglich, mich eine halbe Stunde zu früh loszuschicken, so dass ich vor dem Konsum warten sollte, um gleich der erste zu sein.

Diesmal brauchte ich nur anderthalb Liter Milch in der Kanne zu holen. Ich watschelte also mit der Aluminiumkanne los und tat automatisch, was von mir verlangt wurde. Das war eben meine Pflicht. Sie hatte keine Zeit zum Einkaufen, denn die Kaffeeklatschrunden mit der Nachbarin waren sehr zeitintensiv. Als ich mit der dreiviertel vollen Kanne wieder oben ankam und meinen Zwieback essen wollte, sagte sie, dass ich noch für Vater eine Zeitung holen sollte. Die fünfzehn Pfennig lagen schon abgezählt auf dem Küchentisch und so rannte ich nochmal schnell die Treppen runter zum Zeitungskiosk, der unweit unseres Hauseingangs war, gab das abgezählte Kleingeld, schnappte mir das Gewünschte und rannte die Stufen wieder hoch. Die Mutter schloss die Wohnungstür auf und nahm mir die Zeitung aus der Hand. Mein Magen knurrte und ich freute mich auf mein Frühstück, das schon auf dem Küchentisch stand. Um halb acht musste ich den Schulweg starten.

„Mach, mach, mach", sagte sie ungeduldig.

Ich schob mich auf den Küchenstuhl und der säuerliche Geruch der Milch stieg mir in die Nase.

„So mein Freundchen", sagte sie böse. „Die Zeitung bringst du wieder runter! Die hat ein Eselsohr."

Ich gehorchte, obwohl mir das Wasser schon im Mund zusammenlief. Ich griff nach dem Blatt, das sie mir vorwurfsvoll hinhielt, und peste die Treppen nochmal runter, hin zum Kiosk, um den Mangel zu beklagen.

„Mutter hat gesagt, ich möchte bitte eine andere Zeitung holen, weil hier ein Eselsohr ist." Dabei errötete ich, denn ich schämte mich in dem Moment für meine Segelohren, die immer für Gespött sorgten. Mutter zog oft dran und so schienen die auch immer länger zu werden. Die Zeitungsfrau sah mich an und ihr Blick wurde mitleidig. Mir war es peinlich, wie so oft. Die Leute waren immer so nett und Mutter hatte nie einen guten Gedanken für auch nur einen einzigen Menschen übrig. Aber nur, wenn sie allein mit mir war, beschimpfte sie alle als dreckig und schlampig. Wenn sie sich mit den Leuten unterhielt, dann war sie zu denen freundlich. Das kam aber nicht allzu oft vor.

Die Zeitungsfrau beugte sich zu mir herunter und setzte eine Miene auf, von der ich nicht wusste, was sie bedeuten sollte. Dann sagte sie etwas zu mir, aber ich dachte, dass ich mich verhört haben musste. Automatisch schüttelte ich den Kopf.

Die Frau seufzte und wiederholte diesen Satz, der seltsam klang und irgendwie verrückt: „Deine Mutter ist nicht deine Mutter." Ich dachte immer noch, ich höre nicht richtig und grinste. „Die Alte da oben ist nicht deine Mutter." In ihrer Stimme lag nun eine Spur von Ungeduld. „Deine Mutter ist die blonde Frau, die manchmal aus dem Westen bei euch zu Besuch kommt." Ich beschloss, das für einen sonderbaren Scherz zu halten und grinste verlegen. Die war wirklich sehr sympathisch und versuchte wohl witzig zu sein.

Doch dann beugte sie sich noch ein bisschen tiefer zu mir herunter, so dicht, dass ich ihren sauren Atem wahrnahm und ihn auf meiner Wange spürte. „Weißt du das denn nicht?", fragte sie. Dabei hatte sie immer noch diesen mitleidsvollen Blick, der mir jetzt zu nah vorkam, fast furchteinflößend.

Erst allmählich begriff ich, was ihre Worte bedeuteten. Mein Hunger war plötzlich weg. Ich dachte nicht mehr an meinen Zwieback und an die warme Milch, die inzwischen bestimmt schon kalt war. Ich schnappte mir die bemängelte Zeitung und rannte die vier Stockwerke wieder hoch, schmiss der Alten die Zeitung vor die Füße und sagte: „Du hast mir gar nichts zu sagen! Du bist nicht meine Mutter."

Sie schlug mir sofort ins Gesicht. Und dann noch einmal. Rechts, links, rechts, links.

In meinen Ohren pfiff es und ich hörte ihre Stimme undeutlich, als sie mich anschrie. Ich nahm sie nur gedämpft wahr, die Worte kamen wie durch Watte gesprochen bei mir an: „Was soll das? Bist du nicht ganz dicht? Du bist mein eigen Fleisch und Blut! Ich werd dir zeigen, wer hier deine Mutter ist!" Klatsch, klatsch, klatsch, klatsch. Rechts, links, rechts, links.

„Und ich hatte dir gesagt, du sollst eine *neue* Zeitung holen! Was schleppst du die Alte wieder an? Ab Marsch und mit der Frau im Kiosk wird kein Wort mehr gewechselt! Nie wieder! Hast du kapiert?"

Die Nachbarin, die zum Kaffeeklatsch gekommen war, bekam alles mit und starrte mich mit großen Augen an. Ich heulte Rotz und Wasser und schämte mich, dass sie mich so sah.

Noch einmal lief ich mit der Zeitung die Treppe hinunter. Aus meiner Nase floss Blut, es rauschte in meinen Ohren und ich konnte vor lauter Heulen kaum etwas sehen.

Der Zeitungsfrau hielt ich stumm die alte Zeitung hin und sie gab mir kopfschüttelnd eine neue. Sie sagte noch etwas zu mir, der Ton klang mitleidig, aber ich konnte sie durch das Sausen in meinem Kopf nicht verstehen. Sie sprach zu leise. Und ich fragte nicht nach, sprach kein Wort und sagte auch nicht „Auf Wiedersehen", so wie sonst.

Ich rannte so schnell ich konnte hoch und die Alte schlug mir sofort wieder ins Gesicht. Diesmal, weil Blut auf der Zeitung war.

Wo war nur meine Mutter?
Wieso war die nicht bei mir?

Schönschrift

Ich wurde 1962 eingeschult. Wir wohnten in der Karl-Marx-Allee in Berlin und auf der anderen Straßenseite wurde das Filmtheater Kosmos fertiggestellt und füllte die Lücke zwischen den Zuckerbäckerbauten. Die Grenze von Ost- nach Westberlin war seit einem Jahr dicht, aber natürlich ahnte ich damals noch nicht, was das für mich und mein weiteres Schicksal bedeuten sollte.

Auch interessierte ich mich gerade für anderes: zum Beispiel für Fräulein Flieder. Sie war meine erste Klassenlehrerin und ich verliebte mich gleich in sie. Sie war nie böse und hörte immer zu, wenn ich mit ihr sprach. Meine Liebe fand ein jähes Ende, als sie auf einmal Frau Krause hieß und unter den Achseln immer rasiert war.

Tante Lenchen, die darauf beharrte, dass ich sie weiter Mutter zu nennen hatte, brachte mich immer fein gestriegelt mit einer Brottasche um den Hals und den Ranzen auf dem Rücken in die Schule und holte mich auch wieder ab. Morgens hatte ich stets eine Klemme im Haar, damit die Tolle mir nicht so ins Gesicht fiel. Als ich nach dem Unterricht aus dem Schulgebäude kam, fehlte diese meist und ich erhielt zur Begrüßung gleich eine geknallt.

Tante Lenchen hatte immer genug Klemmen auf Lager und nachdem ich mir die Tränen aus dem Gesicht gewischt hatte, bekam ich wieder so ein Ding verpasst. Sie drückte dabei so sehr, dass sie dabei meine Kopfhaut zerkratzte. Manchmal hatte ich Glück und konnte mit der gleichaltrigen Nachbarstochter gemeinsam zur Schule gehen.

Tante Lene überließ nichts dem Zufall. Ich wurde stets adrett ausstaffiert: Weiße Socken, kurze Hose, auch wenn es schon kühler wurde, Fassonschnitt und Haarklemme für die Tolle, die sich nicht bändigen lassen wollte. Allerdings hatte ich Segelohren und „eine Schnauze, mit der man die Banane querfressen kann" – so drückte es Tante Lene aus. Und genauso sah ich mich auch: Klein, dumm, hässlich, frech und zu nichts nütze.

Die Schule war mir ein Gräuel. Alle schienen mich dort zu hassen. Dass es gar nicht so war, stellte sich erst viel später heraus. Ich empfand es zu dieser Zeit so. Ich stand draußen. Oft amüsierten sich die Kinder und erzählten von ihrem gestrigen Spiel. Ich wollte auch was erzählen, konnte aber nur Faxen machen, um die Aufmerksamkeit auf mich zu lenken.

Das ging einigen auf die Nerven und sie fingen an, mich zu verprügeln. Wer will schon den ganzen Tag mit jemandem zu tun haben, der nur Quatsch macht und ständig Grimassen zieht.

„Wir lernen für unsere sozialistische Gemeinschaft", predigten die Lehrer und ich gehörte einfach nicht zu dieser Gemeinschaft.

Zuhause musste ich Schönschrift üben. Da wurde mir mit dem Knüppel eingebläut, dass ich nur für mich lerne. Und sauber schreiben gehörte dazu. Das Witzige war, dass ich mit rechts und mit links schreiben konnte. Das haben mir die Alten beide ausgetrieben. Meine linke Hand wurde auf dem Rücken festgebunden. Klappte das nicht, musste ich mich auf die Hand setzen, bis sie taub wurde. Durch die Heulerei zerlief die ganze Tinte auf dem Papier. Es gab Schellen, weil ich mit dem Schreiben nicht fertig wurde. Rechts, links und links und rechts.

Nun wurde ich noch zum Schreibwarenladen geschickt, um ein neues Heft zu kaufen. Wegen der Spur der Tränen musste ich alles noch einmal abschreiben, nicht nur die eine Hausaufgabe, sondern das komplette Heft. Tante Lene saß neben mir und passte auf, dass ich nicht wieder alles voll heulte.

Unter Beobachtung

Mein Schulweg war keine dreihundert Meter lang, einfach nur die Lasdehner Straße runter geradeaus, und eigentlich gab es keinen Grund für Tante Lene mich ständig zu begleiten und abzuholen.

Der Unterricht begann mit dem üblichen Pioniergruß des Lehrers „Für Frieden und Sozialismus, seid bereit!" und unsere Antwort „Immer bereit!" klang manchmal auch eher nach einem genuschelten „Immer breit", verbunden mit dem Hahnenkammgruß, der an manchen Tagen auch nicht so zackig sozialistisch ausfiel, wie sich die Lehrer das vielleicht wünschten. Dann sangen wir als Zweitklässler noch mehr oder weniger enthusiastisch: „Kam ein kleiner Teddybär aus dem Spielzeuglande her, und sein Fell war wuschelweich, alle Kinder riefen gleich: Bummiii, Bummiii, Bummi, Bummi, brrrumm, brrrumm, brrrumm. Bummiii, Bummiii, Bummi, Bummi, brrrumm, brrrumm, brrrumm!" Später folgten „Fröhlich sein und singen, stolz das blaue Halstuch tragen!", „Das Lied vom kleinen Trompeter", „Wer will fleißige Handwerker sehn", „Hoch auf dem gelben Wagen", „Horch, was kommt von draußen rein" und noch später die Arbeiterkampflieder wie „Die Internationale" und „Brüder zur Sonne zur Freiheit" und das „Hans-Beimler-Lied" oder auch die erste Strophe von den „Moorsoldaten".

Ich sang die Lieder gern und konnte sie in- und auswendig, so dass ich sie auch im Schlaf hätte singen können. Einige Jahre danach, als ich in Haft kam, sollten die ins Gedächtnis eingebrannten Texte und Melodien noch eine Rolle für mich spielen.

Was ich weniger mochte, war, in der Schule still zu sitzen und zuzuhören.

Ich durfte mich ja schon zu Hause kaum bewegen.

Und jetzt saß ich also artig und bewegungslos in der Klasse – jedenfalls immer dann, wenn ich das Gefühl bekam, Tante Lene sieht alles.

Der Neubau, in dem wir unterrichtet wurden, hatte große Fenster und ich bildete mir stets ein, dass Tante Lenchen vom Wohnzimmer aus ins Klassenzimmer gucken konnte. Sie wusste ja genau, wo ich sitze.

Sie sah, wenn ich mit dem Stuhl kippelte. Sie sah, wenn ich Faxen machte und auf dem Tisch herumturnte, während der Lehrer an der Tafel schrieb. Ich kam da manchmal nicht so schnell wieder runter und handelte mir dann oft eine Fünf in Betragen ein oder wurde gefragt, was gerade dran war. Das wusste ich natürlich nicht, weil ich ja Faxen machte. Dann gab es noch eine Fünf im Fach. Je schwerer der Stoff wurde, umso mehr Faxen machte ich.

Tante Lenchen kam eines Tages in die Schule und ordnete an, dass ich ein Verhaltensheft zu führen hätte. Jeder Lehrer war angewiesen, mein Verhalten zu benoten.

Von nun an saß ich also immer ganz ganz still und brav allein in der ersten Reihe und hatte Angst, eine schlechte Betragensnote zu bekommen.

Nun machten die anderen hinter mir Faxen und ich durfte nicht. Sogar meine in der Klasse allseits beliebten Grimassen konnte ich nicht mehr ziehen, da ich ja vorn direkt vor der Nase des Lehrers saß.

Ich fing an, schwächere Schüler zu hänseln und zu ärgern. Jeder, der ein bisschen doof war, wurde sofort von mir aufs Korn genommen und zum heimlichen Gespött gemacht.

Meine Klassenlehrerin bekam das irgendwann mit und beauftragte mich, genau diesen Schülern Nachhilfe zu erteilen. Tante

Lenchen wurde in die Schule zitiert und es wurde verabredet, dass ich das zu leisten hätte. Einerseits freute ich mich. Ich hatte endlich mal Kinder bei mir zuhause. Andererseits waren es nicht die, die ich gern dagehabt hätte.

Also machte ich mit Schülern, die in irgendwelchen Fächern hinterherhinkten, Hausaufgaben. Der Eddie ist so von seiner versetzungsgefährdenden Fünf in Mathe auf eine Drei hochgerutscht, und er hat mir sehr gedankt, mir sogar ein Buch geschenkt.

Ich konnte den nie leiden. Keiner konnte den leiden. Der war immer am Grinsen und superfreundlich. Er mochte mich hingegen sehr. Und seine Eltern waren genauso nett und freundlich und grinsten den ganzen Tag.

Ich konnte so viel Freundlichkeit nicht ertragen.

Natürlich wäre ich besser dran gewesen, wenn ich mich mit Eddie verbündet hätte. Denn er musste auch ein Betragensheft führen, bei ihm waren die Schwerpunkte Mitarbeit und Fleiß.

Doch damals kam mir das nicht in den Sinn. Ich tat, was mir gesagt wurde, nicht wegen den Lehrern, sondern weil Tante Lene mich beobachtete, kontrollierte und bei jedem noch so kleinem, angeblichem Fehlverhalten bestrafte.

Für die Lehrer war es einfach bequem, dass ich mit der Nachhilfe aus doofen Kindern schlaue machte. Sie schlugen zwei Fliegen mit einer Klappe: Denn aus dem Zappelphilipp und Klassenclown wurde dadurch ein recht ruhiger Schüler.

Dass mit mir etwas nicht stimmte, merkten die Kinder nur, weil ich immer verheult war, wenn sie mir auf der Straße begegneten, wenn ich für Tante Lenchen einkaufen musste.

Gesagt hat niemand etwas.

Meine Musiklehrerin merkte, dass ich gut singen konnte und schlug mir vor, in den Chor einzutreten. Ich freute mich und wollte unbedingt mitmachen.

Doch Tante Lene sagte zuhause zu mir: „Wehe, wenn du in diesen Chor gehst! Ich schlage dir den Schädel ein!"

In der Schule druckste ich dann herum und sagte der Musiklehrerin, dass ich doch nicht möchte. Sie ließ aber nicht so schnell locker und besuchte uns.

Es war alles blitzeblank, als sie kam. Alles gesaugt, gewischt und gebohnert. Alles hatte seinen Platz. Nichts lag herum. Kein Knüppel, keine Peitsche. Kein Blut war zu sehen.

Tante Lene erklärte dann, dass ich leider keine Zeit hätte, um in den Chor einzutreten.

Und so ist die studierte sozialistische Pädagogin wieder abgedackelt.

Und ich machte alles, was von mir verlangt wurde.

Ich machte alles, außer im Chor zu singen.

Beim Jugendamt

Zum Jugendamt mussten wir auch. Ich habe das gehasst, weil ich da immer wie ein Anziehpüppchen hergerichtet wurde. Mein Hass nutzte mir nichts. Tante Lene quetschte mir die Finger, bis ich wimmerte und sagte: „Mama ist lieb, ich bin böse."

Beim Fingerquetschen sieht man keine Striemen und keinerlei Beulen oder andere Blessuren.

Außer den weißen Socken oder weißen Kniestrümpfen hatte ich dann Sandalen anzuziehen. Die besaßen einen Druckknopf und der wurde, wie der Name schon sagt, zugedrückt. Ich allein bekam diese Knöpfe nicht zu. Hatte keine Kraft in den Fingern, obwohl ich mir immer alle Mühe gab. Tante Lene presste den Metallknopf dann mit ihrem Daumen so tief wie möglich in meinen Fuß hinein.

Es tat weh, doch wenn ich zusammenzuckte oder „Aua" sagte, kam von ihr der Spruch: „Wenn du Idiot das nicht zukriegst, muss ich das eben machen!" Und: „Hab dich nicht so mädchenhaft!"

Auf dem Weg zum Jugendamt hieß es dann: „Wehe du heulst da und versuchst wieder Mitleid zu erregen!"

Als ich dann wusste, dass Tante Lene und Onkel Kurt nicht meine richtigen Eltern sind, erklärte mir die Frau vom Jugendamt: „Deine Mutter Maria ist in den Westen geflüchtet. Sie hat im Gefängnis gesessen. Und du bist bei deinen Pflegeeltern, die alles Menschenmögliche für dich tun, *Junge!*"

Ich hörte staunend zu. Doch bevor ich noch eine Frage stellen konnte, schickte sie mich raus auf den Flur.

Da dachte ich dann über das Gehörte nach. Allzu blöd war ich nicht. Ich wusste, dass ich kein Mädchen war. Ich wusste nur nicht, warum ich nicht bei meiner Mutter lebte.

Die Frau und Tante Lene redeten dann ewig hinter dieser Tür, die für mich verschlossen war.

Ich saß allein auf dem Gang vom Jugendamt. Solange ich denken kann, saß ich da immer allein.

Ich sah die Tür an und hörte gedämpft, ohne ein Wort zu verstehen, die Stimmen der beiden Frauen, die über mich sprachen, als wäre ich gar nicht da.

Sie quatschten und quatschten und quatschten.

Ich saß mit kurzen Hosen und weißen Kniestrümpfen und diesen Sandalen mit den scheußlichen Druckknöpfen da herum. Draußen war es warm, aber hier drinnen war mir kalt. Je länger ich dort ausharren musste, desto kälter wurde mir. So kalt, dass meine Beine blau anliefen.

Von außen betrachtet, wirkte ich sicherlich wie ein ordentliches, vielleicht etwas zu dünnes Kind. Ich hatte ein frisch gebügeltes Campinghemd an. Ich war gekämmt und trug diese Klemme im Haar.

Irgendwann kamen die Erwachsenen heraus aus der Amtsstube.

Tante Lenchen liebkoste mich vor der Jugendamtsfrau, so dass Glücksgefühle in mir aufkamen und ich einen Moment dachte, dass von jetzt an alles anders wird. Doch auf dem Heimweg begann sie wieder damit, mich zu kneifen und mir meine Hand zu quetschen, bis ich anfing zu weinen.

„Wirst du wohl aufhören zu flennen?", schnauzte sie mich an. „Du hast doch gar keinen Grund hier herumzuheulen!"

Zuhause musste ich dann den Wasserhahn und die Herdstange mit Sidol blank putzen.

Wenn alles schön glänzte, spielte sie Hoppereiter mit mir oder sie legte mich ins Bett und drückte mich an sich.

Mutter kommt

Ich wartete schon inbrünstig, heiß und sehnsüchtig, seitdem ich erfahren hatte, dass Maria am Sonnabend kommen würde. Und heute war Sonnabend. Heute kam Maria, meine echte Mutter.

Endlich klingelte es. Lene und Kurt waren auch ganz aufgeregt, denn die Frau, von der ich jetzt erst wusste, wer sie wirklich war, brachte ja immer was Schönes für sie aus dem Westen mit: Zigaretten, Seife, Kaffee, Butter, Apfelsinen, Schokolade und Bananen.

Die Tür ging auf und Lene hatte einen starren, erwartungsvollen Blick. Sie kaute, obwohl sie nichts im Mund hatte. Und Kurt stierte dem Besuch mit einem irgendwie eingefrorenen Lächeln entgegen.

Maria betrat den Flur. Für mich schien auf einmal die Sonne. Ich empfand den Raum wärmer, größer und heller. Ich rief ganz laut: "Mutter!" zu ihr und plötzlich verstummten alle drei Erwachsenen in ihrem Begrüßungszeremoniell und sahen mit ernster Miene zu mir. Lene und Kurt blickten missbilligend zu mir herunter und Maria schaute mich mit einem herzerwärmenden Lächeln an. Ihre Augen funkelten dabei. Dann fauchte mich Lene an, dass ich in mein Zimmer gehen soll, um dort zu spielen. Ich hatte kein Zimmer, aber sie deutete mit ihrem ausgestreckten Zeigefinger auf die Schlafzimmertür. „Sofort!", rief sie streng im Kommandoton. So ging ich dann dem Befehl folge leistend ins kleine Schlafzimmer und spielte dann dort mit meinen Holzbaukastensteinen auf der winzigen mir zum Spielen zugeteilten Fläche zwischen Bettkante und Kleiderschrank.

Mechanisch schob ich die Klötzer hin und her und sah immer wieder zur Tür. Sie war geschlossen, doch eine leichte Nebelschwade von Zigarettenqualm drang zu mir. Mir erschien der Duft herrlich, nur weil er von meiner Mutter kam. Ich konnte kaum erwarten, endlich bei ihr zu sein.

Nach einer Weile, die mir ewig lang erschien, betrat sie ganz leise und vorsichtig das Schlafzimmer und lächelte mich an. Hinter ihrem Rücken holte sie langsam etwas hervor: ein Auto! Kein kleines Matchboxauto, sondern ein Mercedes mit Fernsteuerung. Ich war wie berauscht. Sowas hatte ich noch nie gesehen. Sie stellte es auf den Boden und blieb noch einen Moment stehen, um zu gucken, wie ich mich freute. Aber ich konnte mich nicht freuen. Ich staunte über das sonderbare Spielgerät, aber noch mehr staunte ich über diese Frau, die also nun meine richtige Mutter sein sollte. Dann ging sie wieder aus dem Zimmer. Die Tür blieb halb offen und ich stand da und lauschte auf jeden Ton von ihr. Sie ging nur auf die Toilette. Doch alles, was sie tat, jede Bewegung registrierte ich wie ein Luchs. Sogar das Gluckern des Urins, das Rascheln der Kleidung, die Art wie sie spülte erschienen mir anders als die Geräusche von Lene und Kurt. Sie kam zu mir zurück und lächelte erwartungsvoll. Es hatte den Anschein, dass sie sich mehr über das Auto freute, als ich es konnte. Ich staunte immer noch. Doch das Auto fuhr nicht. Sie hatte keine Batterien mitgebracht.

Sie ging wieder zu Lene und Kurt, und dort tranken sie die nächste Kanne mitgebrachten Westkaffee. So ging das stundenlang. Und dann wurden nebenan alle unruhig, denn meine Mutter musste wieder nach Westberlin. Sie kam zu mir und sagte, ich soll mal in die Küche kommen. Dort setzte ich mich auf ihren Schoß und sie schälte eine Banane, die sie mitgebracht hatte. Normalerweise waren Bananen etwas Heiliges. Sie rochen betörend und schienen etwas mitzubringen aus dem Land, aus dem sie kamen: einen Hauch aus der freien weiten Welt. Wenn ich sie denn endlich essen durfte, wurde sie nicht einfach gekaut, sondern gelutscht, wie ein ganz besonderes Bonbon. Stück für Stück.

Meine Mutter jedoch schien von diesem Ritual nichts zu wissen.

In einem gönnerhaften Ton sagte sie zu mir: "Iss so viel du kannst." Ich verschlang die Banane. Sofort schälte sie noch eine zweite und schließlich eine dritte und vierte Banane für mich. Zwischendurch gab es noch ein paar Stücken Schokolade. Dabei murmelte sie mir zu: „Je mehr du isst, umso weniger futtern Lene und Kurt dir was weg." Sie streichelte mich und der Bananen- und Schokoladengeruch mischten sich mit ihrem Duft. Ich stopfte alles in mich hinein, so wie sie es von mir zu erwarten schien, doch immer mehr spürte ich ihre Unruhe. Sie wollte weg. Weg von mir.

Auf einmal wurde mir schlecht und plötzlich kotzte ich alles wieder aus.

Jetzt hatte niemand mehr etwas von Westbananen und Westschokolade. Lene und Kurt nicht und ich auch nicht. Dann kam das, was kommen musste: Lene marschierte in die Küche. Immer wenn sie den Verdacht hegte, dass etwas aus ihrer Kontrolle geriet, reagierte sie forsch. Und so sah sie das Erbrochene, den angeekelten Blick meiner geliebten Mutter und brüllte mich an, was das soll. Schrie herum, dass ich mich nie benehmen könne, wenn jemand zu Besuch ist. Und wieder streckte sie ihren Zeigefinger aus und diesmal deutete sie Richtung Badezimmer. „Ab ins Bad und lass dich ja nicht mehr hier blicken!"

Ich gehorchte. Meine Mutter sagte leise etwas und es kam mir vor, als würde sie mich in Schutz nehmen. Doch dann hörte ich wieder Tante Lene und ihre Worte nahm ich klar und deutlich wahr: „Geh! Geh nach Hause! Und das nächste Mal gib *uns* die Bananen oder hast du Angst, dass der Idiot keine abkriegt?"

Der Idiot, das war ich. Wer sonst?

Unvermittelt riss Lenchen die Badezimmertür auf und befahl, dass ich rauskommen und vernünftig *Auf Wiedersehen* sagen soll. Der Besuch war beendet, die Gesichter wirkten beim Abschied alles andere als erfreut. Ich wollte mit meiner Mutter mit, die doch meine richtige Mutter war. Aber sie war plötzlich weg, die Tür fiel hinter ihr ins Schloss und ich bekam gleich rechts und links Ohrfeigen von Tante Lenchen.

„Ich bin deine Mutter, hast du mich verstanden? Diese Schlampe hat für dich nichts übrig. Sie denkt, dass sie sich hier einschleimen kann mit ein paar Bananen. Die sind wohl vergiftet gewesen. Oder warum hast du gekotzt, du Schwein? Nimm dir einen Eimer, Scheuerlappen und Schrubber und wische die Küche, die Flure und draußen den Gang. Aber ordentlich! Sonst setzt es was. Hast du mich verstanden?!?"

Dann gab es noch ein paar Klapse auf den Kopf und ich beeilte mich, ihren Forderungen nachzukommen, wischte die klebrige Kotze weg, säuberte die Küche, die Flure und den Gang draußen. Dabei dachte ich immer an Mutter. An ihren Geruch, an ihre Art sich zu bewegen und an ihre Augen und den Mund. Am schönsten fand ich immer ihren Duft. Sie roch so schön nach Westen.

Irgendwann kam Lene und blaffte von hinten, ob ich bald fertig bin mit Wischen. „Das Geschirr muss noch abgewaschen werden!", herrschte sie mich an.

Der Pinguin auf unserem Hof

Auf unserem Hof stand ein einsamer Pinguin und beobachtete die spielenden Kinder.

Er war aus Stein und gehörte zu einem Spielplatz mit Klettergerüst, Bänken für die Erwachsenen, einem großen runden Buddelkasten und einer Wippe.

Er wirkte etwas fremd, als würde er nicht dazugehören, er bewegte sich nicht, man konnte nicht auf ihm schaukeln oder wippen. Er war eben aus Stein.

Auch ich gehörte nicht dazu, konnte nicht schaukeln, wippen und da unten mit den anderen Kindern herumtollen. Vom Balkon aus sah ich verstohlen und neidisch dem ausgelassenen Treiben zu.

Nachmittags konnte ich oft den Lärm von vielen, vielen Kindern hören, die sich dort tummelten. Die Größeren spielten Fußball und Federball, die Mädchen hopsten mit und ohne Gummi. Die Kinder fuhren Roller, alle tobten und lachten und machten einen frohen Eindruck. Nur ich hockte in der Wohnung und durfte nicht raus.

„Mami, darf ich nachher runter?", fragte ich Lene, wenn ich all die Fröhlichkeit da unten genug beobachtet hatte und mein Alleinsein nicht mehr aushielt.

Manchmal sagte sie sogar *„Ja"*. Doch bevor ich mich zu früh freuen konnte, hieß es: „Aber vorher gehst du noch einkaufen. Hol mir zwei Pfund Zucker!" Mit der Bezeichnung Kilogramm konnte sie nie etwas anfangen.

„Und dann darf ich runter?"

„Ja."

Also wetzte ich mit dem Kleingeld in der Hand die vier Treppenabsätze nach unten und lief das kurze Stück zum Konsum.

Geduldig wartete ich in der Schlange und freute mich auf die

Wippe und das Klettergerüst. Vielleicht konnte ich sogar endlich mit den anderen Kindern spielen?

Zucker und Kleingeld wechselten den Besitzer und ich raste zurück zum Haus, die Treppe im Sauseschritt hoch. Oben wurde ich schon erwartet. Ich gab Lene das Päckchen Zucker und fragte, wann ich wieder oben sein soll.

„Jetzt musst du noch Milch holen", sagte sie und schickte mich erneut los.

Runter die Stufen, Geld gegen Milch, zurück zum Haus und die Treppe hoch.

„Mir fällt gerade ein, dass wir auch Margarine brauchen."

Dann Mehl. Und schließlich noch Zigaretten. Die gab es am Ende der Straße.

Als sie die Schachtel Casino in den Händen hielt, fiel ihr auf, dass der Wein dazu fehlte.

Um *Balkanfeuer* zu kaufen, einen roten Dessertwein, der aus Bulgarien stammte, musste ich noch einmal die ganze Karl-Marx-Allee hinunter.

Kaum zu Hause schickte sie mich Kohlen holen aus dem Keller. Der Herd in der Küche ließ sich nur mit Kohlen beheizen, auch im Sommer.

Danach fiel ihr ein, dass die Schuhe geputzt werden mussten: ihre, meine und die von Onkel Kurt. Und da alles stets sauber zu sein hatte, durfte ich Zuguterletzt noch den Gang fegen.

Auf einmal war es zu spät, um noch runterzugehen und zu spielen.

Sechzehn Uhr Dreißig hieß es: „Ausziehen, waschen!"

Dann kam Onkel Kurt nach Hause und es gab Essen.

Ich saß im Schlafanzug da und sah zum Fenster hinüber. Die Stimmen der Kinder vom Hof waren weniger geworden und hörten schließlich ganz auf.

Den Abwasch hatte ich noch zu erledigen und anschließend das Bad zu putzen.

„Mach dich fertig!", schrie Tante Lene, wenn ich ins Bett sollte. „Hopp hopp! Zack zack!"

Den Pinguin-Platz habe ich nur zweimal betreten dürfen. Beide Male kamen Tante Lenchen und Onkel Kurt aus der Gaststätte *Gubener Eck*, die von beiden liebevoll *Die Ecke* genannt wurde, wohl weil sie sich in einem Eckhaus befand.

In der *Ecke* verbrachten sie viel Zeit.

Gelegentlich, wenn sie mich nicht gerade zuhause einschlossen, nahmen sie mich mit in die Kneipe, in der sich der Zigarettenqualm mit dem Geruch von Bier und Schweiß vermischten. Mir wurde dort schnell sehr langweilig. Es wurde so viel geraucht, dass ich kaum Luft bekam. Ich musste ganz still auf dem Stuhl sitzen und artig sein. Hin und wieder erhielt ich ein Malzbier. Ich durfte dann mit den Bierdeckeln spielen. Wenn ich mal aufs Klo musste, hatte ich zu fragen: „Darf ich mal bitte auf die To-lette?" Erst nachdem der Alkohol Tante Lenchen und Onkel Kurt schon etwas erschlaffen ließen, durfte ich dann raus auf die Straße.

Zu Spielen gab es da nichts. Mal fand ich einen Stock, mal einen Pflasterstein, mal pulte ich auch Steine aus dem Gehweg.

Bei Anbruch der Dämmerung liefen wir dann von der *Ecke* die Hildegard-Jadamowitz-Straße entlang nach Hause. Die beiden Erwachsenen waren „schwer angegangen" wie man damals zu sagen pflegte. Tante Lenchen warf Onkel Kurt die Trunkenheit auch vor.

„Ich bin hier der Verdiener und ich kann machen, was ich will", brummte er dann. Umgekehrt machte er ihr nie Vorwürfe. Dass sie auch alles andere als nüchtern war, schien ihm egal zu sein.

Zu Hause hieß es dann: „Ausziehen und ab ins Bett!" Meist folgte noch: „Mach, mach, mach! Ich will endlich mal Feierabend haben!"

Ich baute ein Päckchen aus meiner Kleidung, wusch meine Hände und mit einem Lappen das Gesicht und verschwand im Schlafzimmer. Dort lag Onkel Kurt schon besoffen in seinem Bett, ungewaschen und nach Schnaps und Bier stinkend und schnarchte. Der Raum war sehr klein, die Luft schnell aufgebraucht. Tante Lenchen interessierte das nicht. Sie machte die Schlafzimmertür zu, um nicht das Geschnarche zu hören. Sie ging auf den Balkon und rauchte noch eine Zigarette, bevor sie auf der Couch im Wohnzimmer ihr Nachtlager herrichtete.

Onkel Kurt schnarchte so laut, dass ich lange brauchte, ehe ich einschlafen konnte.

Mitunter, wenn meine Pflegeeltern von der *Ecke* nach Hause kamen, passierte es auch, dass Onkel Kurt sich zu mir ins Bett legte. „Muss mich nur mal kurz ausruhen", murmelte er dann. Nach einer Weile fing er an, mein Gesicht zu lecken. Ich presste Mund und Augen zu, tat so, als würde ich schlafen und spürte diese eklige nach Schnaps und Bier stinkende Zunge, die über meine Nase, meine Wangen, meine Lippen fuhr. Das ging immer eine ganze Zeitlang so.

Dabei wurde auch immer mal an meinem Geschlecht herumgefummelt.

Ich nahm wahr, dass sich sein Atem veränderte und dass er einen Steifen bekam, auch wenn ich das damals noch nicht hätte benennen können und nicht wusste, was das zu bedeuten hatte. Ich ekelte mich sehr und versteinerte innerlich, wie der Pinguin, der auf unserem Hof stand. Irgendwann verschwand Onkel Kurt dann auf dem Klo und blieb dort manchmal eine ganze Stunde lang. In der Zwischenzeit lag dann Tante Lenchen neben mir und drückte mich ganz fest an sich. Manchmal begrapschte auch sie meinen Kinderpimmel. Manchmal furzte sie mir lautstark ins Gesicht. Immer alles aus Versehen, wie sie behauptete und sich dann dabei köstlich amüsierte.

Obwohl sie nach Zigaretten und Wein stank, dachte ich, das ist Mutterliebe.

Am Morgen um Sechs wurde ich geweckt: Tante Lene kam ins Schlafzimmer, riss mir die Decke weg und schrie im Kommandoton: „Los los, raus aus den Federn, dalli dalli!"

Onkel Kurt war dann schon weg.

Ich stand auf, wusch mich, putzte die Zähne, säuberte das Bad, zog mich an und nahm den Einkaufszettel von Tante Lenchen entgegen.

So stand ich dann um Sechs Uhr Dreißig vor dem Milchladen, der um Sieben öffnete und war da immer der Erste und meist auch der Einzige.

Im Waschhaus

Mit anderen Kindern durfte ich nie spielen.

Immer war Tante Lenchen überall mit dabei oder ich musste sie begleiten, wenn sie irgendwo hin musste oder wollte. So auch ins Waschhaus, in dem wir damals unsere Wäsche wuschen.

Manchmal kam Tante Gertrud mit. Sie war eine Jugendfreundin von Lenchen und wohnte im selben Haus, auf der gleichen Etage. Gertrud war ziemlich klein, außer ihr Busen, der war riesengroß. Genauso groß wie ihre Sorgen, von denen sie dauernd erzählte. Ihr Mann war ein sogenannter Spätheimkehrer, der mal ganz nett gewesen war, bevor er in den Krieg ging. In Stalingrad wurde er verwundet, kehrte zurück, musste nach seiner Genesung wieder nach Stalingrad, wurde gefangen genommen und schließlich nach Sibirien verschleppt. Aber das durfte keiner wissen. Gertrud flüsterte immer und mir schien, dass sie vor irgendetwas Angst hatte. Ich war trotzdem froh, wenn sie da war. Denn dann gab es kaum Schelte.

Tante Lenchen mangelte Laken und Bettbezüge, Tischdecken und Geschirrtücher und Tante Gertrud erzählte leise vom Krieg und vom Mann, der jetzt immer öfter nach Alkohol roch und sehr schreckhaft und nervös war.

In diesem Waschhaus war es unerträglich heiß. Aus dem Kessel mit dem kochenden Wasser stieg unentwegt Dampf. Es roch nach nasser Wäsche, Seifenpulver und fauligem Holz, nach Feuchtigkeit, Schmutz, Käsefüßen und Lauge. Ich musste wie stets still auf einem Stuhl sitzen, schwitzte, langweilte mich und sehnte mich danach, aufzustehen, hinauszugehen an die frische Luft und ein bisschen zu spielen. Doch ich durfte mich nicht von meinem zugewiesenen Platz wegbewegen. Wenn ich mal pinkeln musste und nicht vorher fragte, ob ich aufs Klo dürfe, gab es Schläge ins Gesicht. Das war immer so und ging mir dermaßen in Fleisch und Blut über, dass ich sogar in der Schule andere Schüler fragte, ob ich mal pullern darf. Die guckten mich dann blöd an, manche lachten mich aus.

Eines Tages wurde mir übel in all der Hitze und dem Dampf. Ich saß auf meinem Stuhl und sah mich nach Tante Lene um und konnte sie nicht entdecken. Schnell lief ich hinaus, rang ein paarmal nach Luft und kehrte wieder um. In dem dunklen Raum schlugen mir die Dunstschwaden entgegen. Ich konnte nichts sehen und schob mich in die Richtung, in der ich meinen Stuhl vermutete. An einer Stelle war der Boden seifenglatt und plötzlich schlitterte ich wie auf einer Eisbahn und suchte nach einem Halt. Ich griff zu, griff an ein Rohr, durch das kochend heißes Wasser lief, und im nächsten Moment schrie ich wie am Spieß. Meine Finger verbrannten und ich schrie und heulte und schrie. Tante Lenchen kam angerannt und hielt einen Wäscheknüppel in der Hand. Statt mir zu helfen, schlug sie mich damit auf den Hintern – wohl damit ich mit dem Gebrüll aufhörte. Die Tränen liefen mir über das Gesicht, ich japste und keuchte, die Schläge prasselten auf mich ein, doch ich spürte sie kaum, denn die Finger glühten, als wären sie selbst mit kochend heißer Flüssigkeit gefüllt. Und schließlich verstummte ich tatsächlich – ich bekam keine Luft mehr vor Schmerzen. Als ich zusammensackte, half mir Gertrud auf und drückte mich an ihren großen Busen. Ich zeigte ihr meine verbrannte Haut und sie lief los, um kaltes Wasser zu holen.

„Ich hab dir doch gesagt, dass du sitzen bleiben sollst!", brüllte Tante Lenchen und drosch noch einmal mit dem Knüppel auf mich ein.

„Hör auf ihn zu schlagen!", schrie Gertrud jetzt mit einer Stimme, die zum Zerreißen gespannt schien und die ich so nicht von ihr kannte. „Siehst du nicht, dass er verletzt ist? Er ist ein Kind, verdammt nochmal! *Ein Kind!* Er hat sich doch nicht mit Absicht die Hand verbrannt!"

Tante Lenchen packte mich am Ärmel und zerrte mich zu einem Abflussbecken und drehte den Wasserhahn auf.

„Da hältst du jetzt deine Knochen drunter, und zwar bis wir gehen, verstanden?"

Ich versuchte zu antworten, konnte aber nicht einmal nicken. Ich heulte wie ein Schlosshund, heulte vor Schrecken, heulte vor Schmerzen, heulte, weil ich mich wieder einmal erniedrigt fühlte, weil Tante Lene mir deutlich machte, dass ich sogar zu dumm war, um bewegungslos auf einem Stuhl zu sitzen.

„Es ist doch nicht seine Schuld", sagte Gertrud immer noch entsetzt. „Wieso tust du das? Er ist doch nur ein kleiner Junge!"

„Wieso tu ich *was*? Wieso mischst du dich in Sachen, die dich nichts angehen? Was bildest du dir ein? Du hast doch keine Ahnung, was für ein Miststück dieser Bengel ist! Du hast einfach überhaupt keine Ahnung! Dein Oller ist nur besoffen und du hast kein Geld und gehst nicht arbeiten und riskierst hier ne dicke Lippe?!" Tante Lenchen hielt den Wäscheknüppel wie eine Waffe in der Hand und einen Moment sah es so aus, als würde sie gleich auf Gertrud losgehen und auf sie einschlagen. Aber sie stampfte mit dem Holzstab nur auf dem Boden herum und warf ihn dann in einen der Bottiche.

„Du hast doch selbst keine Arbeit", entgegnete Gertrud leise. Es klang nur ein bisschen bockig. Doch für Tante Lene brachte die Bemerkung das Fass wohl zum Überlaufen.

Sie zeigte auf mich und schrie mit sich überschlagener Stimme: „Ich hab diese Missgeburt da am Hacken und das ist die schlimmste Arbeit auf der ganzen Welt! Das ist kein normaler kleiner Junge, das ist das Kind vom Satan!"

Gertrud lachte merkwürdig, als würde sie ihre Jugendfreundin für verrückt halten.

„Ich möchte einfach nur in Ruhe meine Wäsche hier machen", sagte sie und wandte sich ab von der Zeternden und Schimpfenden.

Dann redeten sie kein Wort mehr miteinander und arbeiteten jede für sich vor sich hin. Ich hielt meine verbrannten Finger unter den Hahn, in den Wasserstrahl, der eiskalt war. Die Hand wurde allmählich blau und ich spürte sie immer weniger.

Tante Gertrud kümmerte sich jetzt auch nicht mehr um mich – wohl um weiteren Ärger zu vermeiden. Sie hatte sich in eine dunkle Ecke verzogen und ich stand mutterseelenallein mit blauer, gefühlloser Hand am Abflussbecken.

Irgendwann gingen wir schließlich nach Hause – von der Graudenzer Straße in die Karl-Marx-Allee zurück. Ich musste den Wäschekorb tragen helfen und war vom Schmerz, von der Verbrennung, vom kalten Wasser wie gelähmt.

Auf einmal hörte ich Schritte hinter uns und ich drehte mich um.

Gertrud lief uns nach. „Komm, ich fass mit an. Ich helfe euch beim Tragen."

Doch Tante Lenchen fauchte sie nur an: „Verschwinde! Geh zu deinem Kerl und kümmere dich um deinen Mist!"

Mit der Freundschaft zwischen den beiden Frauen war es vorbei, ein für alle Mal vorbei. Und Tante Lenchen tat so, als wären die anderen daran schuld, nur nicht sie. Als wären einzig und allein Gertrud und ich daran schuld.

Fünf Pfennig oder ein Stück Speck

Ich erwachte von einem Geräusch. Die Tür knarrte leise und jemand kam an mein Bett geschlichen.

Ich hörte ein Rascheln und ein unterdrücktes Kichern und im nächsten Moment wurde mir mit einem Ruck die Bettdecke weggezogen. Plötzlich spritzte Wasser über meinen ganzen Körper. Mein Schlafanzug wurde von oben bis unten nass. Ich kam hoch und japste vor Schreck. Der nächste Schwall traf mich mitten ins Gesicht und als ich mir die Augen auswischte, erkannte ich Tante Lene, die mit Weidenruten an meinem Bett stand. Sie fing an, auf mich einzudreschen und rief dabei: „Stiep Stiep Ostern!" Immer wieder schlug sie mit den Gerten, die sie extra gepflückt haben musste, auf mich ein, und sie hatte sichtbar Freude daran. „Stiep Stiep Ostern! Fünf Pfennig oder ein Stück Speck, sonst geh ich hier nicht weg!" Sie lachte laut, als wäre das ein Heidenspaß.

In Windeseile sprang ich aus dem Bett, rannte in die Küche und suchte voll Panik im Schrank nach dem Glas mit dem Kleingeld. Doch es war nicht mehr an seinem Platz.

Ich lief wieder los, überlegte fieberhaft, wo ich noch etwas Geld auftreiben konnte. Doch auch mein Sparschwein, das sich sonst im Regal befand und ein paar Pfennige enthielt, die ich beim Altstoffsammeln verdient hatte, war plötzlich unauffindbar.

Tante Lene lachte mich aus, knallte mit den Ruten wie ein Zirkusdompteur, schlug nach mir, schrie ihren Stiep-Stiep-Spruch und hörte auch nicht auf, als ich anfing zu weinen.

Es war also Ostern. Ein Fest, an dem später am Tag dann auch

Eier versteckt wurden, die ich zu finden hatte. Oder eben früh am Morgen, noch vor dem Erwachen, für Tante Lenchen fünf Pfennig oder ein Stück Speck – ansonsten zischten die frischen Zweige des Frühlings durch die Luft und klatschten auf meinen wehrlosen Körper.

Während ich weiter nach Kleingeld suchte, um Tante Lene vom Schlagen abzuhalten, fiel mir das letzte Weihnachtsfest wieder ein. Weihnachten war auch so ein Fest, das bei uns anders gefeiert wurde als bei den Kindern, die ich aus der Schule kannte und die sich alle auf Geschenke freuten. Heilig Abend wurde ich ins Bett geschickt. Meine Pflegeeltern schmückten den Baum, Tante Lenchen schuftete in der Küche und bereitete das Weihnachtsessen vor. Dann wurde ich gerufen, um den Abwasch zu erledigen. Für die Reinigung der Küchengerätschaften war ich natürlich zuständig.

Zur Bescherung stand ich dann mit meinen Klemmen im Haar und im Schlafanzug in der Wohnstube, sang „Oh Tannenbaum" und sagte ein Gedicht auf:

„Lieber, guter Weihnachtsmann,
schau mich nicht so böse an.
Stecke deine Rute ein,
ich will auch immer artig sein!"

An diese Rute musste ich jetzt denken, als Tante Lene auf ihre Art Ostern feierte.

Und auch mein Stabilbaukasten fiel mir wieder ein. Den hatte ich – außer Socken, einem Schlafanzug und Unterwäsche – zu Weihnachten geschenkt bekommen. Doch spielen durfte ich damit nicht. Es hätte ja sein können, dass ich etwas kaputt machte. Nachdem ich ihn also ausgepackt und angesehen hatte, wurde er im Wohnzimmer auf den Schrank gestellt. Da stand er am heutigen Osterfeiertag immer noch.

Schließlich fand ich mein Sparschwein hinter einer Tür versteckt und schüttelte verzweifelt ein paar Pfennige aus ihm heraus. Ich rannte ins Schlafzimmer, um das Geld zu übergeben, doch Tante Lene war nicht mehr da. Sie hatte sich versteckt. Es gefiel ihr auch, sich vor mir so zu verkriechen, dass ich sie trotz allem Suchen nicht finden konnte. Dieses Spiel spielte sie mit mir, seit ich klein war. Meist fand ich sie nicht und erst, wenn ich wie ein Schlosshund plärrte, kam sie aus ihrem Versteck.

Dann kniff sie oder schubste mich, hielt mir die Nase zu oder zog an den Ohren, bis sie fast abrissen. Sie lachte dabei. Sie hatte immer Freude, mich zu quälen.

Warum haben die anderen das geduldet? Die Nachbarn haben alles gehört. Meine Schreie, wenn sie mich mit dem Siebenstriem auspeitschte und dabei glasige Augen bekam, gellten durchs ganze Haus. Manchmal, wenn ich Glück hatte, gelang es mir zu Tante Gertrud zu flüchten.

Flucht zu den Nachbarn

Oft ging Tante Lene zu der einen oder anderen Nachbarin, um zu klönen.

Sie schloss dann immer alle Zimmer und die Wohnungstür ab.

Ich hatte nur Zugang zum Bad und zur Küche, in der ich meine Schularbeiten machen musste. Es war mir aufs strengste verboten, die Vorräte aus dem Küchenschrank zu naschen. Lene merkte sofort, wenn ich irgendwo dran war. Sie schien einen Spürsinn wie ein Hund oder ein Detektiv zu haben.

Und so auch das eine Mal: Ich hockte schon Stunden allein in der Wohnung. Die Tür zum Schlafzimmer war zu und ich konnte nicht einmal mit Suse und Hiob spielen, meinen Kuscheltieren. Die beiden Plüschaffen waren meine einzigen Verbündeten. Die Namen hatte Onkel Kurt ihnen gegeben. Dass zumindest Hiob eine unheilvolle Bedeutung besaß, wusste ich natürlich nicht. Ich liebte die beiden, ihr weiches Fell, ihre großen Knopfaugen, den schiefen Mund von Hiob und die Segelohren von Suse.

Ich lief zur Schlafzimmertür, rüttelte an der Klinke und schaute durchs Schlüsselloch. Doch ich konnte die beiden nicht sehen.

„Geht's euch gut? Ich hab leider keinen Schlüssel. Wir sehen uns später", flüsterte ich und wartete einen Moment, aber sie hörten mich wohl nicht oder hatten keine Lust zu antworten. Die beiden waren manchmal etwas launisch. Sie mochten es ebenso wenig wie ich eingeschlossen zu werden.

So rannte ich zurück in die Küche, rechnete ein paar Aufgaben und schrieb etwas aus dem Lesebuch in mein Schreibheft. Ich legte den Füller weg und pustete eine Weile auf die Schrift, damit sie nicht verschmierte und Tante Lene später meckerte und ich alles noch einmal abschreiben musste.

Zwischendurch ging ich aufs Klo, pinkelte, wusch mir ausgiebig die Hände mit der Westseife, die meine richtige Mutter mitgebracht hatte und die ich sonst nicht benutzen durfte, wenn Lene dabei war. Ich schnitt Grimassen und betrachtete mich im Spiegel, schmierte mir mit Florenacreme Kriegsbemalung ins Gesicht und rieb sie schnell wieder weg.

In der Küche schlich ich dann eine Weile vor dem Küchenschrank hin und her.

Natürlich wusste ich genau, wo der Zucker stand. Schließlich hielt ich es nicht mehr aus, öffnete den Schrank, kletterte auf die Fußbank und naschte ein wenig aus dem verbotenen Schälchen. Dann leckte ich meinen Finger ab und tunkte ihn gleich noch einmal in die Zuckerdose.

Ich schloss die Augen und konzentrierte mich auf den Geschmack.

Die Körnchen in meinem Mund lösten sich auf wie Schneeflocken, die auf der Zunge schmelzen.

Auf einmal hörte ich ihr empörtes Schnaufen. Lene stand hinter mir, griff nach meinem Arm und zerrte mich mit einem Ruck von der Fußbank hinunter. Ich fiel und lag plötzlich auf dem Boden. Sie schrie auf mich hinab, brüllte aus Leibeskräften, trat mich voll Wut und schlug mir mit den Händen ins Gesicht.

Ich robbte ein Stück von ihr weg, sprang auf und rannte zur Wohnungstür.

Doch auf einmal konnte ich mein Glück kaum fassen: Sie hatte vergessen abzuschließen!

Ein frischer Luftzug wehte mir entgegen, als ich die Tür ganz aufriss und hinauslief.

Wir wohnten in der Karl-Marx-Alle in einem sogenannten Laubenganghaus und ich raste um die Ecke, an den Fenstern von Küche und Bad auf der einen und den kantigen Pfeilern auf der anderen Seite vorbei. Aus meiner Nase tropfte Blut und vermutlich hinterließ ich eine rote Spur, aber ich achtete nicht weiter darauf.

„Komm her, du Idiot!", schrie Lene mir nach. Doch sie folgte mir nicht. Hinterhergerannt kam sie mir nie.

Tante Gertrud öffnete nicht jedem. Klingeln hatte bei ihr nicht viel Sinn.

Ich klappte dreimal die Briefklappe aus Aluminium: hoch und runter, hoch und runter, hoch und runter. So war unser verabredetes geheimes Zeichen. Damit sie auch ganz sicher wusste, wer kam, steckte ich die Finger durch den Briefschlitz. Wie im Märchen von Hänsel und Gretel begutachtete sie kurz meinen Zeigefinger, bevor sie mich in ihre Wohnung ließ.

Heulend und blutend fiel ich in ihre Arme.

Sie tröstete mich, wusch mir sorgfältig das Blut und die Tränen ab. Sie kannte das schon.

Unzählige Male hat sie mich getröstet.

Und unzählige Male schickte sie mich schließlich zurück.

Mein Leid kostete auch sie Kraft. Denn das Leid kostet auch die Kraft desjenigen, der sich um den Leidenden kümmert.

Aber ich hatte ja noch Hiob und Suse, die mir auf ihre Weise ein wenig Trost schenkten.

Hiob und Suse

Hiob und Suse waren zwei Affen aus Stoff. Hiob war ein gelber Affe mit einem eher eckigen Kopf und anliegenden ziemlich großen Ohren, Suse hingegen hatte einen Eierkopf mit Segelohren. Sie war braun. Die beiden waren manchmal lieb und manchmal böse. Aber eigentlich haben sie sich nie gestritten, sondern immer nur heftig unterhalten. Hiob erzählte der Suse zum Beispiel, dass ihm das Essen heute nicht geschmeckt hat. Dass ihm schlecht war vom Wirsingkohl. Und er musste ihn aber aufessen, weil man ja nie weiß, was kommt. Er musste den ganzen Teller leeren, und weil ihm so schlecht war und er wieder weinen musste, erbrach er alles. Doch das half nichts. Das Ausgekotzte war noch frisch und er musste es in sich hineinlöffeln, sonst würde es morgen und die ganze Woche kein Essen geben und der Vater würde ganz wütend werden, wenn er davon erfuhr, dass er das gute Essen ausgebrochen hatte. Suse hörte sich das alles an und sie sagte dazu, dass es nicht in Ordnung ist, einfach auf den Teller zu kotzen. Das ist ganz böse. Das darf man nicht machen.

Und am Ende der Unterhaltung waren sich Hiob und Suse einig, dass das nie wieder vorkommen darf.

Dann, wenn ich schlafen ging, saß einer der beiden immer an die Wand gelehnt da und guckte zu, wie ich mit dem anderen im Arm eingekuschelt einschlief. Einen Nuckel hatte ich schon lange nicht mehr. Der wurde mir vor Jahren mit Lenes speziellen Hausmitteln abgewöhnt. Erst versuchte es Tante Lene mit Mostrich. Doch der Senfgeschmack störte mich wohl nicht sonderlich. Nach ein paar vergeblichen Versuchen tunkte sie den Nuckel dann in meine eigenen Exkremente. Mostrich mochte ich eigentlich sehr. Scheiße weniger. So ähnlich gewöhnt man einem Hund das Betteln ab. Also eher umgekehrt. Scheiße mögen die ja manchmal, aber Mostrich nicht so gerne. So unterschiedlich ist das.

Mit Hiob oder Suse im Arm schlief ich immer gut ein. Manchmal auch mit beiden, weil der eine sich sonst so einsam fühlte. Auch wenn ich wieder mal aus irgendeinem Grund mit dem Siebenstriem verprügelt wurde, waren Hiob und Suse da und trösteten mich und sagten mir, dass ich das doch beim nächsten Mal so oder so machen und immer lieb sein soll.

Manchmal hat die Lene mir auch beide Affen weggenommen. Einfach versteckt. Sie selber hatte eine Puppe. Die hatte zwar keinen Namen, also mal hieß sie Dolli und mal Helene und mal irgendwie anders, aber anfassen durfte die niemand. Nur Lene durfte diese Puppe anfassen. Und wehe dem, der sie doch anfasste. Da gab es eine gewaltige Schimpfkanonade von ewiger Länge. Hiob und Suse und ich, wir haben diese Puppe nie gemocht. Die war einfach schrecklich. Nur wir drei waren mit uns zufrieden. Wir haben uns immer prima unterhalten und niemand hat uns hören können. Manchmal haben wir drei gedacht, dass die Puppe von Lene alles versteht, aber das war uns egal. Dann haben wir uns eben noch viel leiser unterhalten. Haben die Bettdecke über den Kopf gezogen und waren nur für uns. Ich machte dann ein kleines Loch in die Bettdecke, in dem ich sie so faltete, dass uns von draußen keiner sehen konnte, aber wir drinnen ein wenig Licht hatten.

Hiob und Suse waren meine engsten Vertrauten. Sie wussten alles von mir. Ich habe ihnen alles heimlich erzählt. Vielleicht waren sie deshalb der Lene ein Dorn im Auge.

Eines Tages saß ich wieder in der winzigen Spielecke im Schlafzimmer und redete mit Suse und Hiob und die beiden diskutierten auch ein wenig miteinander. Hiob hatte einfach seine Hausaufgaben noch nicht gemacht und Suse fand das nicht so schön und sagte, dass er, wenn er so weitermacht, Dresche bekommen würde. Da wurde Hiob ängstlich und traurig und begann zu weinen. Und ich nahm ihn in den Arm, um ihn zu trösten.

Doch plötzlich riss Lene die Tür auf und schickte mich zum Kohlen holen in den Keller.

Als ich wiederkam, stand sie in der Küche mit meinen Affen in den Händen da und ich sah genau, dass Hiob und Suse schreckliche Angst hatten. Ihre Augen blickten mich entsetzt an. Doch Tante Lene öffnete die Ofenklappe. Sofort sprang ich auf sie zu und entriss ihr die beiden und schrie wie am Spieß: „Ich möchte das nicht! Ich möchte das nicht! Ich möchte das nicht!" Lene fackelte nicht lange, holte den Siebenstriem und drohte mir, brüllte mich an: „Wenn du nicht sofort loslässt, Freundchen, passiert was, dann kriegst du Senge, aber ordentlich!"

Ich wich vor ihr zurück, drückte Hiob und Suse an mich so fest ich konnte. Doch Lene hob die Peitsche. Einen Moment sah ich die sieben Riemen über mir schweben. Sie schlug nur einmal zu und traf mit voller Wucht meine Finger. Ich zitterte, meine Hände konnten die beiden nicht mehr halten und sie fielen zu Boden.

Dann nahm sie meine Affen und warf sie ins offene Feuer des Küchenherdes.

„Du bist jetzt groß, du Idiot. Du brauchst das nicht mehr," sagte Lene ganz so, als sagte sie: „Gib mir mal den Teller rüber."

Ich stand daneben, als Hiob und Suse in Flammen aufgingen.

Sie ließ die Klappe offen, ließ mich zusehen, wie meine beiden Stofftiere vom Feuer aufgefressen wurden.

Ich sah, dass sie brannten. Doch ich rief immer noch, dass ich das nicht möchte, flehte, weinte bis zum Schluss.

Schließlich hat sie noch eine Kohle draufgelegt und die Klappe geschlossen. Das war's.

Hiob und Suse waren nicht mehr da.

Nur noch in meinem Herzen.

Das Radio

Eines Tages fand ich neben den Tonnen an unserem Müllhaus in der Hildegard-Jadamowitz-Straße ein altes kaputtes Radio.

Ich leerte schnell meinen Eimer, versteckte das Gerät in ihm und rannte aufgeregt die vier Stockwerke nach oben.

Tante Lene stand in der Küche, rührte in einem Topf herum und erwartete mich schon.

„Was ist los mit dir? Was grinst du so? Hast du deine Schulaufgaben gemacht? Du musst auch noch Mehl, Zucker und Milch holen gehen und die Böden müssen alle gewischt werden!"

Es waren also gleich drei Arbeiten auf einmal, zu denen ich mal wieder verdonnert wurde, dabei hatte ich noch ein Geheimnis, das im Mülleimer auf mich wartete und das ich erstmal vor Lene verstecken musste. Unbedingt wollte ich das Radio auseinandernehmen, schauen, wie es zusammengesetzt war und es reparieren.

Aber Tante Lene roch den Braten wohl oder sah es meinem Gesicht an, dass ich etwas vor ihr verheimlichte. Jedenfalls schlich sie misstrauisch um mich herum, bis sie das Klappern in dem Kübel hörte.

Sie riss den Deckel ab, sah das alte Gerät und scheuerte mir rechts und links eine.

„Spinnst du? Was soll denn der Dreck hier!"

Ich versuchte ruhig zu bleiben, kämpfte gegen die Tränen an und erklärte, dass ich mir das Radio mal ansehen wolle. „Vielleicht ist es ja noch zu gebrauchen?"

„Du bringst diesen Mist sofort wieder dahin, wo du ihn herhast, verstanden?", brüllte sie mich an.

Plötzlich war es mit meiner gespielten Gelassenheit vorbei, die Wut stieg in mir hoch und ich schrie zurück: „Ich hab das gefunden und ich will es behalten!"

Sie griff nach dem Kochlöffel und fing an mit ihm auf meinen Kopf zu schlagen.

Onkel Kurt, der wohl nachschauen wollte, wo das Essen blieb, kam in die Küche, sah das kaputte Radio und meckerte mich auch noch zornig an: „Du hast zu gehorchen! Du bringst den Abfall sofort wieder runter!"

In diesem Moment brannte bei mir eine Sicherung durch. Mir fielen auch Suse und Hiob wieder ein, die mich nicht mehr trösten konnten. Ihren Feuertod hatte ich immer noch nicht verkraftet. Ich fing an vor Wut zu heulen, rannte an Lene und Kurt vorbei auf den Balkon und kletterte auf einen Stuhl, um von dort auf die Brüstung zu steigen.

Ich hatte es satt. Ich hatte alles so satt. Ein Sprung und es wäre ein für alle Mal vorbei.

Ich war sieben oder acht Jahre alt und wollte nicht mehr leben.

Doch dann packten mich plötzlich zwei kräftige Arme und rissen mich zurück.

„Was machst du da? Was machst du da bloß, Junge?"

Onkel Kurt schien tatsächlich in diesem Moment erschrocken.

Er strich mir über den Kopf und trug mich zurück in das Zimmer.

Ich heulte immer noch und nahm zwischen meinen verzweifelten Schluchzern seine Stimme wahr, die jetzt überraschend freundlich klang: „Hör mal, so geht das eben nicht. Müll gehört in den Müll und nicht in die Wohnung, das verstehst du doch, oder?", sagte er und schloss dabei den Balkon ab.

Tante Lene kam keifend mit dem Kochlöffel in der Hand angerannt, aber Kurt stellte sich schützend vor mich. „Helene, sei doch endlich mal still! Lass den Jungen in Ruhe und geh in die Küche und mach das Essen fertig!"

Tante Lene sah ihn irritiert an und ließ den Kochlöffel langsam sinken. „Du lässt dir von dem Bengel auch noch auf der Neese herumtanzen?"

„Geh in die Küche, wo du hingehörst!", schnauzte er sie barsch an.

Sie blieb noch einen Moment stehen, zischte etwas Unverständliches und dann drehte sie sich um und verschwand.

Ich hörte nicht auf zu weinen und zu schluchzen und Onkel Kurt verlor schon wieder die gerade erst errungene Geduld mit mir.

„Wenn du nicht artig bist, dann musst du wohl in ein Heim für schwererziehbare Kinder!", drohte er aufgebracht.

„Jawohl!", brüllte Lene aus der Küche.

Es folgten die üblichen Schimpftiraden von ihr, dass ich, wie meine Mutter, nur mit Dreck und Unrat zu tun haben will, dass ich nichts wert, ein Idiot, ein Nichtsnutz bin und andere Schimpfworte, die ich kaum verstand, weil ich im Sessel saß, heulte und heulte.

Das Radio lag wie ein totes Tier auf dem Boden im Flur.

Nach einer Weile kam Kurt noch einmal zu mir und sagte wieder im freundlichen Ton: „Nun geh schon und bring das Schrottding zurück in den Müll."

Ich war einfach zu erschöpft, um noch weiter Widerstand zu leisten.

Nahm das Radio, trug es hinunter und pfefferte es zwischen die stinkenden Mülltonnen.

Die Tränen liefen mir dabei übers Gesicht, als wäre ich auf der Beerdigung meines besten Freundes.

Als ich dann wieder oben war, sagte Lene, den Kochlöffel schwingend: „Kommst du nochmal mit solchem Mist hier nachhause, dann schlag ich dich windelweich. Hast du das verstanden?"

Ich sagte ja und sie schlug mir den Kochlöffel auf den Kopf.

Kurt saß indessen in der guten Stube, wartete auf sein Essen und las Zeitung.

Tante Lene packte mich und wischte mir mit dem eklig stinkenden Lappen aus dem Abwasch das Gesicht ab.

„Und jetzt gehst du einkaufen! Und beeil dich! Die Geschäfte schließen sonnabends früher. Also keine Trödelei, kapiert?" Sie gab mir einen Schubs aus der Wohnung heraus. „Und dalli dalli!", kommandierte sie.

Im Ferienlager

Tante Lenchen hatte noch eine Freundin aus Jugendzeiten: Uta. Die war ganz nett. Sie arbeitete als Abteilungsleiterin im VEB Fahrzeugausrüstung Berlin.

Ihr Mann war aus dem Krieg nicht wieder nach Hause gekommen. Obwohl Uta oft betete. Er kam einfach nicht. Vielleicht kam er nicht, weil sie so oft betete. Vielleicht war er auch anderweitig beschäftigt. Vielleicht gehörte er zu denen, die den Krieg nicht überlebten.

Uta blieb allein. Ohne Mann. Allein mit Gott, der ihre Gebete nicht erhört hatte. Und allein mit Jesus, der bei ihr an der Wand hing und an ein Kreuz genagelt war. Und mit ihren beiden Kindern Gero und Gela. Die waren auch immer nett zu mir.

Gero war herzkrank und spielte Gitarre, und in Gela, die wohl schon zwölf Jahre länger auf der Welt war als ich, hatte ich mich verknallt. Sie passte ab und zu auf mich auf und ich rechnete immer hin und her, wann ich sie einholen und alt genug sein würde, um sie dann zu heiraten. Es hat nie funktioniert. Dafür fiel ich einmal vom Karussell, als sie mich beaufsichtigen sollte und es gab ein Mordstheater.

Uta heuerte Tante Lenchen an, ins Ferienlager mitzufahren und als Gruppenleiterin dort zu arbeiten. Tante Lenchen stimmte zu und so fuhr sie mit mir sieben Jahre lang ins Kinderferienlager nach Coswig an die Elbe zu den Hühnern, Schafen und den Mücken.

Wir kamen drei Tage, bevor die Kinder eintrafen, in Coswig an.

Tante Lene musste mit Uta, die dort als Lagerleiterin arbeitete, und mit den anderen Erwachsenen den Empfang vorbereiten.

Ich stahl mich davon, erkundete die dörfliche Gegend, jagte die Hühner im Stall und genoss jeden Augenblick, an dem ich frei herumlaufen konnte. Nur die Schafe mochte ich nicht. Genauer gesagt hatte ich Angst vor ihnen. Die Tiere standen plötzlich vor mir und kamen mir unwahrscheinlich groß vor. Erst kauten sie gemächlich vor sich hin und plötzlich sagten sie laut und mit tiefer Stimme: „Möööhh!"

Das ging nicht. Das ging überhaupt nicht. Ich nahm Reißaus und versuchte von nun an diese unheimlichen Wesen zu meiden.

Wenn die Schafe auf der Wiese waren, lief ich schnurstracks woanders hin.

Dann gab es da noch zwei Dackeldamen – Betty, dunkel und giftig, und Biene, hell und verschmust – und den fetten Kater Peter, der immer faul in der Sonne herumlag. Manchmal ließ er sich von mir streicheln. Manchmal lief er einfach weg. Außer einmal: Da schlug er mir ohne Vorwarnung die Krallen in die Hand und fauchte, was das Zeug hielt. Von da an war er nicht mehr mein Freund. Nie mehr. Es reichte schon, wenn Tante Lenchen mir die Haut aufritzte.

Mit Dackelhündin Biene bin ich immer gern überall herumgestrolcht. Die machte keinen Stress. Ich streunte mit ihr durch die Gegend und erlebte meine kleinen Abenteuer. Doch Betty war anders, die hörte nicht, wenn man sie rief. Da ich immer hören musste, wenn einer was von mir wollte, konnte ich dieses störrische Dackelhundevieh namens Betty einfach nicht leiden. Sie war blöd. Und gebissen hätte sie mich auch am liebsten. Wenn ich sie schon sah und sie mich anknurrte, kam mir nur eins in den Sinn: Ich sollte ihr mal ordentlich eine übersengen. Ihr den Gehorsam einprügeln. Mit einer Peitsche oder einem Knüppel. Aber ich traute mich nicht. Ich hatte Angst, dass die mich beißt. Also ließ ich sie links liegen und wünschte mir täglich, dass sie von einem Auto überfahren wurde. Gott sei Dank gab es damals kaum Autos.

Die Biene fand ich manchmal aber auch doof. Die hätte doch merken müssen, dass ich Angst vor den riesigen Schafen habe. Warum hat sie mich nie beschützt? Und so kam es vor, dass ich die Biene ausmeckern musste. Ich glaube, es hat sie nicht interessiert.

So zog ich immer durch die Gegend an der Elbe. Tante Lenchen ackerte derweil im Lager. Es wurden Betten bezogen, Tische und Stühle aufgestellt und Schränke gerückt.

Dann, wenn die Kinder kamen, fühlte ich mich erstmal geschützt vor Lenes Wutanfällen gegen mich. Dieses Gefühl hielt allerdings nicht lange. Sie schnauzte mich vor versammelter Mannschaft an und stauchte mich zusammen. Auch vor den Erziehern, die hier Gruppenleiter genannt wurden, nahm sie kein Blatt vor den Mund. Sie schlug mich wegen Nichtigkeiten und erniedrigte mich, wo sie nur konnte. Ich durfte nicht bei den anderen Kindern sein, die in Zelten und Baracken untergebracht waren. Ich wohnte und übernachtete mit Lene im Steinhaus, weil sie Angst vor Mäusen hatte, die nachts kamen.

Ich kann mich kaum an einen Tag erinnern, an dem sie mich dort nicht geprügelt oder mit einer Bürste so geschrubbt hat, dass die Knie bluteten.

Ich bekam, weil Tante Lenchen Gruppenleiterin war, keine Extrawurst – im Gegenteil: Alles, was die anderen Kinder falsch machten, ließ sie an mir aus. Und die Gruppen, die sie beaufsichtigte, waren immer in allen Wettbewerben Platz Eins. Unsere Gruppe ist stets mit dem Wimpel durch die Gegend marschiert. Morgens Fahnenappell, dann pünktlich Frühstück, pünktlich Mittag, pünktlich Abendbrot.

Tagsüber marschierten wir durch die Gegend: mit Gesang, Sport und Spielen. Abends mussten alle aus ihrer Kleidung Päckchen bauen und ordentlich gestapelt auf die Hocker legen. Tante

Lene ist dann durch die Zimmer marschiert, hat Stubendurchgänge gemacht und die Schränke kontrolliert. Die Kinder standen wie die Zinnsoldaten an ihren Betten oder vor ihrem geöffneten Kleiderschrank und starrten Tante Lenchen mit aufgerissenen Augen ängstlich an.

Im Ferienlager gab es zahlreiche Wettbewerbe: Eierlaufen, Sackhüpfen, um die Wette rennen – und es gab auch einen Singewettstreit.

Da traten immer alle an, die singen wollten – aus jeder Gruppe ein Kind.

Lene machte immer eine Riesennummer daraus: „Mein Junge singt mit. Er vertritt die ganze Gruppe!" Sie putzte mich raus, so dass ich dann wie aus dem Ei gepellt aussah: leuchtend weiße Kniestrümpfe, kurze Hose, Pionierhemd und ein frisch gebügeltes blaues Halstuch.

Lene zwang mich, diese grausigen Sandalen anzuziehen, mit dem Druckknopf an der Seite, den sie natürlich so kräftig drückte, dass es mir Schmerzen bereitete und ich losheulte.

„Hab dich nicht so, gesungen wird auf der Bühne", schnauzte sie mich an.

Ich versuchte, die Tränen zu unterdrücken. Doch es gelang mir nicht sofort.

Ein paar Schluchzer stiegen noch aus meiner Kehle.

"Hör auf jetzt, sonst haue ich dir eine runter!"

Das waren ihre ermunternden Worte. Dann ging ich so ausstaffiert und völlig verheult auf die Bühne und sang den *Kleinen Trompeter*. Alle klatschten und waren gerührt. Die Tränen in meiner Stimme waren kaum zu überhören, aber vermutlich führten die Zuhörer sie auf das schmalzige Lied zurück, in dem das *lustige Rotgardistenblut* in der dritten Strophe erschossen, in der vierten beerdigt und in der letzten betrauert wurde.

Dieser Beifall löste in mir ein Gefühl der Wärme und des Wohlbehagens aus. Völlig regungslos stand ich mit meinen dünnen, in weiße Kniestrümpfe gesteckten Beinen vor dem Publikum.

„Nun verbeug dich mal!", rief Uta.

Ich nickte dann in ihre Richtung – zu mehr war ich nicht in der Lage.

Ich habe alle Sängerwettkämpfe gewonnen. Es gab eine Urkunde: *Erster Platz im Singewettbewerb des Ferienlagers.*

Alle freuten sich über meinen Gesang. Die Kinder und die Erwachsenen klatschten begeistert. Uta, die Lagerleiterin, kam jedes Mal und nahm mich in den Arm. *Jedes Mal.* Nur mich. Aber so, dass es keiner sah. Sie war wirklich sehr nett. Und ich fühlte mich immer beschützt, wenn sie da war.

Tante Lenchen tat vor den anderen auch, als würde sie sich freuen. Ich sah in ihren Augen, dass es nur Fassade war.

Abends durfte ich mir dann anhören, dass ich zu nichts nütze bin und nur weil ich diese blöde Singerei gewonnen hätte, bräuchte ich mir nicht einzubilden, dass ich etwas Besseres sei.

Dann schloss sie mich ein und ging runter zu den anderen. Ich hörte die laute Musik, spähte heimlich aus dem Fenster und sah, wie sie feierten und tanzten und sich amüsierten.

Mich durfte keiner sehen. Tante Lenchen hatte gesagt, dass ich mich ja nicht am Fenster blicken lassen soll.

Ich saß dann in dem dunklen, feuchten Zimmer und hörte den Mücken beim Surren zu. Sie kamen nicht rein, weil es ein Fliegengitter gab. Und ich kam nicht raus.

Draußen ging die Sonne unter – rot und romantisch. Ich weinte. Ich wollte hinaus in den Sonnenuntergang. Raus zu den anderen. Raus, raus, raus.

Da drehte sich plötzlich der Schlüssel im Schloss. Ich versuchte schnell fröhlich zu sein, weil ich dachte, Tante Lenchen kommt und schnauzt mich an, was ich hier zu heulen habe.

Doch es war nicht Tante Lenchen. Es war die Hauswirtschafterin Renate.

Renate war sehr lieb und zartfühlend. Sie hatte wohl nach mir gefragt und angeboten, mich zu holen, und Tante Lenchen konnte nichts entgegensetzen und gab ihr den Schlüssel.

Der Renate durfte ich meine Traurigkeit zeigen, ja, ich sollte sogar weinen, wenn mir danach war. Sie fasste mich nicht an, wenn ich es nicht wollte, sondern gab mir erst ihre von der vielen Arbeit raue Hand, wenn ich meine nach ihr ausstreckte.

Nach einer Weile wischte ich mein verheultes Gesicht ab und ging an ihrer Hand aus dem Haus.

Ich freute mich, hinauszukommen. Doch ich konnte nicht mit den anderen zusammen sein.

Ich schämte mich und ich hatte Angst, dass die Lene mich wieder ausmeckern würde.

So blieb ich dann abseits vom Fest sitzen. Buchstäblich saß ich in einer Ecke. Das Gesicht zum Boden. Ich saß im Schatten, statt in der Sonne. Ich dachte darüber nach, mich umzubringen. Warum hatte mich Onkel Kurt nicht vom Balkon springen lassen?

Die anderen Kinder tobten herum, tanzten, lachten und scherzten. Ich hockte auf dem Stuhl, mir war kalt und ich schmiedete Selbstmordpläne.

Doch dann kam Renate und sagte zu mir ganz lieb und freundlich wie eine Fee aus dem Märchenland: „Tanz doch auch. Du kannst so schön tanzen. Tanze!"

Ich fing an zu weinen.

Tante Lenchen tauchte auf und sagte: „Lass den da sitzen. Der will schon wieder Mitleid erregen."

„Ach was, das glaub ich nicht. Lass mich mal bitte mit ihm allein."

„Doch, das macht der immer so", beharrte Lene. „Spar dir die Mühe."

Renate ließ sich nicht verscheuchen, sie blieb einfach bei mir und schickte sie weg.

„Darf ich bitten, junger Herr?", fragte sie mich dann und hielt mir ihren Arm hin.

Ich schüttelte den Kopf.

Aber Renate ließ nicht locker. Und so tanzte ich den ersten Tanz mit ihr völlig verheult.

So nach und nach schwand die Traurigkeit aus mir. Ich tanzte und alberte herum und aller Trübsal war wie weggeblasen.

Lene flirtete indessen mit dem Fährmann. Sie war arg beschäftigt und hatte keine Zeit, sich um mich zu kümmern. Spät abends brachte sie mich schnell ins Bett und verschwand wieder.

Sie schloss das Zimmer ab und war die ganze Nacht nicht da.

Jahrzehnte später habe ich die Renate einmal besucht.

Sie hatte sich überhaupt nicht verändert. Nach einer Fehlgeburt konnte sie keine Kinder mehr bekommen, und sie lebte allein mit ihrem Mann, der seit einem Schlaganfall gelähmt war. Immer noch war sie die schöne, warmherzige Frau – fürsorglich und beneidenswert gelassen.

Zwei
(Jugend)

Als ich einmal fast ins Heim für Schwererziehbare kam

Der erste Saft des Lebens sprudelte völlig unkontrolliert aus meinem zwölf Jahre alten Körper. Als Tante Lenchen in meiner Schlafanzughose hartes klebriges Zeug entdeckte, beschimpfte sie mich und schlug mich wieder und wieder mit allem, was sie in die Finger bekam.

Ich wusste nicht, was das für komisches Zeug in meinem Schlafanzug war, nur dass es aus meinem Körper zu stammen schien, wurde mir allmählich klar. Ich dachte, ich hätte eingepinkelt – und für das Bettnässen würde es zur Bestrafung diese unbarmherzigen Hiebe setzen. Nur wunderte ich mich, warum der Urin hart wurde und klebte.

War ich krank? So musste es wohl sein. Ich glaubte tatsächlich, ich hätte eine eigenartige schwere Krankheit. Wahrscheinlich würde ich bald sterben, ohne meine richtige Mutter je wiederzusehen.

Etwa in dieser Zeit wurde ich aggressiv Schwächeren gegenüber.
Es sollte sich nie wieder jemand über meinen Fassonschnitt und die weißen Kniestrümpfe lustig machen.
In der Schule hatte ich eine scharfe Schere dabei und trennte einmal das Band der Gummihopse durch und unterbrach damit etwas unsanft das Spiel der hüpfenden Mädchen. Kaum war der Ärger darüber verpufft, schnitt ich der vor mir sitzenden Mitschülerin ein paar Fransen von ihrem Zopf ab.
Ich brach Stifte kaputt und trat absichtlich auf heruntergefallene Lineale oder Füller.
Eigentlich wollte ich das nicht und bereute es gleich wieder. Aber als ich abends im Bett lag, überlegte ich, wen ich aus meiner Klasse alles erschießen könnte. In Gedanken stellte ich alle an eine Wand und lief dann mit der Knarre im Anschlag an ihnen vorbei.
Natürlich hätte ich nie jemanden erschießen können.

Noch tiefer brannte sich mir der Moment ein als Tante Lenchen mich dabei erwischte, als ich mich das erste Mal selbst befriedigte. Sie riss plötzlich die Klotür auf. Sie musste also vorher gelauscht haben. Sofort schlug sie mit dem Siebenstriem auf mich ein. Dann lief sie zur Nachbarin und erzählte ihr, was ich für eine ekelhafte Drecksau bin.

Am nächsten Tag kam sie mit in die Schule und teilte den Lehrern und sogar einigen Schülern mit: „Das Schwein sitzt auf dem Klo und wichst!"

Auch Onkel Kurt berichtete sie davon. Er versuchte mich zu verteidigen, doch sie wurde hysterisch und schrie und heulte: „Ich halte das nicht mehr aus! Ich halte das einfach nicht mehr aus! So geht das nicht weiter! Er muss jetzt endlich mal in ein Heim für schwererziehbare Kinder!"

Und so ging sie dann damals am nächsten Tag zum Jugendamt, während ich ahnungslos in der Schule saß, und beantragte die Einweisung in ein Heim.

Das Jugendamt fragte mich gar nicht, was da losgewesen war. Ich war zwölf. Ich hätte antworten können.

Eines Sonntags nannte sie Onkel Kurt dann die Adresse, gab ihm das Einweisungsschreiben der Jugendhilfe und schickte uns los, damit er mich in dem Kinderheim abgab.

Ich trug einen kleinen Koffer mit ein paar Habseligkeiten mit mir herum und wusste nicht, was da auf mich zukam.

Ich hatte ein ungutes Gefühl, weil Onkel Kurt aussah, als wäre ihm nicht nur eine Laus über die Leber gelaufen, sondern gleich eine ganze Heerschar der Krabbeltiere. Allerdings schockte mich das Wort Kinderheim nicht sonderlich. Da würden Kinder sein, mit denen ich vielleicht spielen konnte. Und wahrscheinlich mussten sie weniger arbeiten als ich zuhause und bekamen auch keine Schläge mit dem Siebenstriem.

Ich stellte mir vor, dass ich zusammen mit ihnen auf einem

Spielplatz herumtoben und klettern würde und dass ich all das tat, was ich bisher nie tun durfte und war auch ein bisschen neugierig.

Die Scharnweber Straße war eineinhalb Kilometer von unserer Wohnung entfernt.

Wir brauchten also nicht lange, um dort anzukommen und liefen die Straße hoch und liefen sie wieder runter. Da war nichts zu sehen von einem Kinderheim.

„Ich kann es einfach nicht fassen! Die Adresse ist genau hier!", wunderte sich Onkel Kurt.

Also gingen wir noch ein paarmal hin und her. Onkel Kurt schimpfte vor sich hin. Es tauchte aber kein Kinderheim auf. Er sah mich ärgerlich an und in mir entstand das Gefühl, dass es meine Schuld war, dass wir das Heim nicht fanden.

Dann entdeckte ich plötzlich ein Klettergerüst. Es lag ein bisschen versteckt hinter einem Zaun und Gebüsch. Aufgeregt zeigte ich es Onkel Kurt und hielt nach den Jungen und Mädchen Ausschau. Wir liefen schnell an den Maschendraht heran.

Doch es war nur ein Kindergarten und der hatte zu, weil ja Sonntag war.

Onkel Kurt konnte sich das nicht erklären. „Hier ist kein Heim, du Idiot."

Er sagte das ruhig und nur noch ein bisschen verärgert. Das Wort *Idiot* klang dabei so selbstverständlich, als wäre das mein Vorname.

Dass es in Köpenick auch noch eine Scharnweberstraße gab, wie sich später herausstellen sollte, darauf ist er nicht gekommen.

Wir liefen also wieder nach Hause.

Tante Lenchen guckte blöd und zeterte herum, als wir wieder vor der Tür standen. Aber sie war wohl zu faul, um am nächsten Tag nochmal zum Jugendamt zu gehen und so blieb ich da, wo ich war.

Beim Friseur

In der Schule hatten schon einige Jungen lange Haare. So war es Mode.

Ich bin immer noch zum Friseur geschickt worden. Fassonschnitt für ein paar Pfennige.

Den Weg zum Friseur bin ich gern gegangen. Ich brauchte nichts tragen, konnte rennen und springen und mit beiden Armen ein Flugzeug nachahmen. Ich fühlte mich *frei, frei, frei.*

Bis ich auf dem Friseurstuhl saß.

Ich beobachtete den Friseur, der über die Jahre immer der gleiche war, und der Friseur beobachtete mich.

„Wieder so kurz?"

„Fassonschnitt bitte", sagte ich, so wie Tante Lenchen es mir eingebläut hatte.

Der Friseur sah mich skeptisch an. „Sicher?"

Ich hob die Schultern und schüttelte ein bisschen den Kopf.

Er nickte und lächelte flüchtig. „Ich lasse es ein wenig länger, aber so, dass man es nicht sieht, richtig?"

Eine Antwort bekam er nicht. Er brauchte keine Antwort.

Ich war ja Stammkunde und jedes Mal, wenn die Haare zwei Zentimeter gewachsen waren, schickten mich meine Pflegeeltern hierher.

Der Friseur war ein feinfühliger Kerl und es tat ihm wohl auch leid, dass er tun musste, was er tat: Mir gegen meinen Willen diesen Fassonschnitt zu verpassen.

„Vielleicht doch nicht so viel abschneiden diesmal, ja?", bat ich ihn ängstlich.

Er schnitt nur die Spitzen, kassierte und schickte mich so los.

Und eine halbe Stunde später war ich wieder da und saß erneut auf dem Friseurstuhl. Verheult, mit brennenden Wangen von Tante Lenchens Ohrfeigen.

„Fassonschnitt hat sie gesagt", schluchzte ich.

Er seufzte und runzelte die Stirn. Ich guckte im Spiegel zu, wie meine Haare kürzer und kürzer wurden und beobachtete ihn.

Der Friseur trug eine Brille und hatte selber einen Fassonschnitt und außerdem schlechte Zähne.

Die Schere schon in der Hand begann er auf einmal zu weinen.

Der Friseur nahm seine Brille ab, wischte sich über die Augen und während er meine Haare schnitt, weinte er leise vor sich hin.

Zuhause sah ich dann in den West-Nachrichten Russenpanzer, die durch Prag fuhren.

Der Sprecher wirkte aufgeregt; es musste etwas Schlimmes passiert sein.

Es war Mittwoch, der einundzwanzigste August 1968. Die Sonne schien.

Meine Jugendweihe

Einmal kam Annekathrin Bürger in unsere Schule.

Ein Idol, sexy und verführerisch mit ihren zweiunddreißig Jahren. Die Eltern der meisten Kinder aus meiner Klasse waren damals unbedeutend älter oder genauso alt wie die Heldin aus etlichen DEFA- und DDR-Fernseh-Filmchen. Und alle Jungs aus der Klasse beneideten ihren Ehemann Rolf Römer, der sie heiraten durfte. Das war wohl die interessanteste Jugendstunde, die wir in Vorbereitung auf die Jugendweihe durchzuführen hatten. Der Besuch hinter die Kulissen des *Brechthauses* am Schiffbauerdamm oder in das Innenleben des Kinos *Kosmos* waren schön, nachdem sie vorbei waren und man wieder draußen an der frischen Luft war.

Natürlich musste ich auch mit der Lene los, um einen passenden Jugendweiheanzug zu kaufen. Wochenlang jagte ich mit einer Frau durch die Stadt, die keine Lust dazu hatte und mir das natürlich auch zu verstehen gab. Entweder war ich zu lang für die Hosen oder zu dünn für die Jacken. Ich war einfach „zum Scheißen zu dämlich", wie sie sich auszudrücken pflegte. Das mir nichts passte, war also auch irgendwie schon wieder meine Schuld.

Und so fanden wir dann in dem Laden, in dem wir zuerst gewesen waren, nach zwei drei Wochen den Anzug, den ich dort schon drei oder vier Mal anprobiert hatte und der mir immer noch nicht passte. Eine geschäftstüchtige Schneiderin kam dann auf die glorreiche Idee, die Kleidungsstücke etwas abzuändern.

Am Tag, an dem die Jugend geweiht wurde, hatte die Nachbarstochter Besuch von ihrer ältesten Schwester und deren Ehemann und ihrer zwei Kinder. Bei mir war niemand.

Meine Mutter, nach der ich mich schrecklich sehne, hatte ich schon sehr lange nicht gesehen.

Ich erhielt kein Lebenszeichen von ihr zu meiner Jugendweihe. Sie besuchte mich nicht, schickte kein Geschenk und nicht mal eine Karte. Die Jugendweihe fand – wie auch all meine Geburtstage, wie all die Weihnachts- und Osterfeiertage – ohne meine Mutter statt.

Ich wurde in den Anzug reingestopft und als ich sagte, dass der zu eng ist und die Hose kneift, bezog ich eine schallende Ohrfeige. „Du undankbarer Bengel! Wir tun alles für dich, kaufen dir teure Klamotten, kümmern uns Tag und Nacht um dich und was machst du?", keifte Lene. „Nach dem Affentanz hier geht's ab ins Heim für schwererziehbare Drecksgören!", drohte sie mal wieder.

So ging ich dann rüber in das Kino *Kosmos*. Lene und Kurt waren aufgetakelt, als müssten sie zur Ordensverleihung in das Staatsratsgebäude. Und genauso gaben sie sich auch. Ihr Anblick war völlig ungewohnt für mich. Lene trug sonst immer Kittelschürze und Latschen, drunter war sie immer barbeinig und roch entweder nach Schweiß oder nach frischem Furz, den sie oft ungeniert laut, begleitet von schallendem Gelächter, erklingen ließ. Ich hatte den Eindruck, dass das die einzige Freude war, die sie im Leben hatte, denn so herzhaft lachte sie sonst nie.

Im Kino *Kosmos* nahmen wir die einstudierten Plätze ein. Dann sabbelte der Direktor was am Pult, wofür sich niemand interessierte und anschließend mussten wir im Reigen da hoch auf die Bühne.

„Liebe junge Freunde!", rief er pathetisch. „Seid ihr bereit, als junge Bürger unserer Deutschen Demokratischen Republik mit uns gemeinsam, getreu der Verfassung, für die große und edle Sache des Sozialismus zu arbeiten und zu kämpfen und das revolutionäre Erbe des Volkes in Ehren zu halten, so antwortet: Ja, das geloben wir!"

Wir hatten diesen ganzen Schwachsinn schon mehr als einmal geübt, wussten also, was auf uns zukam und so antworteten die meisten von uns ironisch: „Ja, das globen wir!"

Außerdem sollten wir auch noch die „großen humanistischen Ideale" beschwören, uns einsetzen für den „Kampf für das Glück des Volkes", für die „feste Freundschaft mit der Sowjetunion" und natürlich den Sozialismus „gegen jeden imperialistischen Angriff" verteidigen.

„Ja, das globen wir."

Imperialistische Angriffe? Mein Problem waren eher die zahlreichen, täglichen Übergriffe von Tante Lene – gegen meinen Leib und gegen meine Seele, denen ich seit frühester Kindheit schutzlos ausgeliefert war und für die sich kein nach humanistischen Idealen strebender Lehrer je interessierte.

Zum krönenden Abschluss bekamen wir jeder das Buch *Weltall Erde Mensch* und eine Nelke überreicht. Da unten im Publikum saßen Lene und Kurt und all die anderen Erwachsenen, lächerlich aufgetakelt, und oben standen wir und sahen aus wie Kasperlefiguren.

Am Nachmittag ging es mit den Pflegeeltern in den Tierpark und Kurt gab mir einen Schnaps aus. Bei den Eisbären trafen wir auf einmal die Tante Uta – die Lagerleiterin des Kinderferienlagers des VEB Fahrzeugausrüstung. Sie schenkte mir eine Brieftasche aus echtem Leder und zu meiner Freude fand ich sogar einen Zwanzig-Mark-Schein, als ich das Portemonnaie öffnete. Sie wünschte uns noch einen schönen Tag und lief winkend davon.

Der einzige Geldschein, den ich zur Jugendweihe erhielt, verschwand kurze Zeit später in Lenes Haushaltskasse.

Die Brieftasche aus echtem Leder besaß ich noch viele viele Jahre lang.

Sommerball

„Du gehst da nicht hin! Tanzen ist nichts für dich! Tanzen darf man erst ab achtzehn!", sagte Tante Lene im Brustton der Überzeugung, die keinen Widerspruch duldete.

Ich war in der achten Klasse und alle aus meinem Jahrgang gingen zu diesem Sommerball, der vor den Ferien in der Aula stattfand. Nur ich sollte mal wieder nicht.

Einige meiner Mitschüler erfuhren davon und kamen zu uns nach Hause, um mich abzuholen. Das erste Mal setzten sich andere für mich ein. Ich war gerührt und wartete mit klopfendem Herzen ab, was passieren würde.

Lene versuchte natürlich sofort, sie aus unserem ehrenwerten Haus zu schmeißen, aber sie blieben einfach vor der Wohnungstür stehen, warteten auf mich, riefen nach mir und ließen nicht locker. Beinahe eine halbe Stunde ging das Gezerre um mich.

Meine sogenannte Pflegemutter wollte wohl kein weiteres Aufsehen erregen und ließ mich schließlich ziehen.

„Du hast Punkt zwanzig Uhr wieder zu Hause zu sein!", kommandierte sie.

Um achtzehn Uhr dreißig kamen wir in der Schule an und gingen nach oben in die Aula.

Schüchtern setzte ich mich auf einen Stuhl in eine Ecke und sah den anderen beim Spaßhaben zu. Bis ausgerechnet der Traum meiner schlaflosen Nächte, Marlies, zu mir kam und mit mir tanzen wollte. Da war es zehn Minuten vor Acht. Zwanzig oder dreißig Minuten später verkündete Discjockey Gunnar: „Der Detlef möchte bitte sofort nachhause kommen, seine Mami wartet." Es klang sehr zynisch. Ich wusste, dass er auch ein Auge auf Marlies geworfen hatte.

Wenn es darum ging, meine Gefühle zu zeigen, war ich immer sehr zurückhaltend.

Versteckte alles hinter Clownereien und Faxen. Ich ignorierte die Durchsage und tanzte mit Marlies. Lächelte sie unsicher an, scherzte und flirtete mit ihr, und tat so, als wäre nichts.

„Willst du nicht lieber nach Hause gehen?", fragte sie besorgt. „Vielleicht ist ja irgendwas passiert?" Sie hatte offenbar keinerlei Vorstellung davon, wie meine Pflegemutter tickte. Woher auch.

„Mach dir keinen Kopp", sagte ich und tanzte weiter.

Ich wollte meine heimlich Angebetete nicht einfach so aufgeben und dem DJ das Feld überlassen. Die Angst vor dem, was mich zuhause erwartete, drückte ich so gut es ging beiseite. Es war mir auch fast egal in diesem Moment. Ich tanzte. Mit *ihr*. Schwebte auf Wolke Sieben.

Aber der Absturz kam schnell.

Tante Lene stand plötzlich in der Tür der Aula. Und ich bekam einen höllischen Schreck.

Ohne Zähne, mit ihrem Haarnetz, das aussah als würde ihr ein Brot am Kopf kleben, blickte sie sich suchend nach mir um. Sie kaute, obwohl sie nichts im Mund hatte und trug Pantoffeln und ihre übliche geblümte Kittelschürze. Der Büstenhalter und ihr Schlüpfer zeichneten sich deutlich unter dem dünnen, leicht durchsichtigen Dederonstoff ab.

Dann entdeckte sie mich. Grinsend, mit einer großen Einkaufstasche aus braunem Kunstleder in der Hand, starrte sie mich an. Ich vermutete, dass sie sich eine Flasche Balkanfeuer geholt hatte.

Als ich sie da so stehen sah, war es, als würde mir jemand mit einem scharfen Schwert ein riesengroßes Stück Fleisch aus dem Leib säbeln.

Gunnar lachte, Marlies war geschockt.

Ich ging dann mal zur Tür.

Sie hatte Balkanfeuer im Atem. „Na, war's schön?", fragte sie.

Zum Glück hörte sie niemand.

Lynn Anderson sang gerade: „*I beg your pardon! I never promised you a rose garden.*"

Ich mochte diesen Song. Ich wollte mit Marlies tanzen.

Aber mir hatte niemand einen Rosengarten versprochen, wie es in dem Lied hieß.

Wir gingen die Treppe hinunter, Lene lief hinter mir. Als wir ein Stockwerk tiefer waren, holte sie den Siebenstriem aus der Einkaufstasche und hieb wie besessen auf mich ein.

„Dir werd' ich helfen, du Miststück! Um acht solltest du zu Hause sein, du Penner!"

Ich wich dem nächsten Schlag aus und rannte los.

Sie brüllte hinter mir her: „Bleib stehen, du Schwein, sonst schlage ich dich tot!" Aber die Luft wurde ihr knapp. „Bleib … stehen!", keuchte sie. „Bleib …!"

Als ich mich auf der Straße einmal nach ihr umblickte, sah ich, dass sie immer noch mit zornigem Blick, japsend hinter mir herlief. Sie schnaufte, keifte und ich entkam ihr ohne große Mühe.

Das erste Mal fühlte ich mich dieser kleinen, dicken, ungepflegten, alternden Frau überlegen.

Und diese Überlegenheit nutzte ich gleich aus und ging nicht nachhause. Ich wollte da nicht mehr hin. Nie mehr. Ich lief einfach die Karl-Marx-Allee hinunter und ging zum Alexanderplatz. Zur Aula und zu Marlies zurück traute ich mich nicht. Ich schämte mich zu sehr, und nach Tanzen war mir nicht mehr zumute.

Heulend irrte ich auf dem Alexanderplatz umher. Allmählich wurde es dunkel.

Ich hatte nur noch diesen einzigen Gedanken und murmelte vor mich hin: „Ich geh nicht mehr nachhause! Ich geh da nicht mehr hin! Nie wieder! *Nie! Wieder!*"

Sie hatte mich mit dem Siebenstriem nur einmal erwischt. Die aufgeplatzte Haut auf meinem Unterarm brannte.

Es dauerte immer eine ganze Weile, bis der Schmerz verging. In mir drin war alles erstarrt.

Ich umrundete den Fernsehturm, lief am S-Bahnhof und an der Weltzeituhr vorbei, irrte durch die Gegend und bekam langsam Hunger.

Ich sah auf und schaute mich um. Ich stand am *Kino International*, ein guter Ort, um eine Weile unterzutauchen und auf andere Gedanken zu kommen. Aber ich hatte kein Geld für einen Film. Mein Blick schweifte weiter umher, die Karl-Marx-Alle runter, streifte die Mokka-Milch-Eisbar und fiel auf ein Hotel, das sich hinter dem Kino befand: das *Berolina Hotel*.

Mein Magen knurrte und ich musste unbedingt etwas essen.

Hotel Berolina

Das Hotel war ein riesiger Klotz mit hunderten kleinen Fenstern.

Hier gab es bestimmt etwas zu essen.

Ohne Probleme schmuggelte ich mich in das Hotel, folgte meiner Nase, dem verführerischen Duft der Speisen und keine fünf Minuten später befand ich mich schon in der Küche, öffnete Schränke und suchte nach Essbarem.

„Was machst du denn hier, junger Mann?", fragte eine Frauenstimme, eher verblüfft, als verärgert.

Erschrocken fuhr ich herum. „Ich … ähm … ja, wollte mal schauen …"

Sie musterte mich von oben bis unten und ich hatte Angst, dass sie die Polizei rufen würde. Stattdessen zeigte sich ein flüchtiges Lächeln auf ihrem Gesicht.

„Suchst du Arbeit?", fragte sie freundlich. „Wir brauchen dringend jemanden zum Abwaschen. Leider ist unsere Aushilfe heute krank geworden. Also, wie sieht's aus?"

„Ja", brachte ich kleinlaut und total überrascht heraus. „Das würde ich gern machen. Also, arbeiten."

„Drei zwanzig die Stunde pauschal, wegen der Nacht."

Ich zögerte kurz, als müsste ich überlegen. Innerlich machte ich einen Luftsprung.

Der brennende Striemen war sofort vergessen. Der Hunger auch.

„In Ordnung", stimmte ich zu.

Sie reichte mir die Hand und stellte sich als Frau Ziegler vor.

Ich erhielt eine Gummischürze und wusch wie ein Weltmeister ab.

Nach etwa einer Stunde kam aus einem der Restaurants ein Essen zurück. Das Hotel war ein Interhotel und die Gäste, die zum Teil aus dem Westen stammten, waren wohl anspruchsvoll. Der Duft von Fleisch stieg mir in die Nase. An dem Schnitzel fehlte, wie es aussah, nur eine kleine Ecke und das Gemüse und die Kartoffeln schienen mich anzulächeln. Ich schaute immer wieder zu dem Teller hin, traute mich aber nicht zuzulangen.

Frau Ziegler bemerkte meinen Blick. „Du hast wohl Hunger, was? Nur zu!"

Auf der Stelle und ohne mich zu setzen verschlang ich die Mahlzeit, so wie sie war mit ein paar Bissen.

Um drei Uhr war Feierabend. Ich hatte alles Geschirr gespült und die Küche blitzeblank geschrubbt. Frau Ziegler staunte, wie gut ich das konnte. „Du kommst doch jetzt hoffentlich öfter?", fragte sie.

„Wenn ich darf?", fragte ich schüchtern. Meinte sie das wirklich ernst?

„Gleich morgen?"

Ohne eine Miene zu verziehen, nickte ich ihr zu.

„Prima. Du musst bloß noch zur Chefin."

Ich bekam einen Schreck, weil ich dachte, ich hätte etwas falsch gemacht. Bei Tante Lenchen machte ich immer was falsch.

„Zur Chefin?"

„Ja, sie ist die Küchenschichtleiterin und hat hier den Hut auf."

Mit banger Erwartung ging ich zum Büro und klopfte.

Die Chefin bat mich rein und sagte mir, dass ich mich setzen solle. Sie kramte in ihrem Schreibtisch herum und legte mir einen Bogen Papier mit einer Tabelle hin.

„Da trägst du jetzt mal deinen Namen ein."

Es kam mir immer noch komisch vor. Ich musste daran denken, dass ich in dieses Hotel gekommen war, um zu stehlen, um irgendwo ein liegengebliebenes Brötchen oder einen angebissenen Apfel zu ergattern.

Die Chefin nahm mir den Bogen wieder weg, rechnete auf einer ratternden Maschine hin und her und schrieb etwas in die Tabelle. „Unterschreibst du mal bitte hier?" Sie tippte auf die Stelle, die sie meinte.

Ich tat, was man mir sagte, fragte nicht nach und unterschrieb.

Sie drückte mir neunzehn Mark und zwanzig Pfennig in die Hand und wünschte mir eine gute Nacht.

Immer noch verwirrt und irgendwie in Erwartung, dass es gleich noch einen Anschiss geben würde, zögerte ich einen Moment.

Aber sie schaute nur etwas verwundert. „Ist noch was?"

Ich schüttelte den Kopf, erhob mich endlich und ging.

Satt, müde, mit einem Haufen Geld in der Tasche – mehr als ich beim Sammeln von Flaschen, Lumpen, Altpapier je bekommen hatte – marschierte ich los und automatisch schlug ich den Weg, der nachhause führte, ein.

Als ich vor dem Haus stand, in dem ich wohnte, sah ich zur obersten Etage hinauf. Es war nichts zu sehen. Ich ging ein paar Schritte rückwärts und blickte zu den Fenstern. Sie waren dunkel. Aber mir kam es so vor, als würde Lene hinter der Scheibe lauern, den Siebenstriem auf dem Schoß, und darauf warten, dass ich endlich erschien, um mir die Prügel, die ich nach ihrer Meinung verdiente, abzuholen.

„Du Schwein, du Missgeburt, du Vollidiot, dir werd' ich's zeigen!", hörte ich sie brüllen. Sie würde mich anschreien und mit dem Siebenstriem züchtigen. Und danach würde sie wieder heulen, sich *Balkanfeuer* einschenken und sagen: „Ich meine es doch nur gut mit dir! Womit habe ich das verdient?"

Wie in einem bösen Märchen sah ich mich selbst den Säulengang da oben entlang rennen. Heulend, blutend, am ganzen Körper zitternd. Sah mich zur Wohnung der Nachbarin rennen, die Aluminiumklappe in Panik auf und ab schlagen, meine Hand durch den Briefkastenschlitz stecken, damit sie mir die Tür aufmachte.

Ich sah mich bei ihr zusammenbrechen.

Der Striemen auf meinem Arm begann wieder zu brennen.

Meine Beine waren wie erstarrt. Ich blickte lange Zeit da hinauf und konnte mich nicht rühren.

Erst nach einer ganzen Weile wandte ich mich ab und lief weiter.

Wo sollte ich jetzt bloß hin?

Wieso erschien meine Mutter nicht und holte mich raus aus dieser Hölle?

Und wenn sie nicht zu mir kam, gab es einen Weg zu ihr zu gelangen?

In den Westen?

Was soll ich nur tun, Mama?

Ohne einen Plan ging ich einfach weiter die Karl-Marx-Allee entlang.

Nur so viel war mir klar: Keinen Augenblick länger wollte ich die Figur in einem bösen Märchen sein.

Wie in einem Traum ragten auf einmal die beiden Türme am Frankfurter Tor vor mir auf. Ihre Silhouette hatte ich schon oft gesehen, ohne sie sonst wirklich wahrzunehmen. Jetzt ging ich direkt auf die in den Himmel ragenden Gebäude zu. Wer da wohnte, wurde bestimmt geliebt und gelobt. In diesen Märchentürmen waren sicher alle glücklich.

Irgendwie müsste man auf einen dieser Türme gelangen. Aber wie? Fragen konnte ich keinen. Als ich um die Ecke bog, sah ich Säulen, die größer und mächtiger waren als die auf unserem Hausflur. Unten war die Tür offen und ich stieg in einen Fahrstuhl, der nach Bohnerwachs und Getriebeöl und Maschinenfett roch, fuhr nach oben und lief noch ein Stockwerk höher. Hier ging es nicht weiter. Die Türen waren verschlossen. Eine davon musste wohl auf den Turm führen. Dieses Märchenschloss war wohl nur für Könige und Prinzen gedacht. Nicht für unnütze Bengel, die von zuhause abgehauen waren. Hundemüde legte ich mich auf den kalten, harten, blitzblank gewienerten Boden, dachte an das schöne Erlebnis in der Abwaschküche und schlief ein.

Eine Tür knallte plötzlich und kurz darauf ging das Treppenlicht an. Der Hall im Treppenhaus war gespenstig. Der Geruch vom Bohnerwachs brannte ein wenig in Augen und Nase und das Licht blendete mich. Nichts war vertraut. Ich hatte Sehnsucht nach meinem Bett. Da war es warm und bequem. Außer wenn mir die Knochen wehtaten, weil Lene mich mal wieder mit dem Knüppel oder der Peitsche geschlagen hatte. Die Ruhla-Armbanduhr zeigte mir halb sechs an. Die Bewohner dieses Hauses gingen so nach und nach zur Arbeit. Die Unruhe, die sich in mir breitmachte, zwang mich zum Aufstehen. Ich fror und ein ekliger Film klebte auf meiner Haut. Das schöne Märchen war wohl doch nicht so schön wie in meinen Träumen. In den Turm kam ich gar nicht erst. Wie ein Hündchen hatte ich vor der verschlossenen Tür gelegen.

Hastig verließ ich das Gebäude wieder, lief die Straße hinab, vorbei an dem Wohnhaus, in dem Lene und Kurt mit mir in anderthalb Zimmern ihr komisches Leben teilten. Ich wollte in mein Bett, schlafen, mich ausruhen … Doch der Widerstand nach Hause zurückzukehren war einfach zu groß.

Mir fiel ein, dass ich ja noch Geld besaß. Eine innere Stimme, die komischerweise aussah wie Frau Ziegler aus dem Hotel Berolina, sagte mir, dass es schon irgendwie weitergehen würde.

„Schau mal", sagte sie zu mir. „Du bist in das Hotel gekommen, weil du was zu essen klauen wolltest und du hast super gearbeitet und dann bist du mit dem Lohn dafür wieder da rausgegangen."

Ich nickte und gab ihr Recht. Kehrte um und lief zum Milchladen, der um sieben Uhr aufmachte. Da kaufte ich mir einen halben Liter Milch für zweiundvierzig Pfennig und eine trockene Konsumschrippe. Die Dinger schmeckten immer wie Knüppel vor dem Kopp.

Schrippen frisch vom Bäcker schmeckten hingegen hervorragend. Dafür gab es jedoch lange Schlangen davor und ich wollte mich nicht mit knurrendem Magen anstellen.

Den ganzen Tag trottete ich müde und ausgelaugt durch die Straßen. Das gute Märchen war also auch nicht besser als das schlechte. Und irgendwie lud eine im Rosengarten stehende Bank zum Hinlegen ein. Ich musste an Marlies denken, an ihr geschocktes Gesicht, als Lene plötzlich dastand wie des Teufels Großmutter.

Und ich dachte an den Song von Lynn Anderson. *„I never promised you a rose garden."*

Und jetzt lag ich hier in einem *Rosengarten*, allein und mit der Angst, erwischt zu werden. Sich einfach auf eine Bank zu legen war bestimmt verboten. Genau wie pinkeln im Freien.

Also stand ich auf, stellte mich an einen Baum, der mir viel zu dünn vorkam und als Versteck nichts taugte, fühlte mich beobachtet und konnte nicht pinkeln. Schließlich kroch ich in ein Gebüsch und erleichterte mich dort.

Weil ich nicht wusste, wohin, ging ich wieder zu dem Turm am Frankfurter Tor und legte mich auf den Bohnerwachsfußboden. Doch ich konnte nicht schlafen. Ich lag einfach nur da herum – wie eine Puppe, die jemand weggeschmissen hat.

Mir war kalt. Ich hatte nichts zum Zudecken, nichts zum Drauflegen. Starrte an die Decke und wusste nicht weiter.

Dann hörte ich plötzlich Schritte. Jemand kam die Treppe hoch.

Mir stockte der Atem.

Ich setzte mich auf und blickte mich um.

Es gab hier nichts, wo ich mich verstecken konnte. Ich saß in der Falle.

Der Nazi-Chef

Ich drückte mich an die Wand, als wollte ich in dem Gemäuer verschwinden.

Aber ich verschwand nicht.

Ich blieb da hocken und starrte in ein Gesicht.

Das Gesicht starrte erschrocken zurück.

„Was machst du denn hier?"

Aus irgendeinem Grund flüsterte mein unwillkommener Besucher.

Wir kannten uns vom Sehen.

Es war der fiese Typ aus der Nachbarschule. Alle nannten ihn *Chef* – genauso benahm er sich auch. Adolf Hitler war sein großes Vorbild. Mit dem ersten und zweiten Weltkrieg kannte er sich bestens aus.

Er hatte rotblondes Haar, das hinten und an den Seiten abrasiert war, und vorn eine Tolle, die bis zum Mund reichte.

Chef wollte wohl Adolf Hitler ähnlich sein. Ansonsten bestand er nur aus Haut und Knochen.

Neugierig kam er näher und sah auf mich hinab, wie ich da unten kauerte.

Verwundert fragte er noch einmal, was ich hier zu suchen hätte, und plötzlich fing ich an zu heulen.

„Du hast mir vielleicht einen Schrecken eingejagt", sagte Chef. Zum Glück ignorierte er meine Flennerei. „Hab mich echt total erschrocken."

Das beruhte wohl auf Gegenseitigkeit, aber ich brauchte eine Weile, bis das Schluchzen aufhörte und ich antworten konnte.

„Ich bin von zuhause abgehauen", erzählte ich. „Hab es da nicht mehr ausgehalten mit der Pflegemutter."

Chef nickte mitfühlend. „Die Alte kam mir schon immer sehr jüdisch vor", sagte er.

Ich guckte ihn irritiert an. Aber ich freute mich, dass er mich wenigstens nicht verprügeln wollte.

„Die sollte man vernichten", fügte er noch trocken und todernst hinzu. „*Wir* werden sie vernichten."

Er schien das für eine abgemachte Sache zu halten.

„Vernichten wie Unkraut!", zischte er zwischen den Zähnen hervor, tänzelte herum und boxte die Luft zwischen ihm und mir.

Ich war von seiner Art schockiert. Ich wollte niemanden vernichten.

Nazis waren mir immer ein Gräuel gewesen. Der Krieg aus dem Geschichts- und Staatsbürgerkundeunterricht war aus meinem kindlichen Empfinden nicht zu fassen. Ich wollte stets mit allen Menschen viel zu guter Freund sein. Hielt im Haus den Leuten die Tür auf, grüßte höflich, trug den alten Weibern manchmal sogar die Taschen hoch, hob Heruntergefallenes sofort auf und gab es zurück. Ich wollte niemanden töten oder was Böses tun.

Chef verzog sich für ein paar Minuten und kam mit einer Stulle zurück. Er hatte das Brot extra für mich mit Butter beschmiert und mit Salami belegt.

Er setzte sich neben mich, sah mir beim Kauen zu und flüsterte: „Meine Alten fahren morgen aufs Grundstück, dann kannst du bei mir pennen."

Ich wusste nicht so richtig, was ich davon halten sollte. Sein harter knochiger Körper drückte gegen meinen und das war mir unangenehm. Chef wog mit Sachen knapp vierzig Kilo, so dass alle in der Schule ihn hänselten: „Spargeltarzan", „Spacke Sau", „Hungerhaken". Das ging ihm da nicht anders als mir. Nur kam bei mir noch „Muttersöhnchen" hinzu – so wurde von meinen Mitschülern die Totalüberwachung meiner Pflegemutter ausgelegt. Chef konnte sich immerhin so viel draußen aufhalten, wie er wollte. In dieser Beziehung hätte ich gern mit ihm getauscht. Mit seinem Hitlerhobby war er mir jedoch unheimlich. Aber er verhielt sich nett zu mir. Das Brot war kein Konsumbrot, sondern frisch vom Bäcker und duftete, und die Salami schmeckte wirklich gut gewürzt.

„Na, was hältst du von dem Angebot?", hakte er nach.

„Ihr habt ein Grundstück?", fragte ich ausweichend.

„Wir haben *alles*. Meine Alten sind voll die fetten SED-Bonzen, verstehst? Auto, Datsche, riesige Wohnung."

„Alles", murmelte ich.

Ich hatte nichts. Nicht einmal eine Mutter.

„Du hast es gut."

Er zuckte mit den Achseln. „Wie man's nimmt. Die sind oft nicht da. Das ist ein Vorteil. Ich kann machen, was ich will."

„Verstehe", murmelte ich. Aber das war gelogen. Ich durfte nie machen, was ich wollte.

„Also, was ist, Kumpel?", fragte er und wurde langsam ungeduldig. „Kommst du morgen? Ich wohne nur eine Etage tiefer."

Ich räusperte mich. „Okay", brachte ich heraus. „Und du musst nicht zu diesem Grundstück?"

Er lachte komisch. „Nee. Was soll ich da? Unkraut rupfen? Meine Alten lassen mich in Ruhe. Die hab ich voll im Griff."

„Na, wenn das so ist", sagte ich immer noch zögernd.

„Meine bescheuerte Schwester ist auch nicht da", sagte er noch. Als wäre mir wegen seiner Schwester mulmig.

Am Abend ging ich dann zum *Hotel Berolina* und schuftete neun Stunden lang und kam mit neunundzwanzig Mark in der Tasche wieder heraus. Chef wartete schon auf mich und schwänzte extra wegen mir die Schule.

Da waren wir dann schon zu zweit, denn ich konnte mich auch gerade in keinen Klassenraum begeben. Tante Lene brauchte noch nicht einmal die Wohnung zu verlassen, um zu kontrollieren, ob ich auf meinem Platz in der ersten Reihe saß. Vom Balkon aus konnte sie direkt durch das Fenster in den Raum der 9 a hineinblicken, wie in ein Aquarium.

In Chefs geräumiger Drei-Zimmer-Wohnung am Frankfurter Tor roch es irgendwie fremd. Es war zwar sauber, jedoch nicht so sauber wie bei uns. Ich entdeckte ein paar Staubflusen unter der Schrankwand, für die Tante Lene mich mit Sicherheit nach Strich und Faden verdroschen hätte.

Die parteifreundlichen Eltern von Chef hatten wahrscheinlich andere Sorgen. Wes Geistes Kind unter dem mohrrübenblonden Haarschopf mit Hitlertolle wohnte, war unschwer zu erkennen.

Chef machte mir noch ein paar Salamibrote und schlug dann vor, Foltern zu spielen.

Genau genommen bat er mich nicht um mein Einverständnis. Er fesselte mich an einen Stuhl, kramte in einer Schublade herum und hielt mir dann eine Luftdruckpistole an die Schläfe. Mit nachgeäffter Adolf-Hitler-Stimme meinte er: „Du Judensau bist an allem schuld."

Ich sagte dazu nichts. Mir fiel nicht ein, was ich dazu hätte sagen können.

„Im Namen des Führers werde ich dich jetzt hinrichten!", verkündete Chef.

Ich hielt still und fragte mich, ob er mich wirklich umbringen würde, wenn er könnte.

Aus Angst etwas Falsches zu sagen, traute ich mich immer noch nicht zu protestieren.

Er drückte ab und es klickte ein paarmal.

Als er mich wieder befreite, hielt er mir die Pistole unter die Nase und erklärte mir geduldig, was für ein Modell das war, welches Kaliber die Waffe hatte und was man damit alles töten konnte. Er zeigte mir die Diabolos und begann damit die Pistole zu laden und ich musste auf einmal dringend aufs Klo.

Als ich wiederkam, richtete er sein Schießeisen auf mich und ich blieb vorsichtshalber stehen und starrte ihn an.

„Hände hoch!" Er grinste.

Ich gehorchte.

„Hast du noch einen letzten Wunsch?"

Ich überlegte einen Moment.

„Kannst du mir vielleicht noch eine Salamistulle machen?", murmelte ich mit erhobenen Händen.

Chef schien wirklich ein fürsorglicher Typ zu sein. Er ließ die Waffe sinken, ging in die Küche und fragte, ob ich auch noch Spreewälder Gürkchen haben möchte. Als ich nicht antwortete, rief er meinen Namen.

Da klappte aber schon die Wohnungstür hinter mir zu.

Alles so wie immer

Nach gut einer Woche war ich wieder zu Hause.
Ich hatte genug vom Hotel, von Chef und von Hitler.
Mit bleiernen Beinen stapfte ich die Treppe hinauf.
Ich wusste, was mich erwartete: Der Siebenstriem.
Doch Irrtum.
Tante Lenchen machte die Tür auf und nahm mich in den Arm.
„Ich hab ja solche Angst um dich gehabt! Wo bist du denn bloß gewesen?"
Sie war nett und freundlich, wie ich sie die ganzen vierzehn Jahre noch nie erlebt hatte.
„Ich war sogar beim Jugendamt und dann bei der Polizei und hab dich als vermisst gemeldet", erzählte sie mir. „Wir haben uns solche Sorgen um dich gemacht!"
Ich war total erschöpft und wollte nur ins Bett.
„Geh ruhig, Junge, und schlaf solange du möchtest. Schlaf dich mal richtig aus!"

Den nächsten Tag war dann alles so wie immer.
Es ging schon am frühen Morgen los.
Sie riss mir die Decke weg und schrie: „Los, raus mit dir, du Faulpelz! Hopp hopp! Dalli dalli!"
Ich richtete mich schlaftrunken auf. Mir wurde schnell klar, dass von der gestrigen Freundlichkeit nichts mehr übrig war.
„Du kommst nach deiner bescheuerten Mutter, die ist wie du zu nichts nütze!", kreischte sie. „Ich musste wegen dir Mistschwein zur Polizei! Wir hatten noch nie mit der Polizei zu tun!"
Dann holte sie die Peitsche und alles war wieder beim Alten.
Sie drosch aus Leibeskräften zu und als sie dann außer Atem war, setzte sie sich aufs Bett und sagte: „Womit habe ich das bloß verdient? Wieso ist dieser Bengel so ein undankbares Subjekt?"
Ich wusste, dass das keine Fragen waren, auf die sie eine Ant-

wort hören wollte, doch ich sagte aus meiner erstarrten Seele heraus: „Ich will nur eins: Ich möchte endlich zu meiner richtigen Mutter!"

Sie sprang auf, schlug mit dem Pantoffel auf mich ein und schrie aus Leibeskräften: „Du kommst ins Heim für Schwererziehbare, du Tier!" Sie griff nach dem Siebenstriem und schlug unentwegt auf mich ein: rechts, links, rechts, links. „Dir werde ich helfen!"

Ich hockte vor dem Kleiderschrank, zusammengekauert wie ein Embryo, die Arme erhoben im vergeblichen Versuch mich zu schützen.

Plötzlich verschwand sie kurz und kam völlig hysterisch mit einem Hammer, den sie nur aus dem Werkzeugkasten geholt haben konnte, zurück. Sie schubste mich um und setzte sich so auf mich, dass ich mich nicht wehren konnte. Sie hob den Hammer und brüllte wie eine Irrsinnige: „Ich hasse dich! Ich hasse dich abgrundtief! Ich schlag dich tot, du Stück Scheiße! Du bist der schlimmste Dreck auf Gottes weiter Flur! Ein Tier! Eine Missgeburt!"

Ich jammerte und wimmerte, wand mich unter ihrer Last. Dann gab ich es auf, mich zu wehren und sagte ganz gefasst, dass ich jetzt immer lieb sein und alles machen werde, was sie sagt und was sie will.

„Du hast mit allem Recht! Ich bin böse und frech und nichts wert. Ich habe die Strafen verdient! *Ich hab das alles verdient!*"

Ich konnte nicht mehr heulen. Das Schluchzen verwandelte sich in eine Art Zucken beim Atmen.

Endlich stand sie auf. Ich nahm ihren Geruch war, eine eklige Mischung aus Schweiß, Urin und Zigaretten. Als sie sich von mir erhob, bekam ich wieder Luft.

Es war vorbei.

Ich kauerte noch einen Moment vor dem Kleiderschrank und sie saß heulend auf dem Bett und säuselte: „Womit hab ich das nur verdient? Ich meine es doch bloß gut mit dem Scheißer!"

Ich ging dann zu ihr hin und entschuldigte mich ganz höflich für alles.

Speichel tropfte aus ihrem zahnlosen Mund, sie plärrte, als wäre sie es, die die Schläge bezogen hatte, und ihr Gesicht verzog sich zu einer Grimasse.

Ich umarmte sie und sagte, dass ich jetzt den Wasserhahn putzen werde, der danach so blank sein würde, als wäre er aus purem Gold.

Und so tat ich es dann auch.

Ich putzte in der Küche und sie rauchte gemütlich in der Stube eine Zigarette.

Dann schloss sie alles wie gewohnt ab: Wohnzimmer, Schlafzimmer, Wohnungstür – und verschwand für zwei bis drei Stunden bei der Nachbarin zum Klönen und Kaffee trinken.

Als sie wiederkam, waren der Abwasch erledigt, die Küche, der Flur und das Bad gefegt und gewischt. Und der Wasserhahn blitzte wie versprochen. Sie kontrollierte alles wie ein Feldwebel und als sie keinen Makel entdeckte, sagte sie: „Na, also."

Ein heimliches Treffen mit meiner Mutter

Es klingelte an einem Samstagvormittag.

Tante Lenchen guckte erst durch den Spion. Sie kaute aufgeregt. Ihr Kinn bewegte sich rhythmisch und sie schmatzte leise, ohne dass sie etwas aß.

Dann zog sie die Stirn in Falten und sagte: „Was will die denn hier?"

Sie öffnete die Tür und draußen stand ihre Schwester Juliane aus Brandenburg.

„Hallo Lenchen", sagte Juliane. Auf ihrem Gesicht zeigte sich ein Lächeln, aber ihre Stimme klang traurig. Tante Juliane, die mit ihrem Schlafzimmerblick früher mal hübsch gewesen sein mochte, war eine dickliche Frau, in deren Wesen man stets eine Spur von Traurigkeit verspürte.

„Was gibt's?", fragte Lene. „Warum bist du hier?"

„Wir waren gerade in der Gegend und sind auf dem Fernsehturm gewesen. Wir haben uns Berlin von oben angeschaut. Und ich dachte, wir gucken mal, ob du da bist."

„Wo soll ich denn sonst sein?", fragte Lene schnippisch. „Und was willst du nun?"

„Leo ist noch unten im Auto", sagte Juliane, als hätte sie die Fragen nicht gehört.

„Ja, dann soll er doch hochkommen!"

Wir gingen alle auf den Balkon und blickten zu Onkel Leo hinunter.

Leo saß rauchend in seinem Skoda, den Ellenbogen ins Fenster gelegt und wartete.

Die Tante rief ihn mit einer von Zigaretten und Alkohol rauen, vibrierenden Ehefrauenstimme und Leo blickte aus seinem Wagen zu uns hoch und sah nicht gerade begeistert aus.

Nach einer Weile kam Onkel Leo keuchend die Treppen hinauf und hustete und prustete. Seinen ganzen Ärger über die Strapaze der vielen Stufen konnte er vor Luftmangel gar nicht erörtern. Er sagte kurz: „Tach" und brannte sich zwischen zwei Hustern eine Zigarette an.

Lene setzte im Pfeifkessel Kaffeewasser auf und schickte mich mit einem Halbsatz in die Verbannung ins Schlafzimmer. „Ach, lass den Jungen doch bei uns bleiben, Lene", sagte Juliane. Lene knurrte etwas Unverständliches. Aber ich musste nun doch nicht ins Schlafzimmer.

Onkel Kurt kam von einem Einkauf wieder – diesmal brachte er Schnürsenkel mit. Solche Einkäufe machte er manchmal ganz gern allein, damit er mal seine Ruhe hatte. Er kaufte immer nur

Kleinigkeiten. Für die täglichen Lebensmitteleinkäufe war ich ja zuständig. Mal brachte Kurt einen Becher *Bautzener Senf* für Siebenunddreißig Pfennig mit, mal den Ketchup aus Werder, den es nicht immer gab und den man deshalb kaufen musste, wenn man ihn mal zufällig irgendwo in der Kaufhalle entdeckte, und der eine Mark und fünfzehn Pfennig kostete.

Jetzt sollte es gemütlich werden und deshalb tranken alle eine Tasse Kaffee.

Tante Lene zerbrach eine alte mit einem weißen Schleier überzogene *Schlager-Süß-Tafel* und legte die Stücke in ein Schälchen, aber niemand nahm sich eins.

Leo und Juliane erzählten von ihrem neuen Skoda, mit dem sie durch die Gegend kutschierten und die Sehenswürdigkeiten besichtigten. Autofahren war damals ein ganz besonderes Erlebnis. Längst nicht jeder besaß ein Auto. Man musste einigermaßen reich sein, um sich überhaupt eines leisten zu können und dann entweder die Geduld haben, einige Jahre auf ein bestelltes Fahrzeug zu warten oder Beziehungen. Und Onkel Leo hatte als Bierfahrer etliche Bierkisten an Leute verkauft, von denen der VEB Getränkehandel gar nichts wusste. Leo war ein richtiger Rocker. Er hatte nur kein Motorrad.

Wir saßen also in der Wohnstube, die natürlich penibel sauber und akkurat ordentlich war. Onkel Leo zündete sich eine Zigarre an und mir brannten die Augen. Dann fragte Leo nach einem Schnaps. Zwischendurch hustete er immer mal wieder, zog an seiner Zigarre und wollte nur noch eins: Schnaps.

Tante Lene stellte schließlich eine Flasche Schnaps auf den Wohnzimmertisch, nahm ein Schnapsglas aus der Vitrine, ging damit in die Küche, um es, obwohl es schon blitzeblank und sauber war, noch mal zu polieren. Und als sie dann mit dem Glas wiederkam, da war die ganze Flasche Schnaps alle. Leo hatte sie auf Ex ausgetrunken. Und nun machte er es sich in dem Sessel gemütlich und die Asche der Zigarre fiel auf den Boden. Sofort kam

Lenchen und fegte artig die Asche weg, denn es durfte überhaupt nichts unordentlich sein.

Meine Tante Juliane blickte ein paarmal zu mir hinüber und blinzelte mir zu. Und gerade, als ich mich fragte, ob sie vielleicht etwas ins Auge bekommen hatte, erhob sie sich und ging in die Küche. Plötzlich rief sie von dort, dass ich mal zu ihr kommen sollte.

Ich blickte verlegen zur Pflegemutter.

„Na, geh!", sagte sie.

Tante Juliane stand vor dem Kühlschrank des VEB Kombinat Haushaltsgeräte Karl-Marx-Stadt, machte ihn auf und wieder zu und sagte laut zu mir: „Vielleicht kannst du mir mal erklären, welche Lebensmittel zum Kühlen geeignet sind und welche nicht!"

Ich bekam einen Schreck, weil ich dachte, ich hätte wieder was falsch gemacht und irgendetwas in den Kühlschrank gelegt, was da nicht hineingehörte.

Die Tante redete noch weiter von Dingen, die in ein Eisfach gehörten und solchen, die besser draußen gelagert werden sollten und was für eine großartige Erfindung doch so ein Kühlschrank war. Ich hörte ihr zu, nickte, und langsam zweifelte ich an ihrem Verstand.

Da drückte sie auf einmal die Küchentür zu und legte ihren Zeigefinger auf die Lippen.

Sie beugte sich an mein Ohr und flüsterte: „Deine Mutter kommt nächstes Wochenende zu uns nach Brandenburg und bleibt eine Woche."

Ich glaubte erst, mich verhört zu haben. Eben hatte sie doch noch von Butter und Margarine, von Zwiebeln, Rosenkohl und Rüben geredet.

„Es wäre schön, wenn du kommst. Komm einfach, Junge. Komme einen Tag. Wir sind da und warten auf dich. In Ordnung?"

Ich nickte zögernd. „Da muss ich aber erst die Lene fragen", sagte ich.

„Das ist nicht nötig. Du bist alt genug. Da kannst du schon mal ein wenig allein unterwegs sein."

Ich blickte auf den Kühlschrank und begriff allmählich, dass das ein Geheimtreffen mit meiner Mutter werden sollte.

Die Reise nach Brandenburg an der Havel begann mit der Sorge, dass die Lene irgendwas davon erfuhr. Die ganze Nacht zuvor hatte ich kaum geschlafen. Reisefieber plagte mich. Und die Angst, dass Lene irgendetwas merkt. Doch sie merkte nichts. Das war schon mal sehr merkwürdig.

Ich nahm meinen ganzen Mut zusammen und sagte ihr: „Ich werde wohl heute erst später nach Hause kommen."

„Was soll das heißen?", fragte sie. „Wo willst du denn hin?"

„Ich treffe mich mit ein paar Jungs am Frankfurter Tor und wir gehen dann vielleicht noch woanders hin", antwortete ich so ruhig wie möglich.

„Aber um Sechs bist du zurück!", forderte Lene.

Ich nickte. „Bestimmt."

„Wehe dir, wenn nicht!", sagte sie mit drohend erhobenem Zeigefinger. „*Wehe*! Du weißt, was dir dann blüht!"

Ich lief in Richtung der Straßenbahnlinie 4. Von der Haltestelle waren es drei Stationen bis zum S-Bahnhof Warschauer Straße. Doch ich war zu nervös, um auf die Bahn zu warten. Also rannte ich so schnell ich konnte bis zum S-Bahnhof, ging runter zum Gleis, stieg in den Zug Richtung Erkner, fuhr bis Karlshorst und wartete dort ungeduldig auf den *Sputnik*, der um ganz Berlin herum, bis nach Brandenburg an der Havel fuhr.

Trotz des zehnminütigen Sprints war ich völlig aufgewühlt. Am liebsten wäre ich die hundert Kilometer nach Brandenburg im Dauerlauf gerannt – direkt in die Arme meiner Mutter. Diese Scheiß Sehnsucht wurde mir einige Jahre später noch sehr zum Verhängnis.

Der Zug kam pünktlich.

Knapp zwei Stunden dauerte die Fahrt. Zwei Stunden. Ich rechnete hin und her. Es wurde nicht weniger.

Brandenburg war grauer als Berlin. Eine Dunstglocke hing über der Stadt.

Tante Julchen und Onkel Leo wohnten in der Potsdamer Straße, gleich am alten Güterbahnhof. Dort wurde Tag und Nacht Schrott verladen. Die zusammenkrachenden Waggons machten ständig Lärm und es stank nach altem rostigem Eisen.

Im Hausflur meiner Verwandtschaft roch es nach Bohnerwachs und modrigem Holz. Der Putz bröckelte von den Wänden. Ich rannte die Treppen hoch bis ganz nach oben, wo Juliane und Leo wohnten.

Meine Tante klatschte in die Hände und johlte vor Freude, als sie mich sah.

Wahrscheinlich hatte sie mir nicht zugetraut, dass ich mich tatsächlich von der Lene loseisen konnte.

Mein Herz klopfte wie verrückt. Aber ich zog ganz brav meine Schuhe und meine Jacke aus und folgte meiner Tante in das Wohnzimmer.

Und da saß sie dann: meine Mutter. Die einzige, die echte, die, die mir strahlend erschien wie die Sonne, die mir Freiheit und Frieden und Sicherheit versprach und die dieses Leuchten in ihren Augen hatte.

„Da bist du ja, mein Junge!", rief sie erfreut. „Wir haben schon Angst gehabt, du kommst nicht."

Ich konnte nichts sagen, lächelte nur und schlüpfte in ihre Arme. Sie roch nach Rauch, aber das störte mich nicht. Vor allem duftete sie himmlisch nach ihrem Westparfum und ich sog ihren Geruch gierig in mich ein.

„Wie schön wäre es, wenn du endlich bei mir wärst!", rief sie aus.

Die Umarmung hörte viel zu schnell wieder auf.

Dann rauchte sie eine Zigarette und bot mir auch eine an. Eine Westzigarette von meiner Mutter. Das war für mich die höchste Auszeichnung in meinem Leben. Ich durfte mal was dürfen. Hier wurde nicht gemeckert. Hier wurde sich gefreut, dass ich da bin. Und ich konnte den ganzen Umstand nicht fassen. Ich wollte nur zu Mama – am liebsten auf den Arm.

Aber ich rauchte hastig meine Zigarette und sah nervös auf die Uhr.

„Ich muss um Sechs wieder zuhause sein, sonst schimpft die Mutter."

Die beiden Frauen tauschten betretene Blicke.

Tante Julchen sagte: „*Hier* sitzt deine Mutter!"

Ich merkte, dass ich in einen gewaltigen Zwiespalt geraten war. Ich hatte zwei Mütter, einen Drachen zuhause und eine liebevolle Sonne mit schönen klaren Augen und einem bezaubernden Duft hier. Plötzlich wurde mir unwohl. Ich wusste gar nicht mehr, wo ich hingehörte. Ich wusste es wirklich nicht. Ich fühlte mich zutiefst der Lene verpflichtet, und zur Maria hingezogen. Plötzlich war mir alles fremd. Die Zigarette schmeckte nicht und das Leuchten der Mutter verblasste, der faulige Gestank der von Zigarettenqualm geschwängerten Wohnung nervte mich und der Krach, der vom unheimlich und gruselig wirkenden Schrottplatz von gegenüber kam, bereitete mir Unbehagen. Außerdem hatte ich Hunger.

„Geht es dir gut, mein Junge?", fragte meine Mutter.

„Das wollte ich auch gerade fragen", sagte Juliane besorgt.

Ich nickte. Dann schüttelte ich den Kopf. „Ich habe Hunger", gab ich zu.

„Na Junge, saaaage doch was, wir haben alles da!", rief Tante Julchen plötzlich wieder fröhlich.

Kaum zu glauben. Hier gab es keine Reglementierung. Es stank zwar, und war wie im Gespensterschloss, aber ich durfte mich frei bewegen. Doch ich konnte mit dieser Freiheit nichts anfangen. Ich war total gehemmt und blockiert.

Statt mit meiner Mutter zu plaudern, half ich meiner Tante ganz freiwillig beim Tischdecken.

Es gab Falschen Hasen mit Kartoffelbrei und Erbsen. Während wir noch aßen, musste ich auf einmal dringend pinkeln.

„Darf ich mal auf die Toilette?"

Meine Mutter lachte auf. „Da brauchst du doch nicht um Erlaubnis fragen", sagte sie gönnerhaft.

Vor lauter Aufregung musste ich im Verlauf des Tages öfter pinkeln als sonst, mal fragte ich, ob ich darf, mal nicht. Und wenn ich nicht fragte, hatte ich ein schlechtes Gewissen.

Ich hatte meine Mutter ewig nicht gesehen und irgendwie schien sie mir verändert. Sie hatte so dünne Beine und sah überhaupt anders aus.

Nach einiger Zeit hörte ich ein Bläken aus dem Nachbarzimmer.

Meine Mutter sprang auf und ging nach nebenan und kam mit einem in weißen Stoff gewickelten Paket zurück und sagte zu mir: „Das ist deine Schwester, mein Junge."

Ich schluckte, wusste nicht, was ich erwidern sollte. "Aha", sagte ich schließlich und sah ein bisschen genauer hin. Ich entdeckte in dem Bündel eine Stupsnase, einen verzerrten Mund, aus dem diese grellen Töne kamen, und zugekniffene Augen.

„Ist sie nicht süß?", fragte meine Mutter und blickte mich erwartungsvoll an.

„Ja", sagte ich.

Meine Mutter brachte also noch eine Schwester für mich mit, berichtete von einem Bruder, der drüben Mofa fährt und wenn ich dann auch bei ihr im Westen wäre, dann würde sie mir sofort ein Moped kaufen.

Das Baby nuckelte indessen an der Brust meiner Mutter.

„Dich konnte ich ja damals nicht stillen", erzählte sie. „Das war mir im Gefängnis nicht möglich. Ich war schon froh, wenn ich dich mal kurz im Arm halten konnte. Und dann haben sie dich mir weggenommen und in ein Heim gesteckt, bevor du dann zu der Lene und zum Kurt kamst."

Jetzt wäre ich gern zu ihr gegangen und hätte sie umarmt. Aber da lag ja schon dieses neue Kind in ihren Armen.

„Sie schlägt mich", kam es plötzlich aus meinem Mund.

„Was?"

„Die Lene schlägt mich." Ich konnte es nicht fassen, dass ich es aussprach, aber ich hatte es tatsächlich getan.

Meine Mutter lächelte merkwürdig. „Das hat sie früher mit uns Geschwistern auch immer gemacht. Als sie auf uns alle aufpassen musste. Sobald wir ein bisschen lauter wurden oder anfingen zu toben."

Tante Juliane räusperte sich, nahm die Flasche Schnaps, die unter dem Tisch stand und trank einen Schluck. „Stimmt. Aber es hat uns nicht geschadet", erklärte sie. „Der Mensch lernt durch den Schmerz und wir sind schließlich alle was Ordentliches geworden."

Mein Atem ging auf einmal schneller und ich erschrak, als ich merkte, dass ich schluchzte. „Aber sie schlägt mich dauernd, auch mit einer Peitsche!" Es klang weinerlich und ich schämte mich dafür.

Tante Juliane senkte den Kopf und schaute traurig auf ihre Schnapsflasche hinab.

Meine Mutter lächelte schon wieder auf diese seltsame Art.

„Du musst immer schön artig sein, dann wird es nicht so oft sein." Sie sah mich ganz lange an und hörte nicht auf zu lächeln.

Ich konnte diesem Blick nicht standhalten und so war ich froh, als das Babybündel wieder losbläkte.

„Wenn du erstmal bei mir im Westen bist, kaufe ich dir ein Motorrad. Dann kannst du mit deinem Bruder durch die Gegend düsen. Er fährt mit seinem Mofa sogar durch die Berge!" Ihre Hand bewegte sich auf und ab und legte sich dann wieder auf ihren Sprössling. Meine Mutter fing an, das Baby zärtlich zu streicheln.

„Es kann nicht mehr lange dauern, Junge. Aber ein bisschen musst du dich noch gedulden. Ich habe extra zwei Anwälte eingeschaltet und außerdem habe ich mich an das DRK gewandt."

„DRK?"

„An das Deutsche Rote Kreuz. Die kümmern sich um solche Sachen. Familienzusammenführung heißt das Zauberwort." Sie lächelte schon wieder auf diese merkwürdige Weise.

Das war wohl alles ein wenig zu viel für mich. Ich wollte wieder nach Hause zur Lene. Da wusste ich, was mir blühte. Aber alles andere hier war mir plötzlich sehr fremd und weit weit weg. Meine Mutter war mir fremd, das Tante Julchen war mir mit ihrer aufgesetzten Fröhlichkeit, durch die ihre Traurigkeit schimmerte, unheimlich. Und dann dieser muffige Geruch. Die Wohnung stank nach Schimmel und durchs Fenster zog der Dunst vom Schrottverladeplatz, von Rost, Altöl und Modder. Und die grausigen Geräusche zerrten ebenso an meinen Nerven: das Quietschen der Baggerschaufeln und das Scheppern des Schrotts, wenn der verladen wurde und in die leeren Güterwaggons polterte.

Allein sein mit meiner Mutter ging wohl gar nicht mehr. Sie war jetzt Mutter von zwei anderen Kindern. Und ich musste nachher sowieso wieder nachhause zu Lene. Wer weiß, was da schon wieder auf mich wartet, dachte ich: Vaters Schuhe putzen, Holz hacken, Kohlen holen oder Einkaufen gehen. Spielen mit anderen Kindern gab es nicht. Mittlerweile lachten mich nicht nur meine Mitschüler, sondern auch die jüngeren Kinder alle aus. Ich war ein Fremder für sie. Ein Blödmann mit kurzen Hosen, weißen Socken und Fassonschnitt, keiner, mit dem man sich abgibt.

Meine Mutter schenkte mir noch ein paar Matchboxautos, den ganzen Zwangsumtausch und einen Zehnmarkschein Westgeld. Kurz leuchteten meine Augen auf. Aber wirklich freuen konnte ich mich nicht. Irgendetwas war anders. Und ich wusste nicht was.

Ich rauchte noch ein paar Westzigaretten, trank noch ein paar Tassen Kaffee, ging noch ein paar Mal, ohne zu fragen, ob ich darf, pinkeln und sagte dann, dass ich wieder nachhause muss, sonst schimpft Mutter, wenn ich zu spät komme.

Da verzogen sich bei beiden Frauen die fröhlichen Dauermienen und Tante Juliane sagte: „Junge, das hier ist deine Mutter."

Sie schien so langsam genervt, dass sie mir das immer wieder sagen musste.

Ich nickte und blickte dabei zu Boden, denn eigentlich sagte sie mir nur, dass ich keine Mutter habe.

Bei der Verabschiedung gab Tante Julchen mir einen nassen Kuss auf den Mund.

Ih Igitt … Wie war ich angewidert! Und meine Mutter drückte mich an sich und ich fühlte mich auf einmal bedrängt. Plötzlich wollte ich nicht von ihr angefasst werden, von dieser Frau, die mir mal fast unbekannt, mal vertraut und dann wieder vollkommen fremd war.

Sie schenkte mir noch eine Schachtel Zigaretten und Streichhölzer, und ich bedankte mich förmlich und verließ die Wohnung.

Schnurstracks ging ich zur Straßenbahn, fuhr bis zum Bahnhof und stieg in den Zug nach Berlin.

Mir war komisch vom vielen Kaffee und von den Zigaretten. Trotzdem brannte ich mir noch eine von den Westzigaretten im Abteil an. Das hatte eine geniale Wirkung. Alle guckten neidisch. Erst auf mich, dann aus dem Fenster, dann wieder auf mich. Musternde Blicke, ob ich ein Westler oder Ostler bin. Gegeben hatte ich mich natürlich, als käme ich aus dem Westen. Doch wer genau hinguckte, der sah an meinen Ostschuhen, dass ich aus dem Osten war.

Als ich die Zigarette aufgeraucht hatte, ließ ich mich wieder zum Ostler werden.

Ich kam in Karlshorst an und stieg in die Bahn nach Warschauer Straße um und dann lief ich das Stück nachhause zu Lene.

Die sagte erstaunlicherweise nichts. Nur: „Guten Tag." Es war das erste Mal, dass sie nichts fragte, nicht meckerte, mich nicht triezte, irgendwelche Dinge für sie zu erledigen. Ich kramte meine Machboxautos aus der Tasche und versteckte die schnell bei den anderen Spielsachen, mit denen ich hin und wieder spielen durfte. Mir war schlecht von der ganzen Raucherei. Und ich hatte plötzlich wieder Sehnsucht nach meiner Mutter. Ich wollte zu ihr in den Westen. Ich bildete mir ein, dass der andere Bruder da vielleicht nett war und dieses quäkende Bündel irgendwann auch mal größer werden würde. Ich träumte von Motorradfahrten im Gebirge. Ich wollte zu meiner Mutter in den Westen. Aber wie?

Ein paar Tage später ging ich zum Deutschen Roten Kreuz ins Haus des Ministerrates.

„Meine Mutter wohnt im Westen und hat einen Antrag auf Familienzusammenführung gestellt. Und ich möchte zu meiner Mutter", erklärte ich der kurzhaarigen Frau, die mich so streng anstarrte, dass ich den Blick auf das Muster ihres Pullovers senkte. Es waren hellbraune Zacken auf dunkelbraunem Untergrund. So ein hässliches Kleidungsstück besaß nicht einmal ich. In meiner Schule wäre sie von allen dafür gehänselt worden.

„Wie heißt denn deine Mutter und wann und wo ist sie geboren?"

Ich gab ihr alle Angaben, die sie haben wollte. Ich war gut vorbereitet.

Die Frau sah in ihren Unterlagen nach und ich saß da wie auf glühenden Kohlen und wartete voller Hoffnung.

Aber die Frau schüttelte kühl den Kopf. „Hier ist nichts. Es liegt kein solcher Antrag vor."

„Sind Sie sicher?"

„Ja. Alles, was aus dem Westen kommt, landet hier bei mir auf dem Schreibtisch. Und da ist nichts."

„Das kann nicht sein. Meine Mutter hat gesagt, sie hat alles in die Wege geleitet", beharrte ich. „Vielleicht ist der Antrag ja noch nicht angekommen?"

Sie zuckte gleichgültig mit den Schultern. „Eigentlich geht das schnell und völlig reibungslos. Wir bearbeiten hier solche Fälle meist umgehend."

Ich runzelte die Stirn und glaubte ihr kein Wort.

Wahrscheinlich gehörte sie ja zur Regierung und die wollte bekanntlich nicht, dass DDR-Bürger einfach so in den Westen spazierten.

Entweder sie log oder der Brief war verlorengegangen oder noch nicht angekommen.

Auf die Idee, dass meine Mutter diesen Antrag überhaupt nicht gestellt hatte, kam ich nicht.

Mein erster Fluchtversuch

Seit dem Zeitpunkt, als ich erfuhr, dass die schöne Blonde, die so fantastisch und betörend duftete und die im Westen lebte, meine echte Mutter war, wollte ich nur noch eins: zu ihr.

Saß dieser Gedanke zuerst nur vage in meinem Kopf, wurde er im Lauf der Zeit klarer und erschien mir durchaus logisch: Da, wo ich war, wollte ich nicht sein. Bei den falschen Eltern, im falschen Land, im falschen Leben. Ich gehörte nicht hierher. Ich gehörte nicht zu Tante Lene, die mich mit dem Siebenstriem schlug und erniedrigte und ich gehörte nicht zu Onkel Kurt, der das alles duldete und manchmal selbst zur Peitsche griff. Es drängte mich danach, die Welt zu erobern. Und diese Welt lag hinter einer Mauer, an der auf Menschen geschossen wurde, die auf die andere Seite wollten.

Wegen dieser Schüsse und der bestehenden Lebensgefahr floh ich zunächst erstmal nur mit dem Finger auf allen Landkarten, die im Atlas eingebunden waren. In meiner Phantasie stellte ich die unmöglichsten Fluchten an. Ich wanderte mit dem Blick auf die

Kanadische Grenze in die USA ein, um dort über das Gebirge zu klettern, über die Rocky Mountains, und hielt von dort oben Ausschau nach Grizzlybären und Schwarzfußindianern.

Als nächstes fuhr ich mit der Fingerkuppe durch Jugoslawien. Die Hauptstadt war Belgrad und Belgrad lag an keiner Westgrenze, sondern mitten im Land. Also fiel Jugoslawien schon mal aus. Bulgarien war da viel besser. Dort konnte man über das Schwarze Meer in die Türkei abhauen.

Ich lief in die Bibliotheken, lernte aus den Büchern etwas über die geografischen, geologischen und meteorologischen Gegebenheiten, aber so einfach wie eine Fahrt mit der S-Bahn von Ostkreuz zur Warschauer Straße war das alles nicht.

Mein Bauchgefühl sagte mir immer: Kalt. Weit. Fremd. Einsam.

Angst stieg in mir auf. Dagegen war Tante Lene doch etwas vertrauter. Bis zum nächsten Auspeitschen oder sonstigen Tobsuchtsanfall.

Wie schon erwähnt, saß ich in meinem Klassenraum in der ersten Reihe. Wenn mal etwas fehlte, zeigte der Lehrer nicht selten auf mich und schickte mich los, um das Fehlende zu holen. So auch an diesem Tag.

Die Kreide war alle. Ich trabte durch die Gänge der Schule. Die Tür zum Unterrichtsmittelraum stand halb auf. Ich schlüpfte hinein und blieb abrupt vor dem Skelett für den Biounterricht stehen. Ich vergaß jedes Mal, dass das Gerippe hier herumstand und jedes Mal erschrak ich aufs Neue.

Dann hörte ich auf einmal diese Stimmen.

Die beiden Jungen standen vor einer Schulwandkarte für den Erdkundeunterricht, die an einem Ständer hing. Sie sahen mich nicht. Und ich erblickte nur ihre Füße und nahm sofort wahr, worüber sie redeten.

„Das ist da bei den Tschechen nicht so bewacht, wie bei uns", sagte Jürgen, der in meine Klasse ging und der offiziell gerade beim Zahnarzt war.

„Bist du sicher?", fragte der andere. Die Stimme kam mir ebenfalls bekannt vor. Wahrscheinlich war das Manfred, der Kumpel von Jürgen aus der Nachbarschule. Er trieb sich oft hier herum – vielleicht, weil er in seiner eigenen Schule keinen Freund hatte.

Die beiden sah man meist zu zweit. Sie waren Außenseiter, Sonderlinge, die sonst kaum jemand beachtete und die sich deshalb zusammengetan hatten.

Ich hörte interessiert zu und mir ging auf, dass sie nicht die nächste Erdkundestunde vorbereiten wollten.

„Sicher? Was ist schon sicher? Ich glaub, da gibt's keine Minen und so."

„Glaubst du."

„Hast du eine bessere Idee?", verstand ich noch.

Mir fiel die Kreide ein, nach der ich zu suchen hatte, und räusperte mich.

Zwei Köpfe kamen gleichzeitig hinter der Karte hervor – einer rechts, einer links.

„Mensch, hast du uns erschreckt!", beschwerte sich Jürgen und lachte nervös.

„Hast du etwa alles mit angehört?", fragte Manni.

„Klar", sagte ich. „Jedes Wort. Ich hab ganz genau gehört, wovon die Rede war."

Einen Moment lauschte ich in das betretene Schweigen hinein. Und dann fragte ich schnell: „Kann ich mit?"

Die Jungen schoben den Ständer mit der Landkarte ein Stück beiseite und sahen mich an.

„Du verpfeifst uns doch nicht?", fragte Jürgen.

Ich schüttelte den Kopf. „Nicht, wenn ihr mich mitnehmt."

Die beiden wechselten ratlose Blicke.

„Du musst schweigen wie ein Grab", sagte Manni.

„Schon klar. Wann geht's los?"

„Erst musst du schwören."

„Was denn?"

„Dass du nichts sagst. Zu niemandem. Schwöre! Beim Leben deiner Mutter!"

Welche Mutter meinten die denn? Ich hatte ja zwei. Zwei und deshalb keine.

„Ich schwöre", sagte ich aufgeregt und warf einen Blick auf das Gerippe. „Bei den Gräbern meiner Mütter."

Den beiden schien der Versprecher nicht aufzufallen. Sie gaben mir die Hand und Jürgen sagte: „Willkommen im sozialistischen Fluchtkollektiv."

Wir verabredeten uns am Berliner Ostbahnhof und jeder sollte so viel Geld mitbringen wie möglich und außerdem Klamotten zum Wechseln.

Das einzige, was ich mitnehmen konnte, ohne dass die Lene etwas merkte, waren ein Paar Socken. Am Morgen hatte sie mich losgeschickt, um Brot zu holen und mir zwanzig Mark gegeben. Zuvor hatte ich aus ihrem Portemonnaie schon das Wechselgeld geklaut.

So trat ich die Flucht mit vierundzwanzig Ostmark und dreiundsechzig Pfennig an.

Da es noch sehr früh war und ich nicht noch mal nach Hause zurückgehen konnte, war ich der erste am Bahnhof. Ich ging an den Schalter und fragte, was eine Fahrkarte nach Karl-Marx-Stadt kostete.

„Nur Hinfahrt?", fragte die Frau.

Ich nickte.

„Für Schüler acht Mark."

„Ganz schön teuer", sagte ich, bezahlte und überlegte, wie weit ich mit meinem Geld überhaupt kommen würde. „Wissen Sie, was die Fahrkarten in der Tschechoslowakei so kosten?"

Die Frau schüttelte den Kopf. „Müsstest du nicht eigentlich in der Schule sitzen?"

„Muss meine kranke Oma besuchen", murmelte ich und ärgerte

mich, dass ich überhaupt mit der Schalterfrau gesprochen hatte.

Ich setzte mich auf eine Bank und sah zu, wie die Leute ankamen und abfuhren. Manche der Ankommenden wurden freudig begrüßt und die Wegfahrenden traurig verabschiedet – manchmal sogar mit Tränen. Ich fand das alles spannend, war froh, mich von Tante Lenchen losgerissen zu haben und freute mich schon auf meine Mutter. Meine Flucht in den Westen kam mir eher wie ein schöner Ausflug vor.

Schließlich kamen auch meine Fluchtkumpane angeschlendert. Sie hatten Rucksäcke und jede Menge Geld dabei. Jürgen hatte fünfhundert und Manni sechshundert Mark von ihrem Jugendweihegeld und Erspartem mitgenommen.

Die beiden waren richtige Freunde. Sie hatten Eltern, die für sie keine Zeit hatten. Manfreds Mutter war Kaderleiterin in einem Außenhandelsbetrieb und Jürgens Vater Fuhrparkleiter in einem Ministerium. Sie besaßen alle Freiheiten und wollten eigentlich nur aus Langeweile abhauen.

Im Zug hatten wir ein Abteil für uns, trotzdem unterhielten wir uns ganz leise über unseren Plan. Von Karl-Marx-Stadt wollten wir nach Annaberg Buchholz, von dort über die tschechoslowakische Grenze nach Prag und dann weiter nach Budweis. Die Stadt war uns wegen des Budweiser Biers ein Begriff. Die andere Stadt, die wir dem Namen nach kannten, war Pilsen, wo das Pils erfunden wurde. Aber von Budweis war es nur noch ein paar hundert Meter bis zur Grenze nach Österreich – glaubten wir zumindest. Und dann würden wir ... schwupps und hopp rüber in den Westen.

„Wird da an der Grenze nicht geschossen?", flüsterte Manni.

„Doch, wahrscheinlich schon. Aber schau uns doch mal an, wie dünn wir sind. Die treffen uns nie im Leben", behauptete Jürgen. Und er hatte Recht. Wir waren wirklich alle drei ziemlich dürr. Ich fand den Gedanken seltsam beruhigend

„Es gibt ja sicher auch ein paar Bäume, hinter denen man sich zur Not verstecken kann", sagte ich.

Wir nickten gleichzeitig und waren uns sicher, dass überhaupt nichts schief gehen konnte.

Nach einer Weile bekamen wir Hunger und Durst. Manni ging zum Mitropa-Waggon und holte Brause und drei Bockwürste. Etwas anderes gab es nicht zu essen.

Als wir in Karl-Marx-Stadt ausstiegen, war es schon ganz schön spät – so etwa sechzehn Uhr. Der nächste Zug nach Annaberg Buchholz fuhr erst in einer dreiviertel Stunde.

Ungeduldig lief ich auf dem Bahnsteig herum, kletterte auf die Bank, auf der die beiden saßen, hüpfte herunter und sprang wieder hoch.

„Setz dich mal lieber hin", meinte Manni.

„Sieht ein bisschen auffällig aus, wenn du so herumhampelst", fand Jürgen.

Es fiel mir schwer, die Beine stillzuhalten. Meine Füße wären am liebsten sofort mit mir losgelaufen – Richtung Grenze. Meine Mutter würde Augen machen, wenn ich plötzlich vor ihr stand! Ich stellte mir vor, wie sie sich wie verrückt freute und mich umarmte und ich in ihrer Wärme und in ihrem Westparfum-Duft versank.

Endlich kam der Zug und wir stiegen ein. Als wir schon eine Weile saßen, fiel uns auf, dass wir noch keine Fahrkarten hatten. Also begannen wir den Schaffner zu suchen, damit wir nicht noch wegen Schwarzfahrens Probleme bekamen.

Der Kontrolleur warf einen Blick auf uns drei. „Ihr braucht keine Fahrkarten kaufen, Jungs", teilte er uns mit.

Wir tauschten ratlose Blicke und musterten den Mann in der dunkelblauen Uniform. Was redete er da?

„Für euch ist sowieso gleich Feierabend. Ihr werdet an der nächsten Station verhaftet."

Seine Stimme klang ganz ruhig. Und eigentlich war es ja auch sehr nett von ihm, dass er es uns ersparte, Geld für eine Fahrkarte auszugeben, die wir nicht benötigten. Zwar kostete die nur eins fünfundzwanzig, aber da ich ja sowieso kaum etwas im Portemonnaie hatte, zählte jeder Pfennig.

Auf dem Bahnhof standen dann die Volkspolizisten wie ein Strauß gebündeltes Schnittlauch und nahmen uns in Empfang.

Es gelang mir noch einen Blick in die Landschaft zu werfen: Sie war grün und wellig, die Sonne schimmerte schon schön rot und die Lerchen zwitscherten. Es konnte von hier aus nicht mehr weit sein bis zur tschechischen Grenze.

Die Polizisten verfrachteten uns in einen Wolga und fuhren mit uns zurück nach Karl-Marx-Stadt. Für mich war das ein wunderbares Erlebnis, denn bisher war ich noch nie mit einem Wolga gefahren, geschweige denn so weit.

Wir hielten an einer Kirche aus rotem Backstein und ich fragte mich kurz, ob die Uniformierten sich verfahren hatten auf dem Weg nach Berlin. Aber wir gingen an der Kirche vorbei, einen Metallzaun entlang, auf dem Spitzen angebracht waren – wie Pfeile, die auf Spatzen zielten. Die Polizisten stießen ein Tor auf und brachten uns ohne Erklärung in ein Haus mit vergitterten Fenstern.

Wir drei wurden getrennt und ich kam in eine kleine Dachkammer, in der man mich einschloss. Es roch fremd. Nach Staub und nach Feuchtigkeit. Ich sah ein paar Staubflusen unter der Liege und Flecken auf dem Boden, als hätte es durchgeregnet oder als hätten sie vor mir ein Kind hier eingesperrt, das ausgiebig geweint oder in die Ecke gepinkelt hatte.

Ich mochte nicht hier sein. Wollte diese Fremdheit nicht einatmen. Jede Region hat andere Gerüche. Obwohl der Dreck immer gleich aussieht.

Ich hatte keine Ahnung, wo ich mich befand. Erst viel später erfuhr ich, dass wir im Durchgangsheim Karl-Marx-Stadt gewesen waren.

Eingesperrt zu werden war ja nun nichts Neues für mich, Tante Lene hatte mich gut trainiert. Da ich von unserer aufregenden

Flucht hundemüde war, fiel ich schließlich erschöpft auf die Pritsche und schlief sofort ein.

Am Morgen wurde ich durch Kinderlärm geweckt. Die Tür war immer noch zugeschlossen. Obwohl ich jetzt offenbar in einem Heim für schwererziehbare Drecksgören, wie Lene das nannte, festsaß, konnte ich kein Kind sehen oder sprechen.

Außerdem musste ich dringend pinkeln. Also klopfte ich an die Tür, zuerst noch zaghaft, dann immer lauter. Niemand schien mich zu hören. Ich bekam Angst, dass ich mir in die Hose pissen würde. Ich schlug also noch heftiger und meine Angst steigerte sich, weil ich dachte, dass man mich für den Krach, den ich machte, sicher bestrafen würde. Jetzt begann es vor lauter Panik auch in meinem Darm zu rumoren. Es konnte also noch schlimmer kommen, wenn mich nicht sofort jemand … Ein Schlüssel drehte sich im Schloss. Ich duckte mich unter der grimmig aussehenden Frau hinweg, schlüpfte an ihr vorbei und rannte durch das Haus, bis ich das Klo gefunden hatte.

Schließlich kamen die Erwachsenen, unsere so genannten Erziehungsberechtigten, um uns aus dem Durchgangsheim in Karl-Marx-Stadt abzuholen: Onkel Kurt, der Vater von Jürgen und die Mutter von Manfred.

Onkel Kurt sah bleich aus und wirkte vollkommen erstarrt. Mit merkwürdig gedämpfter Stimme blaffte er mich an, was mir einfiele, einfach abzuhauen und solchen Ärger zu machen. Er schien sich Mühe zu geben, nicht zu laut zu werden, trotz seines Ärgers wollte er wohl nicht die Aufmerksamkeit der anderen auf sich lenken.

Ich antwortete nicht und senkte beschämt den Kopf.

Die Mutter von Manfred beschimpfte ihren Sohn auf ähnliche Weise. Nur war sie laut dabei und bremste sich kein bisschen. Gleichzeitig wirkte sie sorgenvoll und schien froh, dass ihr Sohn wieder unbeschadet bei ihr war.

Manni zeigte ihr bloß einen Vogel.

Nur der Vater von Jürgen blieb erstaunlich gelassen.

Als wir im Zug und auf dem Weg zurück nach Berlin waren, holte er erstmal ein Bier aus dem Mitropa-Waggon.

„Willst du einen Schluck auf den Schreck?", fragte er seinen Sohn.

Jürgen wollte natürlich.

Die übrigen Erwachsenen zeigten sich weniger verständnisvoll. Onkel Kurt schnaufte empört und wirkte immer noch wie versteinert.

Die Mutter von Manni blickte böse. „Das geht ja wohl so nicht!", sagte sie nach Luft schnappend.

„Ach doch, unter Aufsicht der Eltern ist ein Schlückchen schon mal erlaubt", entgegnete Jürgens Vater und grinste in die Runde.

Sein Sohn griff nach der Flasche, doch als er sie ansetzen wollte, wurde er gestoppt: „In Maßen bitte."

Jürgen nickte und als er ein zweites Mal das Bier an die Lippen hielt, befahl sein Vater: „Absetzen!"

Jürgen gehorchte verlegen und sein Vater reichte ihm den Kronkorken und goss diesen randvoll.

„In Maßen!", wiederholte er. Jürgen schlürfte das Schlückchen. Manni und ich grinsten uns verstohlen zu.

Die beiden anderen Erwachsenen schwiegen zu den Albernheiten und zogen Gesichter, als hätten sie sich den Magen verdorben.

„Wo ist mein Geld?", fragte Tante Lene, als Onkel Kurt und ich wieder zuhause eintrafen und sie die Tür mit einem Ruck aufriss.

Ich zuckte mit den Achseln.

„Gib mir sofort den Zwanzig-Mark-Schein und das Kleingeld zurück, das du mir geklaut hast!"

„Hab ich nicht mehr."

Sie schlug mir ins Gesicht. Es knallte laut und das Echo schwebte wie ein böser Geist durch den Laubengang.

„Ich bin gleich zur Volkspolizei, als ich gemerkt habe, dass du mit meinem Geld weg bist! Konnte mir schon denken, wo du Missgeburt hinwolltest!"

Wieder holte sie aus, um mir eine Ohrfeige zu verpassen.

„Lass den Jungen in Ruhe!", knurrte Onkel Kurt sie an.

„Willst du diesen undankbaren Idioten auch noch schützen?", fragte sie, ließ die Hand jedoch sinken. „Womit hab ich das bloß verdient?", jammerte sie.

Mir wurde langsam klar, dass Tante Lene unsere Flucht verpfiffen hatte.

Ohne jeden Skrupel war sie zur Polizei gegangen, um mich und damit auch meine Kumpels zu verraten.

Ich machte auf dem Absatz kehrt und lief die Treppe hinunter.

Sie rief mir ein paar Schimpfworte nach, schrie, dass ich zurückkommen solle, aber Kurt sagte laut: „Lass ihn!"

Ich strolchte durch die Gegend und traf auf Dieter, einen Klassenkameraden, der an seinem Fahrrad bastelte. „Kannst mal kurz halten?", fragte er.

Ich nickte, hielt das Rad und er schraubte daran herum, bis es wieder fahrtüchtig war. Glaubte er zumindest.

„Darf ich eine Runde fahren?", fragte ich.

„Na klar!"

Ich freute mich und dachte, dass dieser seltsame Tag vielleicht doch nicht so blöd enden würde.

Also schwang ich mich in den Sattel und raste los.

Nur leider hatte Dieter vergessen den Lenker richtig festzuschrauben.

Plötzlich flog die Hauswand auf mich zu, ich riss den Lenker rum, aber das Rad fuhr weiter geradeaus. „Oh!", rief ich erschrocken.

Mit ziemlich dreißig Sachen knallte ich gegen das Gemäuer.

Es rumste, mein Kopf knallte gegen die Wand, und als ich wieder auf die Beine kam, war mir schwindlig.

Ich hatte eine ordentliche Beule am Kopf und das Fahrrad war wieder kaputt.

„Nicht so schlimm", sagte Dieter. „Die Gabel kostet nur neun Mark."

Schließlich lief ich mit der Beule am Kopf und der zerschrammten Hand nachhause. Komischerweise gab es keinen Ärger.

Wolken zählen

Am Abend bevor ich in die zehnte Klasse kam, musste ich mich plötzlich übergeben. Ich rannte ins Bad, kotzte alles aus mir heraus und wusste nicht, warum. Tante Lenchen beschimpfte mich. Forderte mich auf, ja das Scheißhaus, wie sie sagte, sauber zu machen.

Ich tat, was von mir verlangt wurde, und ging anschließend ins Bett. Nachts so um zweiundzwanzig Uhr kam sie und wies mich an, dass ich abwaschen soll. Sie roch nach *Balkanfeuer* und Zigaretten und klang angetrunken. „Aber mach leise, damit der Vater nicht wach wird!" Kurt lag schnarchend auf der Couch. In der Zwischenzeit bekam ich ganz üble Bauchschmerzen. Ich erbrach mich schon wieder und bekam auch noch Durchfall. Zwischendurch musste ich abwaschen und rannte zwischen Bad und Küche hin und her.

Endlich durfte ich wieder ins Bett, konnte aber nicht einschlafen und hatte eine unruhige Nacht vor lauter Schmerzen. Ich wimmerte leise vor mich hin. Laut sein durfte ich nicht, keiner sollte wach werden.

Am nächsten Morgen konnte ich nicht aufstehen. Jede Bewegung tat höllisch weh. Tante Lenchen fluchte und schimpfte, holte den Siebenstriem und wollte mich aus dem Bett prügeln. Da klingelte es plötzlich und die Nachbarsfrau fragte, ob ihre Tochter mich zur Schule begleiten könne.

„Der Herr liegt noch faul in den Federn", meinte Tante Lenchen. „Der hat wohl heute keine Lust in die Schule zu gehen."

„Was ist denn los?", hörte ich die Nachbarin fragen, die wohl mein Stöhnen und Wimmern vernahm. „Geht's ihm nicht gut?"

„Ach was, der simuliert doch nur", antwortete Lene. „Ich werde ihm schon zeigen, was eine Harke ist."

Aber die Nachbarsfrau ließ sich offenbar nicht abwimmeln. Auf einmal stand sie an meinem Bett, sah besorgt auf mich hinunter und legte ihre kühle Hand auf meine heiße Stirn.

„Also, das sieht mir nicht so harmlos aus", sagte sie. „Was tut dir denn weh?"

„Der Bauch", stöhnte ich. „Mir ist schlecht und ich muss dauernd brechen."

„Das könnte eine Blinddarmentzündung sein. Damit ist nicht zu spaßen!" Ihre Stimme klang ernsthaft beunruhigt.

„Er tut doch nur so als ob, der Simulant!"

Doch die Nachbarin achtete nicht weiter auf das, was Tante Lenchen murmelte. „Ich laufe schnell zur Telefonzelle und rufe einen Arzt!"

Mir fielen die Augen zu und als ich wieder erwachte, stand eine Ärztin in einem weißen Kittel an meinem Bett.

Sie schob mir ein Thermometer unter die Achsel und tastete meinen Bauch ab. Ich stöhnte wieder vor Schmerzen.

„Der Junge muss sofort ins Krankenhaus", sagte sie. „Er darf auf keinen Fall aufstehen und umherlaufen."

Nach einer guten Stunde kam der Krankenwagen. Die Träger waren wohl zu faul, mich zu tragen. Obwohl auf dem Schein *Liegend transportieren* stand und ich vielleicht gerade mal Fünfundfünfzig Kilo wog, kam keiner der beiden Krankentransporteure auf die Idee, mich zu transportieren. Ich lief also die ganzen Stockwerke allein runter. Mir war schwindlig und ich hatte bestialische Schmerzen.

Im Krankenwagen zu sein war dennoch ein schönes Gefühl. Ich mochte Autofahrten und fühlte mich eigenartig beschützt.

Einen Moment lang wünschte ich mir, dass die Fahrt ganz lange dauern würde. Doch die Schmerzen wurden so stark, dass ich dachte, ich habe Krämpfe. Und nach ein paar Minuten waren wir am Krankenhaus Friedrichshain.

Ich wurde dann auf eine Trage verfrachtet und nun doch noch getragen.

Dann lag ich zwischen zwei weißen Vorhängen. Das war spannend. Um mich herum herrschte reges Krankenhaustreiben. Neben mir hörte ich eine alte Frau nach dem Doktor rufen. „Ich muss mal!", verkündete sie laut.

Nach einer Weile hörte ich Schritte und eine Männerstimme. Etwas klapperte metallisch.

„So geht das aber nicht, Herr Doktor!", beklagte sich die Frau.

„Sie müssen liegenbleiben!", sagte der Mann streng. „Der Schieber ist das einzige, was Sie benutzen können."

Plötzlich juchzte die Patientin laut auf. „Oh! Ist das kalt! Tut mir leid, aber ich kann das nicht! Nehmen Sie das Ding wieder mit!"

Ich hörte unfreiwillig zu und musste schmunzeln.

Kaum hatten sich die Schritte entfernt, stieß meine Nachbarin einen Schrei aus. „Ich brauch das Ding! Jetzt sofort! Beeilen Sie sich doch! Kommen Sie bitte! *Sofort!*"

Der Geruch von Urin stieg mir in die Nase und schon hörte ich die Stimme nebenan jammern: „Zu spät. Auwei. Na sowas. Das ist mir ja noch nie passiert."

Ich musste lachen, aber ein plötzlicher stechender Schmerz stoppte meine Heiterkeit. Ich fühlte meinen Puls rasen und Schweiß trat mir auf die Stirn.

Eine Schwester kam zu mir und sah auf meinen Zettel, der an meinem Fußende lag. Sie gab mir eine Flüssigkeit zu trinken und schob mich zur Untersuchung in einen Raum. Dann zog sie mir meine Sachen aus und rasierte meine Schambehaarung ab.

Mir war das sehr peinlich. Mein fieberwarmes Gesicht wurde noch heißer.

„Das muss leider sein", erklärte sie mir, als sie mitbekam, was ich fühlte. „Sonst kommt es noch zu einer Infektion. Und das wollen wir doch nicht, oder?"

Ich fing an vor mich hinzudämmern und mir wurde allmählich alles egal. Das kam wohl durch die Flüssigkeit, die sie mir verabreicht hatte. Als sie mit dem Rasieren fertig und ich wieder angezogen war, schob sie mich kreuz und quer durch mehrere Gebäudeteile und Kellerunterführungen. Ich fuhr mit dem Fahrstuhl und landete in einem Zimmer, in dem noch ein anderer Mann lag.

Er hob den Kopf und winkte freundlich zu mir hinüber. „Willkommen. Was führt dich denn hierher?", fragte er, als wollte ich ihn nur besuchen.

„Mein Blinddarm", antwortete ich.

„Ah. Bei mir ist es die Leber." Seine Stimme klang, als würde ihm das Sprechen schwerfallen. Trotzdem lächelte er mir aufmunternd zu.

Eine Schwester trat ein, ich bekam noch einmal diese Flüssigkeit zu trinken und wurde dann wieder durchs ganze Krankenhaus geschoben. Ich genoss den kühlenden Fahrtwind und es blieb alles interessant und aufregend.

Ich gelangte in einen Saal, in dem alle maskiert waren. Es war ein seltsamer Anblick. Ich sah keine Gesichter, nur Augen.

Jemand von den Gesichtslosen verabreichte mir einen Piks in die Hand und einen in den Arm.

„Und jetzt zähle mal Schafe", sagte die Stimme hinter der Maske.

„Ich fürchte mich vor Schafen", antwortete ich.

„Dann zähle Wolken."

Die Stimme klang sanft und undeutlich, als käme sie aus einem Wattebausch. Sie schien mich beruhigen zu wollen.

Ich stellte mir also Wolken vor, die über mich hinweg waberten, und fing an sie zu zählen.

Schließlich wachte ich im Zimmer neben dem netten Mann wieder auf. Ich war sehr schwach. Es ging mir schlecht. Ich hatte höllischen Durst und durfte nichts trinken. Es kam mir vor, als müsste ich innerlich verbrennen.

„Das musst du wohl aushalten, Jungchen", sagte der Mann. „Dauert nicht lange. Einen Tag, mehr nicht." Er stand auf und machte meine Lippen mit einem Handtuch nass und erlaubte mir, den Zipfel vom Handtuch zu kauen. So kam Feuchtigkeit in den Mund und dieses Feuer ging weg. Ich schlief sofort wieder ein.

Drei oder vier Mal wurde ich noch wach. Immer machte der Mann mir die Lippen nass. Mal durfte ich am Zipfel saugen und mal nicht.

Als die Schwester kam, war es um fünf Uhr früh. „Fieber messen", sagte sie knapp. „Arm hoch!"

Ich gehorchte und schlief gleich wieder ein. Sie machte mich ein paar Minuten später wieder wach und meinte, ich solle mal versuchen aufzustehen. Alles tat mir weh: Das Umdrehen, Aufstehen, Husten, Niesen, Lachen ... einfach alles.

„Steh auf Mensch!", kommandierte die Schwester. „Ich muss hier die Betten machen!"

„Brauchen Sie nicht. Mein Bett ist in Ordnung", murmelte ich. „Lassen Sie mich einfach liegen."

„Geht nicht, gleich kommt Visite, da müssen alle neben dem Bett stehen."

Mein Zimmergenosse und die Krankenschwester zerrten an mir herum. Der freundliche Mann redete freundlich auf mich ein. Die Schwester war brutal, gab mir Befehle und kniff mich in den Arm. Ich versuchte, mich aufzurichten, doch meine Beine fühlten sich butterweich an. Die Schwester holte noch eine ihrer Kolleginnen. Die war etwas netter, aber auch streng.

Schließlich saß ich dann auf dem Hocker. Mir war kalt, und ich hatte nur eines der berühmten Krankenhaushemden an, die hinten offen waren. Als die Schwestern weg waren, wollte ich mich wieder ins Bett legen. Es ging nicht. Erstens hatte ich Angst, dass einer meckert und zweitens fehlte mir die Kraft mich zu bewegen. Die OP-Wunde brannte wie Feuer.

Nach einer Weile kam die Visite. Ich muss ein jämmerliches Bild abgegeben haben, zitternd vor Kälte, dünn, hinten das offene Hemd, Fassonschnitt, kurz vorm Heulen.

„Na, nun komm mal hoch, Bürschchen!", forderte der Arzt mit einer dunklen durchdringenden Stimme. „Nach der OP ist es besser, gleich aufzustehen. Also: Runter von deinem Hocker!"

Ich versuchte ein zweites Mal auf die Beine zu kommen, doch es gelang mir nicht.

Der Arzt stand da wie ein SS-Mann aus einem KZ-Film und befahl mir erneut, aufzustehen. Ich fing an, vor Schmerzen zu heulen.

„Sehen Sie nicht, dass es ihm schlecht geht?", fragte mein Zimmernachbar.

Der Arzt taxierte mich misstrauisch, als wäre mir mit Absicht übel und schwindlig. Dann gab er seinen Kollegen ein Zeichen mit der Hand und alle verließen das Zimmer.

Ich hatte Mühe wieder ins Bett zu gelangen und als ich endlich lag, schlief ich vor Erschöpfung ein.

Ich wurde davon wach, dass sich das Gestell unter mir bewegte. Ich dachte erst, ich werde wieder durch die Gänge des Krankenhauses geschoben. Doch als ich die Augen öffnete, saßen Tante Lenchen und Onkel Kurt auf meinem Bett.

Lene wackelte nervös hin und her, so dass ich dachte, meine Narbe würde gleich aufplatzen.

Kurt stand auf und holte sich einen Stuhl. Ich wollte, dass sie wieder gehen, traute mich aber nichts zu sagen. Ich blinzelte müde und drehte mich zu meinem Zimmernachbarn um.

Lene und Kurt liefen um das Bett herum und setzten sich wieder so, dass sie mich ansahen.

So konnte ich aber auch nicht liegen. Also versuchte ich mich wieder in die Ausgangslage zu bringen.

„Was soll das?", schimpfte Lene. „Wir kommen extra wegen dir hier her und du hast nichts Besseres zu tun, als uns den Rücken zu kehren?"

„So geht das nun wirklich nicht, Junge", sagte Onkel Kurt. „Auch wenn du im Krankenhaus bist, kannst du dich benehmen, wenn wir dich schon besuchen."

Sie dachten, ich mache das mit Absicht. Ich hörte ihre Vorwürfe, hörte, dass sie nie wieder herkämen und dass ich hier machen solle, was ich will.

Ich sagte nichts dazu. Mir war alles egal. Ich war froh, dass sie endlich gingen, schloss die Augen und schlief sofort tief und fest ein.

Irgendwann kam mein Operateur. Ich erkannte die Stimme wieder, die mir gesagt hatte, ich könnte auch Wolken zählen statt der Schafe.

„Du hattest Glück, mein Junge. Um Haaresbreite wäre dein Blinddarm geplatzt. Ruhe dich mal schön aus und wenn möglich, versuche ein paar Schritte zu gehen."

Seine Stimme sprach so freundlich zu mir, dass ich anfangen musste zu weinen.

Da fiel mir der Spruch von Tante Lenchen ein: „Haare am Sack, Wichse in der Hose und plärren wie ein Mädchen, um Mitleid zu erregen". Das sagte sie auch vor Fremden. Die nahm nie ein Blatt vor dem Mund. Außer wenn die Frau vom Jugendamt irgendwo in der Nähe war.

Nach sechs Tagen wurde ich entlassen. Onkel Kurt holte mich ab. Wir warteten stundenlang auf einen Krankenwagen. Dann hatte er die Schnauze voll, wie er sagte, und lief mit mir zu Fuß nach Hause. Normalerweise hätte das keine zwanzig Minuten gedauert. Diesmal brauchten wir etwa anderthalb Stunden.

Die nächsten Tage gab es für mich nur Haferbrei zu essen. Nach dem dritten Tag musste ich aufs Klo. Es war ein Gräuel. Das, was da aus meinem Darm kam, war hart wie ein Ziegelstein und genauso groß. Da zu sitzen und mit der Narbe auf meinem Bauch zu drücken, war blanke Folter. Tante Lenchen verfrachtete mich ins Bett. „Da hab ich wenigstens meine Ruhe", sagte sie. Ich war für sie immer noch ein Simulant. Obwohl ich nicht richtig laufen konnte, die ganzen ekelhaften Verpflasterungen auf dem Bauch hatte, die ich mich nicht anzugucken getraute, hielt sie mich nicht für krank.

Dann kam der Tag, an dem die Fäden gezogen wurden. Es dauerte keine fünf Minuten, nachdem ich erst Stunden im Wartesaal gesessen hatte. Es war witzig und ziepte, das Jucken fand ich nicht unangenehm.

Danach lief ich nachhause. Laufen war für mich immer Freiheit. Ich hatte stets irgendwelche Lieder im Kopf oder mir fielen Reime ein.

Am meisten schien Tante Lenchen sich zu freuen, dass es mir besser ging. Ich konnte wieder einkaufen gehen, Kohlen auf Vorrat die Treppen hochschleppen, die Gänge wischen und fegen, das Klo, die Küche und die Fenster putzen. Sie wusch die Wäsche. Meistens mit der Hand in der Badewanne. Eine Maschine kam erst ein halbes Jahr nach meiner Genesung ins Haus. Das Ding war ein großer Bottich mit einem Wellrad, das über eine Zeitschaltuhr lief. Wasser wurde in Eimern hineingeschüttet. Es war klug, das Wasser vorher zu erwärmen, weil es in dem Bottich sehr lange brauchte, bis es heiß war. Dann warf man die Wäsche rein und drehte an der Zeitschaltuhr. Die surrte ganz leise, während die Waschmaschine einen Mordslärm verursachte. War das Waschprogramm abgelaufen, konnte man die klatschnasse Wäsche in die im Bottich befindliche Schleuder tun. Dann rappelte es dermaßen laut, dass man dachte jetzt kommen die Russen. Es war eine Errungenschaft der Deutschen Demokratischen Republik. Das Ding kostete ein Vermögen und war nicht wirklich eine Arbeitserleichterung. Man musste die ganze Zeit an dem Klapperkasten sitzen und konnte nichts anderes machen. Das einzig Gute daran war, dass man sich nicht mehr über der Badewanne das Kreuz verbog und die Finger am Waschbrett wundschrubbte.

Die Zeit ging ins Land und ich bemerkte an der Blinddarmnarbe eine Beule. Und jedes Mal, wenn ich die reindrückte, war sie weg. Und abends war sie wieder da. Onkel Kurt meinte, dass ich damit mal zum Arzt gehen solle, um das untersuchen zu lassen.

Ich dachte mir erst nichts dabei. Ging in die Sprechstunde und die Ärztin sagte: „Das ist ein Spätabzess." Sie sah mich an, als wäre damit alles geklärt.

Ich blickte verständnislos zurück.

„Das ist nicht so schlimm. Das muss aufgemacht werden und langsam wieder zuwachsen."

„Aufgemacht werden?" Ich war geschockt. Auch das „langsam wieder zuwachsen" klang nicht gerade vertrauenerweckend.

Die Ärztin versuchte mich zu beruhigen und gab mir einen Termin für die OP nach der OP.

Mit einem mulmigen Gefühl ging ich wieder ins Krankenhaus.

Auch diesmal bekam ich eine Narkose verpasst und dämmerte in eine Zwischenwelt hinweg. Nur brauchte ich weder Schafe noch Wolken zu zählen.

Als ich wach wurde, lag ich mutterseelenallein in einem riesigen Raum auf einer fahrbaren Liege an der Wand. Mir war speiübel. Ich hatte einen höllischen Durst. Als ich aufstehen wollte, peitschte mich ein stechender Schmerz zurück. Es war grausig. Mein Herz fing an wie wild zu schlagen, und ich geriet in Panik. Richtig schreien konnte ich nicht, weil der Wanst aufgeschnitten war. Ich stellte mir in meiner Angst vor, dass ich mit offenen Gedärmen da lag, kam ein kleines Stück hoch und starrte meinen Bauch an. Die Wunde war zum Glück abgedeckt mit einem Verband.

Ich dachte an die Worte der Ärztin: „Spätabzess" und „von alleine wieder zuwachsen". Ich guckte den Verband ein bisschen mutiger an, als beim ersten Mal und versuchte aufzustehen. Es ging nicht, weil die Liege so hoch war und ich keinen Bodenkontakt bekam. Ich beschloss, Geräusche zu machen, wenn mal einer vorbeikommen sollte. Es kam ewig keiner vorbei. Ich wusste nicht, wie spät es war. Es muss nachmittags gewesen sein. Ich lag da herum, lauschte und ächzte und stöhnte.

Dann hörte ich endlich jemanden auf dem Flur langlaufen und fing leise an zu singen: „Hallo, hallo!" Das Echo in dem Raum war laut, aber draußen hörte mich niemand. Mir ging es überhaupt nicht gut. Und nach einer ganzen weiteren Ewigkeit kam eine Schwester mit forschem Schritt direkt in den Saal und guckte mich an. „Ach, du bist schon aufgewacht. Na ja, der Transport ist bestellt. Du musst noch eine Weile warten, dann wirst du abgeholt." Sie legte mir meine Kleidung ans Fußende und schwupp – schon war sie wieder weg. Ich wollte fragen, ob ich etwas zu trinken bekommen könnte und wie spät es ist. Es kam niemand. Ich lag da wie angenagelt und lag und lag. Der Rücken fing an weh zu tun. Ich konnte mich nicht umdrehen.

Draußen wurde es mittlerweile schon dunkel und auf dem Flur ging das Licht an.

Jemand lief den Korridor entlang, ich hörte einen Schlüssel klimpern – es klang als wollte wer-auch-immer gerade den Saal abschließen.

Ich jammerte und japste so laut ich konnte und wurde tatsächlich gehört.

„Was machst du denn hier?", fragte eine mir noch unbekannte Schwester.

„Ich wurde vorhin operiert und soll abgeholt werden vom Transport."

„Na, das kann dauern, die sind alle im Einsatz." Sie sah mich an wie einen liegengebliebenen Gegenstand und bemühte sich vorsichtshalber nicht darum, mir Mut zu machen. „Hier kannst du aber nicht liegenbleiben."

Energisch schob sie mich auf den Flur hinaus. „Und jetzt legst du dich mal auf die andere Bahre, die da hinten in der Ecke steht. Die, wo du draufliegst, habe ich schon gesucht."

„Mir geht's nicht gut. Ich kann nicht aufstehen."

Die Krankenschwester verdrehte die Augen.

„Nun hab dich mal nicht so!", sagte sie streng. „Das schaffst du schon. Stell dich mal nicht so an, das ist ja nun nicht besonders schwierig sich mal woanders hinzulegen."

Mir brannte der ganze Bauch wie Feuer. Stöhnend versuchte ich hochzukommen.

Die Schwester seufzte und schließlich half sie mir. Ich ließ mich auf das mir zugewiesene Gestell nieder und die Schwester marschierte mit meiner Liege davon, ohne noch ein Wort an mich zu richten.

Nach einer Weile kroch ich wieder herunter. Setzte mich auf einen Stuhl. Da saß ich herum und nichts passierte. Niemand kam, um nach mir zu sehen. Ich starrte die Tür gegenüber an und dachte an den Gang beim Jugendamt, auf dem ich immer sitzen und warten musste. In kurzen Hosen, mit weißen Strümpfen und der Klemme im Haar.

Schließlich schob ich mich von dem Stuhl herunter und versuchte zu laufen.

Krumm gebeugt lief ich zur Probe auf und ab. Ich wollte nicht länger da bleiben.

Ich hatte Durst. Ich hatte Hunger. Ich hatte den ganzen Tag nichts gegessen, da ich am Morgen nüchtern zur OP erscheinen musste.

Mühsam zog ich mich an und flüchtete im Schneckentempo und krumm wie ein Neunzigjähriger aus dem Krankenhaus.

Der Weg nach Hause zog sich hin. Es kam mir vor, als müsste ich in Zeitlupe eine Wüste durchqueren – so langsam ging es vorwärts und so trocken fühlte sich mein Mund an.

Tante Lenchen guckte schon von der Brüstung. Sie sah mich

kommen. Aufgeregt lief sie den Laubengang hin und her.

Ich muss eine jämmerliche Figur abgegeben haben: Krumm, gebeugt und vollkommen erschöpft. Lene machte keinerlei Anstalten mir entgegenzukommen.

Sie hatte Kohlsuppe gekocht. Das roch ich schon im Treppenhaus und fühlte die Übelkeit in mir aufsteigen.

Mein Hunger verging plötzlich.

Ich wankte an Lene vorbei, schleppte mich in die Küche und trank ein wenig Tee.

„Was haben sie gesagt im Krankenhaus?", wollte Tante Lenchen wissen.

Ich hob die Schultern. „Bin total müde", murmelte ich.

„Was haben sie gesagt?", wiederholte sie. „Wieso kommst du erst jetzt?"

Ich konnte mich kaum noch auf den Beinen halten, geschweige denn Fragen beantworten.

Ohne weiter auf ihr Gerede zu achten, schob ich mich an ihr vorbei, ging ins Schlafzimmer und zog mich vorsichtig, Stück für Stück aus.

Als ich nachts von den Schmerzen wach wurde, war Onkel Kurt in seinem Bett und schnarchte besoffen. Ich stand auf und ging aufs Klo, trank noch was und legte mich wieder hin. Der Kohlgeruch in der Wohnung erzeugte einen Brechreiz in mir. Aber ich beruhigte mich. Da ich ja nichts weiter gegessen hatte, konnte ich auch nicht kotzen. Das war gut so. Die offene Wunde brannte sehr und sogar das Luftholen strengte mich an. Wie ich die zwei Kilometer nachhause laufen konnte, ist mir heute ein Rätsel.

Es hat über ein halbes Jahr gedauert, bis diese Wunde richtig verheilt war. Zwei Mal die Woche musste ich zum Verbandswechsel. Anfangs war ich noch krankgeschrieben.

Tante Lenchen beschimpfte mich mit „Faule Sau, Schmarotzer! Du Penner liegst allen nur auf der Tasche!"

Schließlich bat ich die Ärztin darum, mich gesundzuschreiben.

„Ich muss mich auf die Abschluss-Prüfungen vorbereiten."
In Wirklichkeit wollte ich nur Tante Lene entkommen, die ja nicht arbeiten ging.
„Wir mussten als Kinder alle aufs Feld! Nach drei Jahren Schule hatte das Faulenzen ein Ende!", musste ich mir oft von ihr anhören. „Ihr verwöhnten Dreckbälger habt das hier viel zu gut."

Allein mit Jesus

Als ich nach dem Schulabschluss eine Lehre zum Elektromonteur begann, brachte das die häuslichen Rituale gehörig durcheinander. In meiner Ausbildung ging die Arbeitszeit meist bis 16 Uhr, so dass ich erst gegen 17 Uhr zu Hause war. Ich konnte so nicht mehr für die Putzarbeiten und Einkäufe eingeteilt werden und Lene musste allein putzen. Das ging schon sehr an ihre Substanz, so dass ich das auch gewaltig zu spüren bekam. Ich hatte die ganze schlechte Laune auszuhalten und wurde zum Geschirrspülen mitten in der Nacht geweckt.

„Sei bloß leise, dass Vater nicht wach wird", zischte sie. „Und beeil dich ja, du fauler Hund!" Und so wusch ich mitten in der Nacht ab.

Manchmal betete ich zu Jesus Christus, der gerade beim Abendmahl saß und mit den anderen Jüngern hinter der Schlafzimmertür hing. Ich bat ihn darum, alle Gegenstände zu verstecken, mit denen meine Pflegemutter mich schlagen konnte.

Irgendwann hat Lene mir mal gesagt, dass Gott alles sieht und er mir auch heimleuchten wird, wenn ich hier nicht gehorche. „Gott wird jeden bestrafen, der nicht artig ist. Jeden. Mein Freund, merke dir das ein für alle Male!"

Ich war dann, wenn sie mich ins Bett delegierte, mit Jesus Christus allein. Sie sah ihn ja nie, weil er hinter der Tür war und erst auftauchte, wenn sie aus dem Zimmer ging. Aber ich sah ihn und konnte mich prima mit ihm unterhalten. Und er schien mich manchmal zu erhören, wenn ich betete, dass sie mich nicht wieder verprügeln sollte. Aber meistens klappte das nicht. Zwar schien er mir zuzuhören, vergaß aber gleich wieder, was ich ihm gesagt hatte. Er war eben sehr beschäftigt. Und ich war ein böser Taugenichts.

Tante Lene glaubte eigentlich nur an Gott, wenn es gerade gewitterte. Schon wenn im Radiowetterbericht von Gewitter erzählt wurde, war der Tag für Lene gelaufen. Sie war an solchen Tagen total angespannt, erledigte manche Dinge hektisch und nervös. Meckerte mit mir immer herum, aber es gab keine Schläge. Bei jedem außergewöhnlichen Geräusch war sie wie ein Hund, der horchte, ob eine Gefahr bestand. Dabei kaute sie dann aufgeregt auf ihrem zahnlosen Kiefer. Kam dann ein ordentliches Gewitter mit Blitz und Donner, wurde Lene auf einmal ganz demütig und gottesfürchtig. Sie sprang in einen Besenschrank, wo der Blitz sie nicht treffen konnte, wie sie meinte. Lene hockte im Schrank und erst als es ruhiger wurde und der Donner verklang, kam sie wieder heraus. Dann gab es manchmal noch einen ordentlichen Blitz und sie rannte sofort wieder in den Besenschrank, kniff die Augen zusammen und betete ganz laut, dass Gott sie verschonen möge und sie immer an ihn geglaubt habe. Lenes Gottesfurcht verschwand dann recht schnell, wenn das Gewitter vorbei war.

Kurt interessierte sich als Kommunist weder für Gott noch für Jesus – auch nicht, wenn es gewitterte. Dafür bemühte er sich gelegentlich, mich bei diesen blöden Rechenaufgaben zu unterstützen, die ich in der Lehrzeit als Hausaufgabe aufbekam. Aber da er keinen Schimmer hatte, was die Zahlen und Zeichen zu bedeuten hatten und ihn die nur wütend machten, kam Lene ihm gleich zu Hilfe. Sie brüllte mich an, dass ich zu doof wäre, meine Arbeiten allein zu machen, weil ich in der Berufsschule nicht aufgepasst hätte. „Da muss der Vater das auch noch für dich erledigen, du Blödmann!", keifte sie. Keifen konnte sie prima. Aber Lesen und Schreiben nicht wirklich. Nicht mal Sütterlinschrift beherrschte sie fehlerfrei. Doch wie sollte sie auch? Sie war nur drei Jahre zur Schule gegangen. Dann musste sie mit aufs Feld. 1920 wurde sie eingeschult, 1924 ist die Familie nach Berlin gekommen und da gab es kein Feld.

Onkel Kurt wurde so wütend über die Rechenaufgaben, dass er mir dann auch noch eine scheuerte. Ich dachte, dass das jetzt auch keine Möglichkeit ist, Ströme und Widerstände auszurechnen, aber eine gewischt zu bekommen, das kannte ich ja schon. Mal vom Strom im Labor, mal von Lene, mal von Kurt. Jedenfalls waren sich beide einig, dass das so mit mir nicht mehr weiterging.

Und als abends die Tür zuknallte und Jesus von seinem Abendmahl zu mir herübersah, fragte ich ihn höflich und stumm, ob er sich nicht etwas einfallen lassen könnte, damit ich hier endlich rauskam.

Lene musste mein Gebet erhört habe. Sie lief den nächsten Tag zum Jugendamt und klagte über meine Doofheit und dass sie das alles nicht versteht und dass ich zu nichts mehr nütze wäre.

Die Frau vom Jugendamt stellte eine eigene Wohnung für mich in Aussicht, sobald ich volljährig wurde, und das Problem war vom Tisch.

18

Am ersten Januar 1974 morgens um zwei Uhr bezog ich meine erste eigene Wohnung. Sie lag in der Schreinerstraße in Berlin Friedrichshain. Es war arschkalt an dem Tag. Ich hatte meine zwei Steppdecken und weiter nichts, was mich wärmen konnte. So bin ich erstmal losgelaufen und habe nach Kohlen gesucht. In der Rigaer Straße lag ein großer Berg. Der gehörte zur Stadtreinigung. Ich besorgte mir einen Pappkarton und füllte ihn bis obenhin. Der volle Karton wog gute dreißig Kilo. Es schneite unaufhörlich und die Pappe weichte etwas auf. Ich hatte noch einen guten Kilometer vor mir. Meine Finger waren vor Kälte blau angelaufen, die Arme wurden immer länger. Absetzen ging nicht, den Karton hätte ich nie wieder heil hochbekommen. Also lief ich weiter die schier endlos scheinende Straße entlang, dann endlich die vier Treppen hoch und stellte den Karton ab. Schloss die Tür auf und atmete den Geruch einer leeren Altbauwohnung ein. Mit gemischten Gefühlen über die neugewonnene Freiheit – zum einen freute ich mich, zum anderen war ich doch recht unsicher, was mich erwarten würde – trat ich über die Schwelle, knipste in der leeren kalten Küche das Licht an und ging wieder auf den Flur, um die Kohlen rein zu holen. Als ich den Pappkarton hochhob, war der jedoch so aufgeweicht, dass der Boden sich löste und nicht mehr eine Kohle in ihm blieb. Der Krach war mörderisch laut und sofort kam ein Nachbar die Treppe hoch.

„Was ist denn hier los?", brüllte er mich an.

„Gesundes Neues Jahr!", antwortete ich.

„Was machen Sie da, wenn ich fragen darf?" Ich hörte, dass ihm fast die Luft wegblieb vor Wut. „Was haben Sie hier zu suchen?"

„Ich wohne hier", sagte ich, so ruhig ich konnte.

„Das kann ja jeder behaupten. Ich habe Sie aber noch nie in diesem Haus gesehen! Sind Sie nicht zu jung, um schon eine eigene Wohnung zu haben?"

„Ich bin achtzehn!", sagte ich stolz, als wäre mein Alter ein besonderes Verdienst.

„Woher soll ich wissen, dass Sie kein Einbrecher sind?"

Ich zog meinen Schlüssel aus der Hosentasche und klimperte damit vor seiner Nase herum. „Meinen Sie, dass Einbrecher immer Schlüssel für die Wohnungen dabei haben?"

Der Mann stieß eine Art Schnaufen aus. Dann drehte er mürrisch ab.

Wie sich herausstellte, war er der Nachbar, der direkt unter mir wohnte. Leider gab es in den Rohren des 1901 erbauten Hauses eine Verstopfung, die zuweilen dazu führte, dass meine Kacke bei ihm im Waschbecken schwamm. Das Rohr war etwa einen halben Meter unter seinem Waschbecken zugewachsen, eigentlich hätte ein neuer Strang gezogen werden müssen. Aber bei einer Miete von einunddreißig Ostmark konnte man keine Sanierung verlangen, zumal es auch kaum Materialien gab. Es ging also nur Dünnschiss durch. Und das konnte ich leider nicht immer erfüllen.

So lebte ich also ohne alles in dieser Wohnung. Klaute hin und wieder ein paar Kohlen und hoffte darauf, dass der Frühling schneller käme als sonst. Was die Kohlenklauerei betraf, hatte ich keine andere Wahl. Die Kohlen, die ich bestellte, kamen erst im Juli. Ich ging noch meiner Lehre nach und erhielt sechzig Mark Lehrgeld.

Einunddreißig Mark Miete kostete die Wohnung, ein Zehner der Strom und ein Zehner das Gas. Den Rest konnte ich dann im Monat verprassen.

Mir fiel meine Mutter ein. Vielleicht konnte sie mir ja für den Anfang meiner neuen Existenz ein wenig unter die Arme greifen, wie es so schön hieß. Schon lange hatte ich nichts mehr von ihr gehört. So setzte ich mich also hin und schrieb ihr einen Brief:

Liebe Mama,

ich habe eine Wohnung und überhaupt kein Geld. Es wäre sehr schön, wenn ich ein paar Levis hätte und einen Parker und ein Paar feste Stiefel. Diese Sachen halten erfahrungsgemäß sehr lange und sind zudem modisch und sehr zweckhaft.

Sie antwortete prompt, dass diese Sachen im Westen auch sehr teuer sind und sie mir diese Wünsche nicht erfüllen kann, weil sie kein Geld hat. Ich schrieb daraufhin zurück, dass sie doch nicht alles mit einem Mal schicken soll. Es kam keine Antwort.

Ich dachte, dass die Briefe abgefangen worden sind. Auf die Idee, dass meine Mutter einfach nicht zurückgeschrieben haben könnte, kam ich nicht.

Eines Tages hörte ich von einigen Lehrkumpels, dass man auf dem Güterbahnhof arbeiten konnte. Ich bin da hingegangen und habe am Samstag und am Sonntag jeweils eine Doppelschicht geschoben. So hatte ich knapp neunzig Mark und das ging schon, um über die Runden zu kommen. Der Beruf Elektromonteur für spezielle Instandhaltung und Wartung war nicht so mein Traum. Ich wollte Kfz-Mechaniker werden. Der Ausbildungsbetrieb für meinen Wunschberuf lag aber im Grenzgebiet und da ich mit Fünfzehn ja schon das erste Mal beim Flüchten erwischt worden war, fiel das ins Wasser.

Elektriker sind schon sehr schlaue Leute. Die begreifen etwas, was gar nicht sichtbar ist und eine riesige Wirkung hat. Das mit der Wirkung bekam ich während meiner Lehrzeit oft zu spüren. Entweder durch Kurzschluss oder ich habe bei einer Versuchsreihe im Labor einen Schlag bekommen. Bei allen anderen drehte sich was oder leuchtete, bei mir war es immer dunkel oder es qualmte. Natürlich wurde ich wieder von allen gehänselt. Diesmal nicht wegen des Fassonschnitts, sondern weil ich so dünn war und mich so blöd anstellte. Ich war nicht der, den man als Freund haben wollte.

Als ich mit Achtzehn trotz großer Wohnungsnot meine erste eigene Wohnung durch das Jugendamt bekam, hätte ich eigentlich schon ein Vermögen angesammelt haben müssen. Ziemlich zehn Jahre lang hatte ich neben den Putz-, Einkaufs- und Reinigungsarbeiten noch Flaschen, Lumpen und Altpapier gesammelt.

Ich klingelte in diesen zehn Jahren häufig an den Wohnungstüren in der Karl-Marx-Allee und sagte dann immer: „Flaschen, Lumpen, Altpapier." Daraufhin gab man mir Flaschen, Lumpen und Altpapier. Es wurde viel gesoffen in der DDR. Für Weinflaschen und Obstgläser gab es bei der Annahmestelle je fünf Ostpfennige. Für ein Kilogramm gebündeltes Altpapier fünfzehn Ostpfennige. Für eine Bierflasche hingegen bekam man schon dreißig Pfennige. Doch die brachten die Leute lieber selber weg. Ich hatte so in der Woche manchmal fünfzig bis achtzig Ostmark zusammengesammelt.

Das Geld floss in den Haushalt von Tante Lenchen und Onkel Kurt. Die beiden haben sich ständig um Geld gestritten. Somit finanzierte ich auch meinen Lebensunterhalt mit und leistete ganz nebenbei einen erheblichen Beitrag zum Familienfrieden. Gefragt hat mich niemand, ob ich etwas vom Flaschen-Lumpen-Altpapier-Geld mit beisteuere. Es war einfach selbstverständlich, dass ich das, was ich verdiente, abzugeben hatte. Ich war auch nie sauer darüber. Ich war draußen und fühlte mich frei wie ein Vögelchen, das seine Jungen versorgt und den ganzen Tag herumfliegt und Mücken einsammelt.

Eingezogen bin ich also in die Wohnung in Friedrichshain mit einem Koffer Lumpen, einem verbeulten Kochtopf und zwei Steppdecken – eine zum Drunterlegen und eine zum Zudecken. Ich hatte keinen Tisch und keinen Stuhl. Mit Achtzehn war ich volljährig und somit waren meine Pflegeeltern nicht mehr für mich zuständig.

Onkel Kurt verkaufte mir noch sein kaputtes Fahrrad für achtzig Mark. Als ich mit dem Rad dann einen Gabelbruch hatte und im freien Flug über den Lenker segelte, schnauzte er mich an: „Du bist zu nichts nütze. Ein Idiot, wie er im Buche steht! Du kriegst alles kaputt!" Kurz darauf hat er in der Kneipe herumgeprahlt, wie er mal mit dem Rad besoffen gegen einen Baum gefahren ist, aber nichts weiter passierte. Schallendes Gelächter. Ich lachte schnell mit, damit er nicht merkte, dass er mir das Rad ja trotz Beschädigung verkauft hatte. Schließlich war ich ja der Idiot und nicht er.

Aber auch wenn ich fast nichts besaß: Das hier war jetzt meine eigene Wohnung – in der Schreinerstraße, vierter Stock, eineinhalb Kilometer und eine ganze Welt von den Pflegeeltern entfernt, die mich mein gesamtes bisheriges Leben eingesperrt, kontrolliert und misshandelt hatten. Meine Wohnung. Meine Freiheit. Mein Leben. Und mit letzterem konnte ich nichts anfangen. Noch nicht. Das ganze Haus roch leicht muffig und hatte den Charme von 1901 erhalten. In dem einzigen, vierundzwanzig Quadratmeter großen Zimmer stand ein Kachelofen, der oft kalt war, aber wenn er Nahrung hatte, warf er einen spärlichen zusätzlichen Lichtschein ins Dunkel. Ofenklappe und Ofenrohr glühten und das Zimmer war mal richtig warm. Wenn ich den Ofen öffnete und Kohlen nachlegte, flogen die Funken nur so, der Raum leuchtete und mein Schatten tanzte an der Wand.

Die Dielen waren mit Ochsenblut gestrichen, wie man den rot-braunen Farbton bezeichnete, und vermutlich liefen die Menschen in dem Haus seit 1901 auf diesen blutroten Brettern herum. Zwei wunderbare alte Kastendoppelfenster ließen den Himmel ins Zimmer, so dass immer ein Hauch von guter Laune in das sonst triste Zimmer zog. Die riesigen Blumen auf der Tapete sorgten dafür wieder für Kummer, denn das musste alles runter. Es war eine dicke Papierschicht an der Wand. Und wenn man ein wenig zu heftig dran zog, kam gleich der ganze Putz hinterher. Da nutzte der gute Laune verbreitende Himmel gar nichts mehr. Wie wichtig dieses Licht dennoch war, bemerkte ich später, als ich dann bei Mitbewohnern im Haus eingeladen wurde, die im ersten Stock wohnten. Dort gab es keinen Himmel mehr.

Die Küche hatte ein gusseisernes Waschbecken mit Wasserhahn aus Silberbronze – alles original aus dem Jahr 1901. Das Waschbecken wurde 1901 an die Wand geschraubt und so roch es auch daraus. Einen Verschluss gab es nicht. Und da in den letzten dreiundsiebzig Jahren der eine oder andere Mal keine Lust gehabt haben mochte, eine halbe Treppe tiefer aufs Klo zu gehen, schlugen bei genauerem Hinriechen doch bestimmte Gerüche durch die Wände.

Der Keller wurde als trocken bezeichnet, jedoch kam von dort ein modriger Geruch die ausgetretenen, maroden Treppenstufen hinaufgekrochen.

Ich war so ziemlich der einzige 18-Jährige weit und breit, der eine eigene Wohnung hatte und dadurch für viele etwas Besonderes war. Besucht hat mich trotzdem niemand. Nach der Arbeit ging ich ganz schnell nach Hause und saß dann stundenlang bis es dunkel wurde in der Wohnung auf dem Boden. Morgens, wenn der Wecker schellte, sprang ich aus dem Nachtlager, kochte mir einen Kaffee und beeilte mich zur Bahn zu kommen. Der Kaffee wurde ohne Maschine gekocht. Pulver rein, heißes Wasser drüber, fertig.

Ende Januar 1974 war meine Lehre zum Elektromonteur beendet. In der Praxis hatte ich eine Zwei und in der Theorie sechzig Prozent Fünf. Der Praxis-Lehrmeister war vollkommen fassungslos, ja, richtig traurig. Meine Theorie-Noten hatte er erst einen Tag vor meinem Rausschmiss erfahren und lud mich zu sich ins Büro ein. „Wie konnte das passieren?", fragte er. Ich erzählte, dass ich an den Wochenenden immer zweiunddreißig Stunden arbeiten musste, um überhaupt leben zu können. Ich erzählte ihm, dass ich bis vor kurzem noch bei den Pflegeltern gewohnt hatte und dass ich auf einer Steppdecke schlief und mich mit der anderen zudeckte. Der Lehrmeister versuchte mir Mut zu machen. „Guck dich doch mal ein bisschen um, Junge. Manchmal stehen so alte Möbel auf Dachböden rum." Und er wünschte mir noch alles Gute.

Nach dem Rauswurf lungerte ich herum, ging in Gaststätten abwaschen oder auf dem Gemüsebahnhof schuften. Wir luden dort am Ostbahnhof Kartoffelsäcke, Obst- und Gemüsekisten vom Waggon auf einen LKW. Russische Soldaten arbeiteten mit. Auf dem Bahnsteig lief immer so eine Art Russenaufpasser herum. Der hatte ein riesengroßes Funkgerät, eine Pistole am Gürtel und einen Gummiknüppel in der Hand. Sein Gesichtsausdruck war alles andere als freundschaftlich oder brüderlich. Vom Edelmut des Sowjetmenschen, den man uns in der Schule immer hat weismachen wollen, war nichts zu erkennen. Nachdem ich ihn eine Weile beobachtet hatte, wurde ich immer noch nicht schlau aus seinem Verhalten. „Was macht der Mann da eigentlich?", fragte ich einen der älteren Arbeiter. „Der passt uff, dass die hier nischt fressen", lautete die Antwort. Ich verstand das nicht. Man sagte uns, wenn wir ordentlich arbeiten, können wir essen so viel wir wollen und auch Obst mit nachhause nehmen. Die Russen, die Kisten schleppten, taten mir leid.

Als dann kurze Pause war und die Russen im Waggon saßen, setzten wir uns so hin, dass man von draußen nicht sehen konnte, wenn mal einer schnell einen Apfel aß. Der Russenaufpasser ahnte jedoch etwas, sprang in den Waggon und drosch mit dem Knüppel erst auf den Einen, dann auf den Anderen ein. Die Soldaten sprangen vom Güterwaggon runter und ihr Wächter hinterher. Dann quatschte der Schläger was in sein Funkgerät und ein paar Minuten später kam ein Russen-LKW angefahren. Indessen hatte der Aufpasser die zwei Soldaten mit dem Knüppel zusammengeschlagen. Die beiden waren blutüberströmt. Der Eine lag mittlerweile regungslos am Boden und der Andere taumelte umher. Aus dem LKW sprangen dann noch drei Russen. Die schmissen ihre eigenen Soldaten auf die Ladefläche hoch – wie wir die Kartoffelsäcke von dort herunter. Der Kopf des einen Soldaten knallte richtig laut auf die Bretter. Das muss wehgetan haben. Der regte sich überhaupt nicht mehr. Der andere, der ebenfalls wie ein Kartoffelsack auf den LKW geflogen war, setzte sich auf die Bank. Der Russenaufpasser sprang zu ihm hoch und hieb noch dreimal mit dem Gummiknüppel auf ihn ein, so dass der von der Bank wieder runterfiel. Dann trat der Wachmann ihn mit dem Stiefel ins Gesicht und in den Leib. Auch der Regungslose bekam ein paar Tritte verpasst. Der machte keinen Mucks. Schließlich ging die Ladeluke zu und der LKW fuhr weg.

Ich stand da wie versteinert. Mir wurde schwindlig. Von wegen *Waffenbrüder Klassenbrüder* und *Von der Sowjetunion lernen, heißt siegen lernen.* Na, gute Nacht Marie, hab ich so bei mir gedacht.

Diese brutalen Bilder gingen mir nicht mehr aus dem Kopf. Mich verfolgte dieses irrsinnige Geschehen wochenlang. Der Mann, der bei diesem Tagelöhnerjob als eine Art Schichtleiter oder Vorarbeiter fungierte, sagte mir, ich solle das sofort vergessen und auf keinen Fall mit jemandem darüber reden.

Eines Tages traf ich einen Bekannten und er meinte, dass im Kabelwerk Oberspree Leute gesucht werden und dass die da gut bezahlen. Krankenversichert wäre ich dann auch und ich hätte ein regelmäßiges Einkommen.

Also machte ich mich auf den Weg und wurde vorstellig. Ich war achtzehn Jahre alt, 187 cm lang und wog 69 Kilo. Die Vorstellungsprozedur dauerte keine zwanzig Minuten, und ich wurde als Maschinenhelfer eingestellt. Ich sollte noch zum Arzt und Montag konnte ich anfangen.

Anfang Februar war ich dann Maschinenhelfer im Kabelwerk. Ich verdiente achthundert Mark monatlich im Dreischichtsystem, die Samstage und Sonntage waren frei. Wenn ich aber wollte, konnte ich auch am Wochenende arbeiten. Es gab dann zum Stundenlohn noch Zuschläge und außerdem ein Startgeld in Höhe von dreißig Mark für den Samstag und fünfzig Mark für den Sonntag. Das war der Hammer. Die ließen sich echt nicht lumpen. Aber die Arbeit war überhaupt nicht mein Ding. Ich arbeitete an so einem Papierspinner einer Aderverseilmaschine, der dünne Streifen Papier um die Kabel wickelte. Acht Stunden musste ich still sitzen. Acht Stunden ein endloses Kabel, das wie eine Schlange durch die Hand glitt, millimetergenau in einen Stahlbehälter Lage für Lage, Schicht für Schicht einlegen. Zwischendurch alle zwanzig oder vierzig Minuten die Maschine bestücken, neue Papierrollen auflegen, einrichten, weiter das Kabel einlegen. Gesteuert mit einem Controller, der den Elektromotor regelte. Mal langsamer, mal schneller, mal vorwärts, mal rückwärts. Millimeterarbeit im Schneckentempo. Alle haben die ganze Schicht über heimlich gesoffen. Ich verbrachte die ganzen acht Stunden an dieser Maschine und wartete, dass die Zeit verging. Das war einfach nicht auszuhalten. Ich konnte nicht da herumstehen und ich schaffte es kaum still zu sitzen. Ich war doch jetzt frei! Konnte draußen herumlaufen, brauchte nicht für Tante Lenchen oder irgendjemanden einkaufen. Ich war nicht eingesperrt und hatte eine eigene Wohnung für mich ganz allein. Diese Freiheit hieß für mich: laufen und die Welt angucken und lachen und fröhlich sein. Tanzengehen und Spaß haben. Die ganze Welt gehörte mir. Ich hatte sooooooooviel nachzuholen! Und saß an der Aderverseilmaschine mit angesoffenen, unzufriedenen Menschen mit glasigen, trüben Augen, die sich Heimlichkeiten zuflüsterten und nicht aufrichtig waren. Unter ihnen kam ich mir wie ein Fremdkörper vor. Die konnten nur über Gemeinheiten lachen – wenn sich einer die Finger einklemmte zum Beispiel. Jeden Tag erklärten sie mir, was ich zu tun hatte. Ich erledigte diese Aufträge, aber als ich nach einer Dreiviertelstunde das Gleiche noch einmal machen sollte, hatte ich die Erklärung inzwischen wieder vergessen. Alles Mögliche kam mir in den Sinn, aber ich konnte mich nicht daran gewöhnen, an der Aderverseilmaschine zu sitzen. So schickten sie mich zu einer anderen Maschine. Dort wurden Kabel in einem riesigen Imprägnierkessel Schicht für Schicht eingewickelt. Ganz, ganz langsam und Ring für Ring. Wenn fünf Minuten vergangen waren, empfand ich es, als wäre schon die zwölfte Stunde um. Ständig musste die Maschine angehalten werden, weil Kabelsalat im Kessel lag. Ich war für diese Arbeiten nicht geeignet. So kam ich dann zur Kranabteilung. Ich wurde Anbinder, musste für den Kran die Kabeltrommeln und Imprägnierkessel disponieren, Maschinen bestücken und hatte alles im Griff. Das war genau das Richtige. Zwar waren die Wellen, hohle Eisenstangen, die man in die Trommelflansche steckte, nicht gerade leicht, aber ich war die ganze Schicht in Bewegung. Fünfzig Kilo wog die leichteste Welle. Die musste dann manchmal so zwanzig Meter und mehr getragen werden. In der ersten Zeit habe ich die Wellen nicht hochheben können. Alle lachten mich aus. Das kannte ich aber schon. Manche boten mir Schläge an. Das kannte ich auch schon. Ich ackerte wie ein Irrer. Machte zuhause Liegestütze und trainierte mit Kohleneimern den Bizeps. Kraft hatte ich also. Es fehlte mir nur die Technik. Und die lernte ich heimlich. Malte mir mit Kreide die Welle in der Mitte an und lernte so mit den Schwerpunkten zu hantieren. Zack – und das Ding war geschultert. Und die mit der größten Fresse guckten alle blöd, wie ich plötzlich mit den Teilen durch die Halle peste. In acht Stunden hatte ich gut dreißig Trommeln umgesetzt, zwei Imprägnierkessel mit jeweils drei Behältern gewechselt, Maschinen mit Werkstoffen bestückt, Transporte vorbereitet und dann war die Zeit um. Duschen, Stempeln, nachhause, ins Nest.

Die erste Zeit war dann das Geld knapp. Egal. Durch Wochenendarbeit im Kabelwerk verdiente ich genug Geld und konnte weiterleben. Ich fand einen alten Küchentisch auf der Straße. Den schulterte ich und buckelte den nach Hause. Hurra, ich hatte einen Tisch!

Hurra, ich hatte einen Tisch! Plötzlich besaß ich drei Matratzen. Die glitten auf dem Dielenboden immer auseinander. Ich schlief glücklich ein und in der Nacht rutschte ich dann immer kreuz und quer auf dem Dielenboden umher. Von irgendwoher ergatterte ich ein altes Sonneberg-Röhrenradio. Das hatte einen traumhaften Klang. Es dauerte immer eine Weile, bis die Röhre warm war. Aber dann kam Freude auf. AFN, Rias Treffpunkt, DT 64 waren die Lieblingsmusiksendungen – nicht nur von mir, eigentlich von jedermann.

Von einem Kollegen kaufte ich ein polnisches Tonbandgerät der Marke ZK 120 und zehn Bänder dazu. Plötzlich konnte ich die Stones und die Beatles hören, wann immer ich wollte. Jetzt brauchte ich nicht mehr warten bis die Röhre des Radios warm wurde und an dem Knopf herumdrehen, nach einem Sender suchen und auf einen Song warten, den ich mochte. Also schenkte ich dem Kollegen das Radio, das ich jetzt nicht mehr brauchte, und eine Zeitlang freute ich mich auf *Satisfaction* und *Yellow Submarine* und hörte stundenlang Songs.

Ich lief nach der Arbeit nach Hause und während des Laufens fühlte ich mich frei. Bis zu dem Zeitpunkt, als ich wieder mal heimwärts rannte und über alles nachdachte. Das kann's doch nicht gewesen sein. Nur Arbeit und dann nachhause.

Zuhause saß ich dann zusammengekauert auf dem Dielenfußboden. Fühlte mich leer in der leeren Wohnung. Was sollte ich hier? Und was ist denn jetzt? Ist das alles? Du musst was erleben. Aber was?

Und so ging ich die Straße entlang und gelangte zur Bänschklause. Ich stand vor der Kneipe und traute mich nicht rein. Ein-, zweimal lief ich noch im Karree und schließlich fasste ich den Entschluss. Als ich die Klause betrat, war es verraucht und Angetrunkene unterhielten sich sehr laut. Ich bestellte mir ganz höflich ein Bier und Bockwurst mit Kartoffelsalat. Bezahlte nach dem Verzehr und ging. Nächsten Tag dasselbe. Nur, dass es nicht bei einem Bier blieb. Nach ein paar Bieren wurde es richtig gemütlich in der Kneipe. Abgewetzte Dielen, keine Tischdecken, das Klo roch nach Pisse und Erbrochenem, und es war alles total verqualmt. Doch die Leute schienen gelassen zu sein. Ich war plötzlich nicht mehr allein und keiner hänselte mich. Alle, die da waren, schienen selbst gehänselt zu werden. Schnell schloss man Bekanntschaft. Aber eigentlich kannte niemand irgendjemanden wirklich.

Am nächsten Tag ging es wieder zur Arbeit. „Pünktlichkeit ist eine Zier", so klang mir Tante Lenchens Spruch noch immer in den Ohren. Ein Zeitgefühl konnte ich nie richtig entwickeln. Ich lebte achtzehn Jahre unter der Knute dieser Frau. Ein Schulkamerad sagte mir mal: „Das ist keine Pflegemutter, das ist ein Drachen!" Ich war sehr verletzt, als er das sagte. Ich wusste, er hatte Recht, aber ich war verletzt.

Wie im Hamsterrad

Arbeiten bis zum Umfallen. Leisten, um geliebt zu werden. Geliebt? Von wem?
Für's Arbeiten gab es jetzt wenigstens Geld.
Dieses Geld war für viele das Mittel, um sich aufzuwerten. Aufzuwerten womit? Aus meiner Sicht gab es im Osten nichts, womit man sich hätte aufwerten können.
Mit Achtzehn fühlte ich mich unfähig für mich selbst zu sorgen. Ich hatte eine Wohnung und Arbeit, war von den Pflegeeltern weg, die über jeden meiner Schritte bestimmt hatten. Aber in mir war nur Leere. Leere wie ein Vakuum.
Mein Geist war gefangen in diesem Vakuum. Eingeschlossen im luftleeren Raum. Und damit ausgeschlossen von der Außenwelt. Gepresst in die Angst, in das Gefühl der Verlassenheit. Ich fühlte mich weggeworfen, wie eine alte Zeitung, in der Butterbrote eingewickelt wurden. Ich hatte nichts. Kein Bett, kein Stuhl. Keinen Menschen. Keine Liebe. Das ist das Schlimmste, was einem widerfährt. Ohne Bett und ohne Stuhl kann man leben.
Doch ohne Menschen?
Der Blick auf die anderen, die ein bürgerliches Leben lebten, schaffte immer Unbehagen in mir. Wieso können diese Leute Abitur machen und studieren? Warum haben die Posten? Weshalb ist es für manche so leicht alles zu bekommen?
Wozu gehören? Zu wem gehören? Wer bin ich? Was ist mit mir? Warum muss ich da sein?
Arbeiten bis zum Umfallen. Leisten, um geliebt zu werden. Ge-

liebt von wem? Fürs Arbeiten gab es jetzt Geld. Geld. Geld. Geld. Zuviel Arbeit für zu wenig Geld. Wer bin ich? Wer darf ich sein?

Nazi-Chef 2

Ich hatte also diese Wohnung. Und ich wusste, wo ich meine Freizeit als Erwachsener verbringen konnte. In der Kneipe. Das war so ein Selbstbetrug. Viel von dem sauerverdienten Geld blieb in der Kneipe. Freunde, die ich da suchte, fand ich nicht. Ich fühlte mich weiterhin einsam und statt neue Freunde zu finden, traf ich alte Bekannte. So lief mir eines Tages auch Chef mal wieder über den Weg.

Chef hatte eine Lehre angefangen und wohl nicht zu Ende gebracht. „Macht nix", sagte er überheblich. „Die können mir alle nicht das Wasser reichen, diese Blödköpfe!"

Wir liefen Richtung Kneipe. Ich erzählte ihm von der Wohnung in der Schreinerstraße und von der Arbeit im Kabelwerk. Das war natürlich ein Fehler, wie ich schnell merkte, Chef hatte sich kein bisschen verändert.

„Arbeiten gehen ist doch bescheuert", teilte er mir mit. „Und wer arbeiten geht, ist total bescheuert. Aber du bist ja sowieso bekloppt."

Ich hörte ihm zu und ärgerte mich. Seine Art ging mir gehörig gegen den Strich. „Wenn du nicht sofort damit aufhörst, setzt es was!", knurrte ich ihn an.

„Du Hänfling, was willst du mir denn? Bei Adolf hätten sie dich vergast, du Judensau."

Das reichte mir jetzt. Abrupt blieb ich auf der Straße stehen und dachte, wenn ich ihm eine knalle, dann bricht der durch. Also nahm ich ihn quer in der Taille und stellte ihn einfach auf den

Kopf und hielt ihn so ein paar Sekunden. Dabei ist ihm sein ganzes Kleingeld aus der Jackentasche gefallen. Es klimperte unaufhörlich. Ich drehte den Chef wieder um und er verlor das Gleichgewicht und fiel hin. Er lachte und ich lachte auch. Dann sammelten wir das ganze Kleingeld ein.

In der Kneipe schmiedeten wir Fluchtpläne. Chef wollte in den Westen und mir fiel ein, dass das auch für mich immer noch in Betracht kam.

Am nächsten Morgen erschien er bei mir in der Friedrichshainer Wohnung. Blöderweise hatte ich ihm die Adresse gegeben.

„Du kannst mir mal einen Gefallen tun", sagte er.

Ich sagte erstmal nichts und wartete ab.

„Du musst mir einen Finger brechen."

„Wieso das denn?"

„Ich brauche einen Krankenschein."

„Und wofür brauchst du den?"

Chef verdrehte die Augen. „Na, ohne Krankenschein darf ich ja nicht einfach fehlen."

Ich musterte ihn verwundert. Er war immer noch so dünn wie früher.

„Geh doch einfach zum Arzt, zieh dich da aus und sag, dass dir nicht gut ist, dann schreibt der dich lebenslang krank, so dürre wie du bist."

„Halts Maul!", sagte Chef. „Und mach, was ich dir sage."

Ich zuckte mit den Schultern und überlegte, wie man einen Finger bricht.

„In der Tür einklemmen", schlug ich vor.

„Okay", sagte er und hielt den Finger an den Rahmen. Ich schmiss die Tür zu. Nichts passierte. Der Finger war zu dünn.

„Denke, mit einem Hammer geht es besser", murmelte er. „Wir brauchen noch zwei Steine oder so."

Ich wollte diese Aktion jetzt nur so schnell wie möglich hinter mich bringen, holte zwei Ziegelsteine vom Hof, legte einen Bleistift drüber, um einen Test zu machen. Mit voller Wucht haute ich zu. Der Schlag kam aus dem Handgelenk und die Bleistifthälften flogen nur so durch die Gegend. Chef verfolgte den Flug der Bleistiftteile und rutschte unruhig auf dem Stuhl umher. „Vielleicht sollte man das doch anders machen", meinte er.

Jetzt hatte ich aber Lust bekommen, ihm den Finger zu brechen. „Ich kann nen Hammer aus dem Keller holen."

„Nee, nee, lass mal." Er sah mich stirnrunzelnd an, als käme der Vorschlag ihm den Knochen kaputtzuhauen von mir.

Wir diskutierten noch ein bisschen herum, und Gott sei Dank ließen wir Chefs komischen Plan fallen.

Zwei Tage später kam er dann zu mir mit einem riesigen Verband um die Hand.

„Was hast du denn angestellt?", wollte ich wissen.

„Tja", sagte er, „man muss eben alles alleine machen. Ich habe mit einem Hämmerchen solange auf den kleinen Finger draufgehauen, bis die Pfote blau wurde und anfing zu bluten. Zwei Wochen Krankschreibung!" Er klang irgendwie stolz und hochzufrieden mit sich.

„Du bist verrückt", sagte ich.

Er brannte sich erstmal eine Zigarette an. „Wir sollten nach Grünau fahren und einen Grenzübertritt trainieren."

Ich blickte ihn entgeistert an. „Jetzt?"

„Klar, jetzt. Du kannst beruhigt sein, ich hab alles Nötige dafür im GST-Lager gelernt."

Wirklich beruhigen mich seine Worte nicht, aber ich war auch neugierig.

Chef zerrte seine GST-Klamotten aus seinem Rucksack und zog sich bei mir um.

Ich hatte keine Uniform und ging in Zivil.

Chef redete wieder mal vom Krieg und sah sich selbst als Generalfeldmarschall Paulus, der an der Ostfront den dreckigen Bolschewisten heroischen Widerstand leistete.

„Die Russen haben den Krieg aber gewonnen und nicht Paulus", wandte ich ein.

„Wir haben nur Waffenstillstand, keinen Frieden", behauptete Chef.

Dann machten wir die Übungen, wie sie Aufklärer eben machen. Ich sollte mit dem Fernglas das Feld beobachten, während Chef mir leise Anweisungen gab. Dabei merkte Chef gar nicht, dass ich schon lange nicht mehr im nassen Gras neben ihm lag, sondern direkt hinter ihm stand. So war der Generalfeldmarschall in GST-Uniform sauer auf mich, weil ich seinen Befehlen nicht Folge leistete und er mich sofort melden würde, wenn die alte NSDAP- Regierung den roten Mob erstmal weggewischt hätte.

Chefs Flucht fand nie statt. Jedoch wurde er später dennoch wegen des Versuchs die Grenze zu überqueren verurteilt.

Sehnsucht

Immer trug ich diese unbestimmte Sehnsucht in mir.

Die Sehnsucht nach Mama, nach Wärme, nach Liebe, nach echten Freunden, nach einem guten sinnerfülltem, nach einem freien Leben. Die Sehnsucht nach Freiheit. Wo sollte ich denn hin mit dieser Sehnsucht? Es schien für mich nur diesen einen Weg zu geben – dahin, wo meine Mutter war.

Ich beschloss, ein zweites Mal zu flüchten.

Von Anbeginn meines Daseins war ich aller Chancen beraubt gewesen.

Alle, die mit mir zu tun hatten, wollten mit mir nichts zu tun haben. Sie quälten mich, nutzten mich aus, bestahlen mich. Ich wollte einfach nur weg. Hin zu der Mutter, die von den Pflegeeltern immer verteufelt wurde. Zu der Mutter, die vom Jugendamt verteufelt wurde. Das Einzige, was mir die Mitarbeiterin der Jugendhilfe über meine Mutter sagte, war, dass sie im Gefängnis gesessen hatte und aus der DDR abgehauen war. Ich solle deshalb dankbar sein, dass ich bei den Pflegeeltern aufwachsen dürfe. Und dann schickte sie mich auf den Flur und ich saß da mutterseelenallein, frierend, einsam, aber ordentlich gekämmt, mit der Klammer im Haar, mit gebügeltem Hemd, weißen Kniestrümpfen und den Sandalen mit diesen Metallknöpfen, die mir die Lene gern direkt in den Fuß drückte.

Ich hatte eine eigene Wohnung und Arbeit. Und ich fühlte die Angst in mir vor der Ungewissheit, doch mein Entschluss stand fest.

Ich wollte in den Westen.

Drei
(Knast)

Meine zweite Flucht

Eines Abends kaufte ich am Ostbahnhof eine Fahrkarte nach Prag. Die Verkäuferin musterte mich komisch – oder bildete ich mir das ein?

„Nur Hinfahrt?", fragte sie und runzelte die Stirn.

Ich nickte. „Ja. Einmal nach Prag", wiederholte ich.

Jahre später fragte ich mich, ob wohl alles anders verlaufen wäre, wenn ich auch eine Rückfahrkarte gekauft hätte.

Den Koffer hatte ich schon gepackt.

Einen Koffer. Blöder ging es nicht. Aber ich wollte so tun, als ob ich in den Urlaub in die befreundete CSSR fuhr. Ich plante, von Prag nach Plzeň und von dort über die Grenze nach Bayern zu flüchten. Gerüchten nach zu urteilen, sollte die tschechische Grenze etwas durchlässiger sein und es sollte nicht so viele Minen geben.

Ich saß im Zug, der über die Schienenstränge ratterte, mein Herz galoppierte im Takt dazu. Die Landschaft rauschte an mir vorbei, ich blickte aus dem Fenster hinaus, ohne wirklich etwas wahrzunehmen. Zum Glück war ich allein in dem Abteil, trotzdem versuchte ich unverdächtig auszusehen, nicht aufzufallen. Ich war nur ein harmloser Reisender. Wie meist fiel es mir schwer, stillzusitzen. Schweiß trat auf meine Stirn, obwohl es in dem Abteil nicht besonders warm war, und ich zog die Jacke aus. Die Nervosität machte mich erst zappelig und dann müde. Ich gähnte ein paarmal und dachte, es schadet ja nicht, wenn ich die Zeit des Herumsitzens und des Wartens etwas verkürze. Als der Zug nach einem Stopp in Dresden weiterfuhr, schloss ich die Augen und schlief sofort ein.

Ein jäher Schmerz riss mich aus meinem Schlaf. Jemand brüllte etwas in sächsischem Dialekt. Eine Frau. Eine Zöllnerin in grauer Uniform. Grau im Gesicht. Grausam im Benehmen. Sie schrie mich weiter an und diesmal verstand ich ihre Worte so halbwegs: „Einpocken, oba dalli!"

Mein Knöchel tat weh, sie musste mich gegen das Schienbein getreten haben, um mich zu wecken. Das würde garantiert einen großen blauen Fleck geben.

Erst jetzt sah ich, dass die Zöllnerin offenbar meinen Koffer ausgekippt hatte. Meine wenigen Habseligkeiten, Unterwäsche, Socken, ein Pullover, eine Jeans, ein Schlafanzug, Zahnbürste, Kamm, eine zerdrückte Schachtel Karo, eine Rolle Drops, Hansa-Kekse und eine Narva-Taschenlampe lagen im ganzen Abteil verstreut. Auch mein Pappkoffer, der so ochsenblutrot war wie die Dielen in meiner neuen Wohnung, lag auf dem dreckigen Boden – geöffnet und leer, er sah aus wie ein aufgerissenes Maul. Die Zöllnerin redete weiter auf sächsisch und erteilte ihre Befehle. Da war sie bei mir aber an der falschen Adresse.

Ich starrte die Frau an. Sie wirkte hart. Hart in ihrem Wesen. Hart wie ein Stück Holz. Nichts Weibliches konnte ich in ihrer Miene erkennen. Ein Flintenweib. Sie hatte einen Job. Sie bekam dafür Geld, dass sie meinen Koffer auskippte. Sie bekam Geld dafür, dass sie mich erniedrigte, mich trat, mich anbrüllte. Für diese ganzen Demütigungen erhielt sie am Ende des Monats ein paar Scheinchen Ostgeld, für das es nichts zu kaufen gab. Sie demütigte mich also eigentlich für nichts.

„Sachen einräumen!"

Ihr Ton knallte mir in die Seele wie ein Peitschenhieb. Aber ich ließ mir meine Panik nicht anmerken.

„Wer es ausgekippt hat, der packt es auch wieder ein", sagte ich so gelassen ich konnte. Ich war ein Reisender, der in die Tschechoslowakei in den Urlaub fuhr. Sie musste mir erstmal das Gegenteil beweisen – glaubte ich.

„Packen Sie Ihren Unrat ein! Sofort!"

„Das Zeug gehört mir gar nicht", behauptete ich und versuchte eine Unschuldsmiene aufzusetzen. Aber dann bemerkte ich, dass sie schon meinen Ausweis in ihren grauen, knochigen Fingern hielt. Es hatte keinen Sinn, mich selbst zu verleugnen. Sie warf mir einen hasserfüllten Blick zu, verließ ohne ein weiteres Wort das Abteil und schloss die Tür ab. Der Zug hielt und ich sah, dass wir in Bad Schandau angekommen waren.

Ich war mal wieder eingesperrt – wie bei Tante Lenchen. Doch diesmal dauerte es gar nicht lang und es erschienen zwei Uniformierte: Grenzpolizisten. Die Zöllnerin schloss die Tür wieder auf und die Männer entsicherten ihre Kalaschnikows und richteten die Gewehrläufe auf mich. Ich fühlte mich wie im falschen Film. Was hatte ich denn getan?

Der eine Polizist kam in das Abteil und legte mir Handschellen an, während der andere draußen blieb und weiter auf mich zielte. Ohne eine Erklärung führten sie mich ab.

Ich sah noch, wie die Zöllnerin meine Sachen in den Koffer warf.

Die Männer liefen mit mir über den Bahnhof: zwei Wächter und ihr Gefangener. Die Frau in Grau folgte uns, mit meinem Koffer in der Hand.

Blicke von Passagieren streiften mich. Sicher fragten sich die Leute im Zug und auf dem Bahnsteig was für ein Verbrecher da vor ihren Augen abgeführt wurde. Mir kam das alles sehr überzogen vor. Ich war 18, unbewaffnet, hatte nicht mal ein Taschenmesser dabei und in meinem Pappkoffer befanden sich VEB-Feinripp-Herren-Schlüpfer, gestopfte Strümpfe und andere private Dinge, in denen die Zöllnerin herumgewühlt hatte und die sie nicht das Geringste angingen. Ich musste ruhig bleiben, durfte nichts zugeben. Sie konnten mir nichts nachweisen. Doch die Grenzpolizisten trieben mich wie einen auf frischer Tat ertappten Bankräuber vor sich her. Nicht mal meinen Koffer durfte ich selbst tragen. Wegen der Handschellen wäre das auch gar nicht möglich gewesen.

Im Verwahrraum in Bad Schandau

In Handschellen abgeführt, vor den Passagieren, die zur Arbeit gingen, wurde ich über den Bahnhof Bad Schandau ins Bahnhofsgebäude gebracht. Der Weg an den Leuten vorbei schien unendlich lang. Ich schämte mich. Aber wofür? Welche Tat warf man mir vor? Wen hatte ich geschädigt? Das alles wusste ich damals nicht. Ich schämte mich nur und die Blicke der ganzen Menschen bestätigten das: Ich war SCHEISSE! Im Bahnhofsgebäude ging dieser Druck ganz langsam weg. Dafür kam ein neuer. Der Druck der Ungewissheit. Einer dieser Grenzpolizisten schloss mit militärisch zackigen Bewegungen einen Raum auf, dessen Tür eine vergitterte Sicherheitsglasscheibe hatte. Selbst wenn ich die Scheibe aus dem Rahmen treten würde, käme ich nicht raus.

Der Raum war riesengroß. An der Decke hingen in Plastikkästen aneinander gereihte Neonröhren. Einige flackerten extrem. Andere leuchteten nur zur Hälfte und zwei, drei leuchteten so, wie sie leuchten sollten.

Nach einer Weile des Wartens überlegte ich, wie ich diese Lampen reparieren könnte und stieg auf einen der Tische. Doch ich kam nicht an sie heran. Also kletterte ich wieder runter und stellte einen Stuhl auf den Tisch. Der war, obwohl er der stabilste von allen im Raum stehenden Stühlen war, sehr wacklig. Und so ließ ich von dem Vorhaben ab, die Lampen zu reparieren. Das wäre sowieso nicht möglich gewesen, denn zum Öffnen der Kästen hätte ich einen Schraubendreher benötigt. Ich hatte aber nichts. Weder eine Jacke noch Schuhbänder und Gürtel.

Mein Koffer war weg. Und sogar die Uhr hatten sie mir abgenommen. Ich war ein Nichts und ein Niemand. Das wurde mir in diesem großen Raum immer mehr bewusst.

Ich war ausgeliefert, spürte meinen Herzschlag und meinen Atem. Ich spürte, wie in mir Gefühle der Angst und der Traurigkeit aufstiegen. Das Herz schlug mir bis in den Hals hinein. Und dann liefen Tränen. Verloren stand ich in einem riesigen, kalten Raum voller flackernder Lichter, ohne Gürtel, Jacke, Uhr und Schuhbänder. Ich fühlte mich nackt. Der einzige Schutz den ich hatte, war meine Haut. Denn die Klamotten, die ich trug, konnten sie mir auch wegnehmen. Was sie viel später auch taten. Ich dachte nach, wo ich hier war. Noch nie war ich soweit allein von zuhause weg gewesen. Zuhause? Was war das? Bei Lene und Kurt? Ja. Da war auch das Zuhause. Die Schläge, die es da gab und die Drangsalierungen und Demütigungen. Die peinliche Ordnung und Sauberkeit. Sogleich räumte ich in dem Raum etwas auf, ordnete die Tische und stellte die wackligen Stühle so, dass fast ein wenig Gemütlichkeit aufkam. Bad Schandau. Bad bedeutete im Englischen böse und im Wort Schandau steckte Schande. Mich umgab das Böse, das mit Schande überzogen war. Sonst wären die Leute hier einfach freundlicher. Ich fühlte mich wie von einem Dämon besessen. Ich war allein mit den flackernden Neonlampen, die auch noch unregelmäßige Klickgeräusche von sich gaben, weil die Starter nicht richtig funktionierten. Ich war allein in einem riesigen Raum, aus dem es kein Entkommen gab. Genau wie bei Lene damals. Nur dieser eklige Geruch hier, der schnürte mir die Seele zu und zeigte mir das Fremde, Unbekannte, Unheimliche.

Nachdem Lene mich ausgepeitscht hatte, steckte sie mich meist ins Bett. Damit sie erstmal für eine Weile ihre Ruhe hatte. Hier gab es kein Bett. Hier gab es nur Nichts. Ich war mit dem Nichts in einem Raum eingesperrt und der war hoch und hatte ein Echo. *Klick klick klick* machten die Starter und das Echo antwortete: *Klick klick klick.* Und es war irgendwann nicht mehr zu unterscheiden, ob das Klicken das Echo war oder das Klicken selbst. Der Geruch nach Wofasept kroch in meine Nase und in meine Haut und schloss meine Seele und ich saß da ganz betäubt vor Hunger und Durst und Müdigkeit.

Ich spürte meine Tränen nicht mehr, die mir über das Gesicht liefen. Nachdem ich mich an diesen Zustand gewöhnt hatte, fühlte ich mich innerlich hohl und ausgetrocknet.

Ich hatte Durst und musste pinkeln. Doch es kam niemand, um mir etwas zu trinken zu bringen oder mich zu einer Toilette zu führen. Ich rief laut, dass ich mal aufs Klo müsste. Aber niemand öffnete mir. Der Raum hatte ein Echo und war hohl. Genauso hohl fühlte ich mich.

Stundenlang saß ich in diesem Raum. Meine Kehle war trocken und der Magen knurrte. Mir war kalt. Es war Mitte Oktober. Der 14. Oktober 1974. Dieses Datum war ganz klar in meinem Kopf. Ansonsten hatte ich keinerlei Zeitgefühl. Sonst hatte ich immer ein Zeitgefühl. Jeder Mensch hat ein Zeitgefühl. Aber plötzlich war das Zeitgefühl weg. Genau wie meine Uhr. Meine Uhr war weg. Ich wusste nicht, wo sie war. Ich lief durch den Raum. Ich klopfte an die Tür und wollte da wieder raus und wissen, was ich hier sollte. Ich wollte trinken. Ich lief durch den Raum und verlor beinahe mein Schuhwerk.

Schließlich kam Einer rein, wie es aussah ein Offizier. „Weshalb wollten Sie Republikflucht begehen?", schrie er mich an. Der Uniformierte brüllte und schnauzte, dass er alles wüsste und fragte ein paarmal, warum ich flüchten wollte. Ich guckte den verdutzt an. Der wusste wirklich alles von mir. Vor allem wusste er, wohin ich wollte. Und ich stritt es ab. Er brüllte mich wieder und wieder an. Dann ging er aus dem Raum. Ich saß da, der Hintern tat mir langsam weh von dem harten Stuhl, ich stand auf, ging umher und verlor die Schuhe beim Laufen. Ich hatte Hunger. Und Durst.

Nach einer Weile kam ein anderer Offizier. Der sah schon recht komisch aus. Er hatte kaum Zähne im Mund und die, die er noch hatte, waren verfault. Dafür war er aber sehr freundlich und erzählte mir von meinem Vorhaben. Er redete von meiner Mutter und dass sie mich doch verlassen hat. „Sie hat dich verlassen, mein Junge. Hat dich ganz allein gelassen und ist einfach in den Westen abgehauen. Ist getürmt, hat dich zurückgelassen. So war es doch, oder? Und du wolltest zu ihr, stimmt's?"

Dabei guckte er mich rührselig an. Ich dachte die ganze Zeit nur daran, warum er wohl keine Zähne mehr hat. Ob er als Kaffeesachse dem Kaffee zum Opfer gefallen war? Die tranken das Zeug doch immer mit zu viel Zucker und sagten dann: "Heess und siieß muss a seen."

Und in der Schule hatte ich gelernt, dass Zucker sehr schädlich für die Zähne ist. Er sah schon ziemlich alt aus, dieser zahnlose Mann. Er hatte eine für Polizisten und Soldaten normale Halbglatze: einen sogenannten breiten Scheitel, weil doch die Mütze dauernd auf dem Kopf war und keine Luft an die Haare ließ.

Irgendwie wirkte der Zahnlose vertrauenswürdig. Aber er trug dieselbe Uniform wie der Offizier, der mich angebrüllt hatte. Das Vertrauen war fast im selben Moment dahin wie es gekommen war. Ich fragte nach Essen und Trinken, als er ging. Er antwortete freundlich: „Ich kümmere mich."

Dann war wieder Stille. Ewige Stille. Es war so ruhig, dass ich mein Herz schlagen hörte. Irgendwann flog die Tür auf. Der Brüllaffe kam rein und machte das, was Brüllaffen so den ganzen Tag lang machen: Er brüllte. Ich blieb eisern. Verschränkte die Arme und starrte ihn schweigend an. Der Brüllaffe in Uniform schlug mit der Hand auf den Tisch. „Ich kann auch anders, glaub mir, ich kann auch *ganz anders!*", drohte er mir.

Es täte ihm gut, wenn er sich nicht so aufregen würde, dachte ich bei mir und versuchte gelassen zu bleiben oder so zu tun, als ob ich die Ruhe in Person wäre. Ich hatte ja nichts getan und war nicht mal in die Nähe dieser Grenze gekommen.

Aber er drohte und brüllte und erzählte mir immer mehr Einzelheiten. Dann ging er raus.

Ich dachte, als der andere, der Zahnlose wiederkam, dass er Essen und Trinken mitbringen würde, und fragte ihn nach einem Glas Wasser.

„Nein", sagte er, „wir müssen erst noch reden. Ich hab aber alles soweit veranlasst."

Während der Befragung tat er sehr besorgt um mich. Er sagte immer "mein Junge" zu mir. Und er sagte, dass ihm das hier alles sehr leidtue und er es ungeschehen machen würde, wenn er könnte.

Irgendwann konnte ich nicht mehr. Ich erzählte ihm das, was sie sowieso schon wussten.

Wortlos erhob er sich von seinem Stuhl und ging. Nach einer ganzen Weile kam er mit einer Tasse Wasser wieder. Ich trank. Meine Hand zitterte und ich verschüttete die Hälfte.

Der Zahnlose nahm mir die Tasse weg und verließ den Raum.

Nach einer ganzen Weile kamen ein paar Volkspolizisten. Ihre Uniformen unterschieden sich von denen der Grenzpolizisten auf den ersten Blick nur in der Farbe. Sie legten mir Handschellen an, und ich stolperte mit meinen offenen Schuhen und mit meiner rutschenden Hose hinaus an die Luft.

Polizeigefängnis Pirna

Die Polizisten führten mich wieder über das Bahnhofsgelände – diesmal zu einem Barkas mit der Aufschrift *Frischer Fisch*.

„Rein da!", sagte der eine. Die Handschellen nahm er mir nicht ab. Innen war der Gefangenentransporter in drei kleine Kammern geteilt. Ich stieg in eine davon. In dieser Fischbüchse kam ich mir mit den angelegten Handschellen wie eine Ölsardine vor. Ich saß in diesem winzigen Kasten. Es war dunkel, die gefesselten Hände fühlten sich eiskalt an und ich zitterte. Die Fahrt ging rechts rum, links rum, geradeaus, hin und her, dann wieder rechts rum, links rum, scheinbar im Kreis, geradeaus … Das Fahrzeug hielt an, der Zweitakter verstummte, Türen klackten an der Fahrerkabine rechts und links. Dann waren Schließgeräusche zu hören, und ich kam aus meiner Fischbüchse gekrochen.

Die Fahrt hatte wohl keine halbe Stunde gedauert, mir war es vorgekommen wie eine Ewigkeit. Ich genoss den Anblick des Himmels und den kühlen frischen Wind. Niemand weiß, wie schön frische Luft ist und der klare Himmel, wenn man längere Zeit in Räumen eingepfercht war. Ich sog die Luft ein, als ob ich gleich eine Weile unter Wasser tauchen würde.

Im Gebäude ging ich einen kleinen Gang entlang. Vor und hinter mir ein Volkspolizist und dann schloss einer mit militärischer Zackigkeit eine Zelle auf und ich setzte mich auf einen Hocker. Düsteres Licht. Ein Kübel stand da, sonst nichts. Das kleine Fenster war vergittert und mit einer Sichtblende versehen. Warten. Warten auf das, was jetzt passiert.

Ein 18-Jähriger, der das ganze Leben bislang eingesperrt war, wartet anders, als einer der als Kind mit Kindern spielen und als Jugendlicher tanzen und Spaß haben durfte. Der 18-Jährige, der sein ganzes Leben eingesperrt war, hat einen irrsinnigen Bewegungsdrang, hat andere Gedanken, Wünsche, Träume. Er erobert die ganze Welt wie ein Kleinkind, das gerade das Laufen lernt und die Küchenschränke ausräumt und alles in den Mund steckt. Und da saß ich nun wieder. Regungslos, gelähmt und von Zweifeln gequält im Polizeigefängnis Pirna.

Eine Nacht verbrachte ich in einer Zelle. Allein. Ich versuchte mir einzureden, dass das hier nur ein merkwürdiges Abenteuer war. Etwas Ähnliches wie ein böser Traum – der irgendwann vorbei sein würde.

Und endlich bekam ich was zu essen. Brot, Streichfett und eine Blechtasse mit Muckefuck. Stundenlang saß ich auf einem Hocker und starrte die Wand an. Bis die Zellentür aufging, mir ein Mann in Uniform die Handschellen anlegte und ich wieder in dieses komische Auto steigen musste. Als ich fragte, wo es jetzt hingeht, schwieg man mich beharrlich an.

Gefängnis Schießgasse, Dresden

Sie schoben mich wieder in eine Zelle und die Tür knallte hinter mir zu. Ich hörte das Geräusch der Riegel, das Klirren des Schlüssels und das Ratschen im Schloss, als zugeschlossen wurde – es klang, als würde ein rostiges Gewehr geladen.
Ich wusste nicht, wo ich mich überhaupt befand. Niemand von den Schließern redete mit mir. In der Zelle standen ein Doppelstockbett, eine Holzbank und ein Tisch. An der gewölbten Decke hing eine aus der Fassung ragende Glühbirne. Unerreichbar weit oben war ein schön geschwungenes Fenster, das ziemlich groß, aber vergittert und verblendet war, so dass kein Tageslicht hindurchdrang.
Der Raum war ziemlich hoch und als ich herumlief, hörte ich das Echo meiner Schritte. Es klang, als wäre ich nicht allein hier. Aber ich war es. Ich klatschte in die Hände und nahm den Widerhall wahr. „Hallo?", fragte ich. Und „Hallo" antwortete ich mir selbst. Ich lief im Kreis, bis mir schlecht wurde, die Echos verstärkten das Schwindelgefühl noch. Irgendwie kam ich mir vor wie in einer Schwimmhalle – nur dass es kein Wasser gab und niemand außer mir hier war.
Nach einer Weile bekam ich nochmal Brot, Margarine, dieselbe Wurst wie in Pirna und vermutlich auch denselben Muckefuck. Ich aß und trank, ohne etwas zu schmecken. Alles klebte an mir. Die Kleidung, die ich trug, roch schon leicht. Ein schmieriger Film lag auf meiner Haut. Ich zog mich aus und legte mich schlafen.
Morgens, es muss so um drei oder vier gewesen sein, ging die Tür erneut auf und es wurde ein gutgekleideter Mann mit in meine

Zelle gesperrt. Er trug einen Anzug, einen Übergangsmantel und hatte einen Hut auf dem Kopf, als hätte er sich extra für den Knast schick gemacht. In seinen blankgeputzten Schuhen fehlten allerdings die Schnürsenkel. Und wahrscheinlich hatten sie ihm wie mir den Gürtel abgenommen, denn er zog seine Hose ein Stück hoch, als er sich in der Zelle umblickte.

Ich freute mich, nicht mehr allein zu sein. Schon ewig hatte ich keinen Menschen mehr in meiner Nähe gehabt, abgesehen von den Monstern in ihren Uniformen.

Der Mann mit Hut lief in der Zelle hin und her. Er fing an, leise Selbstgespräche zu führen.

Ich wurde unsicher. Das wirre Gerede war alles andere als komisch. Ich schob mich von meinem Lager – schlafen konnte ich ohnehin nicht mehr – und fragte ihn, warum er hier sei.

Der Mann sah mich merkwürdig an, als wären wir irgendwie verabredet und er hätte vergessen, warum. „Das ist alles ein Missverständnis", sagte er. „Ich komme hier nachher wieder raus."

Aha, dachte ich bei mir. Das ist es ja bei mir auch. Also komme ich heute auch wieder raus. Verwirrt blickte er sich nach allen Seiten um, nahm seinen Hut ab, fächelte sich Luft zu und strich sich immer wieder durch sein schick frisiertes, etwas verschwitztes Haar. Als er anfing zu erzählen, war allerdings ich derjenige, der immer verwirrter wurde.

„Es war ein Unfall", sagte er und setzte seinen Hut wieder auf, als würde er in den nächsten fünf Minuten aus dem Gefängnis hinausspazieren. „Ich liebe meine Frau doch! Ich liebe sie über alles! Es war nur ein Unfall!" Er rang seine Hände und sah zur Decke hoch, als wollte er zu irgendeinem unsichtbaren Zellengott beten.

„Was ist denn passiert?", fragte ich ihn. Seine Ruhelosigkeit übertrug sich allmählich auf mich und eigentlich war ich schon nervös genug und brauchte keinen zusätzlichen Stress.

Er wiederholte, dass er seine Frau über alles liebt und es nur ein Unfall gewesen war. „Es muss wohl einen Streit gegeben haben", murmelte er, als wäre er nicht selbst dabei gewesen. „Sie hat mich angezeigt." Seine Stimme wurde leise und ich musste genau hinhören, um ihn zu verstehen. „Wegen Körperverletzung", fügte er hinzu und räusperte sich.

Er schien das eher zu sich selbst zu sagen, als zu mir. Dann erinnerte er sich wohl daran, dass ich da war. „Es war ein Versehen. Ein Unfall. Ich wollte das nicht. Dass die Herdplatte noch heiß war, konnte ich ja nicht ahnen."

Ich schluckte und fragte mich, ob ich das wirklich hören wollte, was er mit seiner Frau gemacht hatte.

„Ich habe sie aus Versehen auf die Herdplatte gesetzt. Es war nur eine ernsthafte Unterhaltung, kein Streit, aber ich erinnere mich nicht mehr daran, worum es eigentlich ging. Es muss irgendeine Lappalie gewesen sein, sonst wüsste ich es ja noch, oder?" Er warf mir einen kurzen Blick zu, schien aber keine Antwort zu erwarten. „Irgendwie ist dann noch ihr Mittelfinger in den Pfeifkessel geraten. Sie hat ihn nicht allein herausbekommen, verstehen Sie?"

Ich schüttelte den Kopf, aber er achtete gar nicht darauf.

„Ich wollte ihr nur helfen. Ich schwöre es. Als ich den Kessel genommen habe, wollte ich ihr helfen. Aber dabei ist ihr leider der Finger gebrochen." Er seufzte oder stöhnte. „Und jetzt ... Sie ist jetzt im Krankenhaus, wegen des Fingers und der Verbrennungen. Und sie hat mich angezeigt. Doch es war ein Unfall! Sie ist im Krankenhaus und ich bin hier ... Bin im Gefängnis." Es klang ungläubig, als könnte er es noch immer nicht fassen, wo er gelandet war. „Es ist einfach so passiert. Ich bin völlig fassungslos und das ist alles ... sehr traurig. Unglaublich traurig."

Ich guckte mir den Typen etwas genauer an. Wie ein Verbrecher sah er nicht aus. Ordentlich gekleidet. Keine Alkoholfahne. Schließlich entdeckte ich sogar ein SED-Abzeichen an seinem Revers. Ein Bürohengst. Keiner, der mit richtiger Arbeit sein Geld verdiente. Irgendwie war er mir unheimlich. Ich glaubte ihm und glaubte ihm nicht.

Er redete weiter wie ein Wasserfall, dass man ihn verhaftet hätte, obwohl er unschuldig sei und das doch alles nur aus Versehen passiert wäre.

„Wissen Sie, wo wir hier sind?", unterbrach ich sein Gerede schließlich.

Er warf mir einen verwunderten Blick zu, als wäre das eine Fangfrage, mit der ich seinen Verstand testen wollte. „Sie meinen die Adresse?"

Ich nickte.

„Wir befinden uns in der Schießgasse 7."

„Und in welcher Stadt?"

„In Dresden", antwortete er und musterte mich nun neugierig. „Und Sie?", fragte er unvermittelt. „Warum sind Sie hier?" Plötzlich wollte er alles ganz genau wissen.

Ich sagte es ihm. Ich wollte zu meiner Mutter. Und ich erzählte auch von Tante Lenchen und Onkel Kurt.

Mit einem Mal flog die Zellentür auf und es gab schon wieder was zu essen. Mein Gott, dachte ich bei mir, wenn das so weitergeht, dann platze ich hier noch.

Nach dem Mahl wurde der Mann mit Hut von einem Volkspolizisten mitgenommen.

Ich saß wieder allein in dem Raum. Endlose Gedanken, endlose Zeit. Der Raum schien immer enger zu werden. Ich lief im Kreis und mir wurde schwindlig.

Irgendwann im Laufe des Tages wurde ich ebenfalls von einem Polizisten aus der Zelle geholt. Er führte mich in einen kleinen Raum, in dem vor einem erhöhten Podest ein Stuhl stand, auf den ich mich zu setzen hatte. Auf diesem Podest saß ein irgendwie nett wirkender Mann um die Vierzig. Wie ein Raubvogel, der auf Beute lauert, guckte er auf mich herab und verkündete, dass ich in Haft bleiben und wegen des versuchten ungesetzlichen Grenzübertritts angeklagt werden würde. „Dies hier ist Ihre Anklageschrift. Die haben Sie zu unterschreiben." Er reichte mir ein Papier oder versuchte es zumindest. Ich verschränkte die Arme und erklärte, dass das unnötig sei. „Sie brauchen mich nicht anklagen. Ich habe nichts gemacht." Ich fasste dieses Pamphlet nicht an und weigerte mich, irgendetwas zu unterschreiben.

Der Polizist führte mich wieder ab. Wir liefen über den Flur und ich wurde in eine andere, sehr schmale Einzelzelle gesperrt. In der Wand waren zwei Bretter einbetoniert. Das Eine sollte einen Tisch und das Andere einen Stuhl darstellen. Sehr praktisch, dachte ich. Ich hatte ja zuhause nichts. Die hatten gute Ideen, wie man preiswert wohnen konnte.

Der Polizist legte die Anklageschrift auf das Brett, das der Tisch sein sollte, und befahl: „Durchlesen! Unterschreiben! Klar?"

Er ließ mich allein. An der Decke brannte eine Schildkrötenlampe. Unerreichbar für jedermann. Und so saß ich dann da wieder ewig lange. Ich las ein, zwei Zeilen. Las meinen Namen und den Paragraphen für mein Vergehen: § 213, Absatz 1 und 3.

Das Pamphlet war in einer Mappe mit einer schwarz rot goldenen Kordel eingelegt und interessierte mich nicht.

Ich spielte den Helden und war der Meinung, dass das alles nicht stimmte, was die da geschrieben haben. Das war ziemlich blöd von mir, denn es war kurz vor der Mittagessenausgabe. Draußen klapperten die Töpfe, es roch nach Essen. Und dann kam der schwarz uniformierte Polizist des Volkes wieder in meine Zelle und nahm das Pamphlet, guckte in die Mappe, ob ich unterschrieben habe und ging wieder. Beim Rausgehen sagte er grinsend: „Es ist besser für dich, wenn du unterschreibst."

Ich unterschrieb nicht. Bockigsein hatte ich ja bei Tante Lenchen gelernt. Aber gelohnt hat es sich bei der nicht. Jeder Widerstand war zwecklos. Und so war das auch hier. Die Kalfaktoren teilten das Essen aus. Auch meine Klappe in der Tür öffnete sich. Es guckte einer rein. Die Klappe wurde aber wieder verschlossen. Der Essensgeruch machte mich erst richtig hungrig. Dann verging wieder die Zeit. Ich hatte das Gefühl, hier komme ich nie mehr raus. Genau wie bei Tante Lenchen. Nur bei ihr war es dann doch etwas gemütlicher.

Sehnsucht nach zu Hause stieg in mir auf. Nicht nach meiner Wohnung in der Schreinerstraße. Ich hatte Sehnsucht nach Tante Lenchen. Auf einmal sah ich alles ein. Ich war schuldig und ich hatte zu Recht Prügel bekommen. Ich wollte alles wieder gut machen. Ich dachte an die Ferienlageraufenthalte. An die hübschen Mädchen, in die ich mich verliebt hatte und ich dachte an die anderen Jungen, die immer schneller und mutiger waren als ich. Wie ein Gespenst sah ich Tante Lenchen auftauchen und sie schickte mich ins Zimmer. Kurz danach kam sie und verprügelte mich. Dabei beschimpfte sie mich als Hurensohn. Und dass ich die Nutten im Ferienlager nicht anzufassen hätte. Ich wusste bis zum heutigen Tag, an dem ich hier in der Zelle mit einer Portion Ungewissheit saß, nicht, was sie damit meinte. Ich war achtzehn. Und in zwei Wochen wollte ich meinen neunzehnten Geburtstag mit meiner Mutter verbringen. Geburtstagsfeiern gab es im Hause Kurt und Lene nicht. Geschenke schon. Es waren immer Socken, Unterwäsche, Schlafanzug, Trainingsanzug, Schuhe. Weil ich mich nicht freute, musste ich ins Bett. Den ganzen Tag ins Bett. Ich sei undankbar und ein Subjekt. Und jetzt hockte ich hier. Eingesperrt. Ein nobel aussehender Mann hatte mir heute früh seine Geschichte erzählt, mir ausführlich berichtet, warum er hier war. Diese grausige Tat ging mir gar nicht mehr aus dem Kopf. Er hatte, ohne die Miene zu verziehen gesagt, dass er seine Frau auf die heiße Herdplatte gesetzt und ihr den Finger mit dem Pfeifkessel gebrochen hatte. Ich bekam es mit der Angst zu tun.

Das Verprügeln hatte der Tante Lene immer Mühe gemacht. Sie war schnell außer Atem gekommen und hatte sich aufs Sofa gesetzt, geheult und gesagt: „Womit habe ich das bloß verdient." Und jetzt saß ich in der Zelle und bereute alles. Das hier war meine Strafe für das, was ich ihr angetan hatte.

Plötzlich ging die Zelle auf. Herein trat ein Polizist des Volkes.

Er stank, als käme er gerade aus der Hölle. Er schwitzte, obwohl es mitten im Oktober nicht mehr so warm war. Er hatte irgendwie blutunterlaufene Augen, die mich irre anstarrten. Ihm fehlten in der oberen Reihe ein paar Zähne. Er trug weder eine Mütze wie die anderen Volkspolizisten noch eine Jacke oder eine Krawatte um den Hals. Der Kerl war kräftig wie ein Derwisch. Sein Gesicht war rot vor Zorn. Er starrte mich unentwegt an, ließ mich nicht aus den Augen, als könnte ich auf einmal von hier verschwinden. Ganz langsam zog er sich ein paar Lederhandschuhe über und fragte mich dabei, ob ich unterschrieben hätte.

Ich zögerte keine Sekunde länger und unterschrieb.

„Na also. Warum nicht gleich so", sagte er. Genau wie Tante Lenchen.

Dann ging alles wie von selbst. Ich kam in eine Zweier-Zelle mit Doppelstockbett. Zuvor erhielt ich Bettzeug und Handtücher und Seife und eine Zahnbürste. Ich bezog in der unteren Etage mein Bett. Nach einer Weile wurde noch ein weiterer Häftling in die Zelle gebracht. Es war das erste Mal hier drin, dass ich dieses Wort dachte: Häftling. Ich war jetzt ein Häftling. Und der, der hier mit einzog, war ebenfalls ein Häftling. Er machte auch sein Bett. Als er damit fertig war, drehte er sich zu mir um und sah mich müde an. „Wieso bist du hier?"

„Republikflucht", murmelte ich.

Er verzog missbilligend das Gesicht. „Zu türmen ist ganz und gar zwecklos. Entweder kriegen sie dich schon vorher oder sie knallen dich an der Grenze ab."

„Warum bist du denn hier?"

„Ich habe in einem Jugendklub jemandem die Fresse poliert. Das ist nicht weiter schlimm, weil das ja öfter passiert. Nur in meinem Fall ist der die Treppe runtergefallen und mit dem Schädel an die Heizung geknallt und liegengeblieben. Das wäre ja auch nicht so schlimm, ich ging aber hinterher und hab noch ein paarmal nachgetreten."

Ich starrte ihn entsetzt an. „Und warum hast du das gemacht?"
„Der Typ hat meine Freundin angequatscht."
„Und nun?", fragte ich.
„Alles nicht so schlimm", sagte er. „Ich hab Bewährung und werde jetzt wohl mindestens zwei Jahre abgehen."

Vierzehn Tage waren wir zusammengesperrt. Wir vertrugen uns ganz gut. Einmal in dieser Zeit hörte ich einen höllischen Lärm. Es muss irgendwo auf unserer Etage gegenüber gewesen sein. Es klang, als versuchte jemand, die Zellentür zu zerschlagen. Dann hörte man mehrere Volkspolizisten draußen auf dem Gang schreien und herumrennen. Meinen Zimmergenossen ließ das kalt. Ich stand an der Tür und versuchte, herauszubekommen, was los war. Das Gebrüll wurde lauter und ich bemerkte, dass irgendwo eine Tür aufgeschlossen wurde. Auf einmal hörte ich es plätschern – es klang wie Wasser, das aus einer Badewanne lief. Das Plätschern verwandelte sich in ein Rauschen, als würde ein kräftiger Wasserstrahl irgendwohin schießen. Schrille Schreie schallten durch das Gebäude, ich vernahm ein Klatschen und dumpfe Schläge.

Mein Zimmergenosse sah mich an. „Der wird die Zelle geflutet haben."

Ich guckte erstaunt. „Der hat was?"

„Na ja" sagte er, „der hat mit dem Hocker den Wasserhahn abgeschlagen und Terror gemacht, passiert hier nicht zum ersten Mal. Für gewöhnlich kommen die Bullen dann zu dritt, einer mit einem Sack, einer mit einem Feuerwehrschlauch. Einer schließt die Zelle auf. Zwei gehen rein. Vorher heißt es *Wasser marsch!* und der mit dem Schlauch drückt den Knacki an die Wand. So lange, bis der nicht mehr kann. Dann gehen die beiden anderen rein und stülpen ihm einen Sack über den Kopf, und einer zieht den an den Beinen die Treppe runter, wobei die anderen beiden ihn mit den Migränestiften bearbeiten."

Ich wusste, was Migränestifte waren. So nannte man im Knastjargon die Schlagstöcke. Die schwarzen Bullen hatten Migränestifte und die grünen Pistolen.

„Und woher weißt du das alles?", fragte ich.

„Ich hab mal zugeguckt", meinte er lapidar, als würde es um eine unterhaltsame Show im Fernsehen gehen. „Die machen das immer so, wenn einer durchdreht."

Am nächsten Tag kam ein Schließer und fragte, ob ich was zu lesen will. Ich sagte ja und freute mich. Dann konnte ich mir ein Buch aussuchen. Dazu ließ der die ganze Kiste in der Zelle. Ich suchte zwischen dem *Kapital* von Karl Marx und irgendwelchen Parteibüchern und *Wie der Stahl gehärtet wurde* ein Buch aus, das über die Knastzeit eines in Dresden inhaftierten Kommunisten zur Zeit der Nazis erzählte. Ich war geschockt, als ich das las. Es hatte sich, außer, dass die Betten damals runde Stäbe hatten, nichts verändert. Der Kommunist saß hier in der Schießgasse, genau wie ich. Es war nach der Beschreibung zu urteilen sogar dieselbe grünliche Farbe an den Wänden und an den Türen. Was der sonst für ein Held war, weiß ich nicht mehr. Kommunisten sind wie Nazis gegen die Demokratie. Daran hat sich bis heute nichts geändert. In einem anderen Buch stand was drin, wie wertvoll der Mensch gerade im Sozialismus ist. Das freute mich, als ich das las. Da hatte ich Hoffnung. Die haben mich nur gerettet. Das ganze Leben lang. Meine Mutter war nach ihrer Meinung Abschaum und gehörte in den Knast, danach ist sie in den Westen und ich musste in Gewahrsam zu ihrer Schwester. Okay. Jetzt war ich aber 18 und konnte laut Gesetz doch selbst entscheiden, was richtig und falsch für mich ist. Ich entschied mich, zu meiner leiblichen Mutter zu gehen und wurde auf diesem Weg mit Schwerverbrechern auf engstem Raum zusammengesperrt. Ich fragte mich, was ich für einen Wert habe. Und wer diesen Wert festlegt. Die Genossen haben mich mit Zähnen und Klauen in diesem schönen sozialistischen Land, dem ersten Arbeiter- und Bauernstaat auf deutschem Boden, behalten wollen. Wofür nur? Dann kam nach einem halben Tag die Erleuchtung: Die brauchten Soldaten.

Doch das ging ja nun nicht mehr. Als vorbestrafter DDR-Flüchtling durfte ich das Ehrenkleid der Nationalen Volksarmee nicht besudeln. Na, da hat es wenigstens was eingebracht hier im Knast zu sitzen. So dachte ich damals. Nur Denken war Glücksache.

Auf Transport

Eines Morgens gab es für einige der Gefangenen ein leckeres Fresspaket. Die Stullen waren schon geschmiert und in Butterbrotpapier eingewickelt. Es ging auf Transport. Wohin wurde nicht verraten. Das sollte wohl eine Überraschung werden.

Ich musste noch Bettzeug und Handtücher abgegeben, Zahnbürste und die Schüssel.

Dann ging es runter in den Sammelraum. Dort saßen schon ein paar Spaßvögel und alberten herum. In ihren Augen war Schalk, aber auch Verachtung allen Menschen gegenüber. Aufpassen war angesagt. Der eine spuckte dem Schließer geschickt hinten auf die Jacke. Das fand ich echt amüsant. Ich verkniff mir aber das Lachen, so gut ich konnte. Das war besser so, denn als ein anderer Gefangener laut loskreischte, drohte der Uniformierte wutentbrannt mit dem Schlagstock. Dabei drehte der Polizist mir den Rücken zu, und ich sah den Schleim, der ganz langsam seine Uniformjacke herunterlief und dabei die Form eines Ordens annahm.

Der Bulle wedelte mit dem Schlagstock vor der Nase des Lachers. „Eich werd dos Lochn noch vagähn!"

Ich musste auch lachen, versuchte aber, es immer noch zu unterdrücken.

„Ihr seid dör Äbschaum! Eich misste mon gleech erschiessen, das wör gnäo dos richtge."

Ah ja, das kam mir alles bekannt vor. Die Sprüche von Tante Lenchen waren ja so ähnlich gewesen, nur dass sie mit Berliner Dialekt sprach statt sächsisch.

Wir bekamen alle die Acht um. Dann ging es raus auf den Hof, auf dem eine grüne Minna stand. Da wurden wir dann in das Fahrzeug getrieben und dort in einen Käfig gesperrt. Nach ein paar Minuten hatte der Spucker auf einmal nur noch eine Handschelle um. Und während der Fahrt befreite er sich auch noch von der anderen Hälfte und hängte die Acht ans Gitter. Als wir dann ausstiegen, sagte er zu dem bespuckten Volkspolizisten: "*Ihr* seid Abschaum. *Euch* müsste man erschießen. Und die Zeit wird kommen, da erschießt man euch und scheißt auf euch." Dabei grinste er, und ich dachte, jetzt schlagen sie ihn tot. Doch es passierte nichts Außergewöhnliches.

Die Sonne schien, es war alles in allem ein schöner Herbsttag. Ich genoss den kurzen Weg von der grünen Minna Richtung Bahnhof, den blauen Himmel über mir nach all den Tagen. Die Luft, die ich frei atmen konnte – ohne irgendwelche Ausdünstungen von Mitgefangenen. Wir liefen aneinander gekettet auf einen Waggon zu, der Zug dazu fehlte noch. Ich wurde dann mit dem Spucker in einen Verwahrraum dieses Eisenbahnwaggons gesperrt. Der Waggon war von außen kaum als Knasttransport zu erkennen. Nur die milchig trüben Fenster fielen dem aufmerksamen Betrachter vielleicht auf. Innen schien es im ersten Moment ein ganz normaler Eisenbahnwaggon für Passagiere zu sein. Doch der Eindruck täuschte, wie sich herausstellen sollte. Immerhin ging die Reise nicht im Güterwaggon weiter, wie ich zunächst befürchtet hatte.

Nach einigen Stunden wurde – den Geräuschen und den Hin- und Her-Bewegungen nach zu urteilen – der Wagen offenbar an einen Zug angekoppelt. Als die Fahrt nach der ewigen Wartezeit endlich begann, waren wir zuerst zu dritt in dem anderthalb Quadratmeter engen Abteil eingepfercht. Ausgestattet war die Transportzelle mit einem massiv vergitterten Milchglas-Fenster, so dass wir also nicht hinaussehen konnten und auch nicht wussten, wo wir eigentlich lang fuhren, und außerdem mit vier Klappstühlen und einem Holzklapptisch am Fenster.

„Das ist schon meine dritte Fahrt in dem Käfig hier", sagte der Spucker.

„Was hast du gemacht?", fragte ich ihn.

„Alles Mögliche", murmelte er bloß. Seine Augen wirkten jetzt schläfrig und es sah nicht danach aus, als würde er mehr erzählen.

„Und du?"

„Wollte abhauen."

Der Spucker sagte nichts dazu, nickte nur, schloss die Augen und fing an zu schnarchen.

Als wir das nächste Mal hielten, ging die Abteiltür auf und es kam noch ein Gefangener zu uns. Na ja, es war ja auch noch ein Stuhl frei. Wir saßen aneinander gequetscht, der Zug stand auf dem unbekannten Bahnhof und von draußen hörte man die Fahrgäste, die sich begrüßten oder verabschiedeten, die das Gepäck aus dem Zug wuchteten oder in ihn hinein.

Fünf oder sechs Minuten später kam ein weiterer Häftling in unser Abteil. Es wurde eng. Die Luft war jetzt schon schal und verbraucht. Ich fasste durch die Öffnung, die sich oben im Gitter befand und tastete nach dem Fenstergriff. Doch die Milchglasscheibe ließ sich nicht öffnen. Wie es aussah war das Fenster zugeschraubt. In jedem Hamsterkäfig befand sich mehr Sauerstoff. Der Mann, der neu reingekommen war, schwitzte und zitterte und bekam offenbar Platzangst. Er atmete schwer und stammelte wirr vor sich hin. „Kann nicht. Kann nicht bleiben" – etwas in der Art. Es hörte sich an, als würde er lieber gehen wollen, weil er noch eine andere Verabredung hatte.

Der Spucker wurde wieder wach und erfasste die Situation sofort. „Ruhig bleiben", sagte er beschwichtigend. „Bleib ruhig, Kumpel." Plötzlich war der mir sehr sympathisch. Der hatte Erfahrung mit solchen Situationen.

Ich überlegte, wie wir das machen sollen: vier Sitze, fünf Leute. „Nimm den Fensterplatz", sagte der Spucker. Und so setzte sich die Nummer Fünf auf den Holztisch, der in Wirklichkeit ein Notsitz war. Es ließ sich gut arrangieren. Bis zu dem Zeitpunkt, als es draußen schon dunkel wurde und wir wieder irgendwo hielten und dort eine Ewigkeit verharrten. Die Abteiltür ging erneut auf und es kamen noch zwei Männer in unser Kabuff. Nun gab es nicht nur keine freien Stühle mehr, sondern niemand konnte jetzt noch sitzen. Es war einfach kein Platz. Und so standen wir stundenlang zu siebent in diesem winzigen Käfig. Anfangs machten wir ein paar Scherze, später verstummten wir. Die Fahrt nahm kein Ende. Unterwegs hielten wir immer mal wieder. Manchmal standen wir fünf, sechs Stunden auf freier Strecke oder weiß der Teufel wo. Also nochmal im Klartext: Es ging keinen Meter vorwärts, und wir standen eng aneinandergedrängt zu siebent in diesem kleinen Abteil, welches für maximal fünf Leute ausgelegt, für vier aber schon sehr eng war.

Irgendwann ging es dann weiter. Der Waggon im Fahren und wir im Stehen. Von Dresden nach Berlin ist man im Normalfall mit dem Zug gemütlich zwei Stunden unterwegs. Wir waren schon gut einen Tag in dem Ding drin. Dann gab es eine Durchsage: „Wir haben einen längeren Aufenthalt!" Alle wurden in die grüne Minna verfrachtet und dann ging es ins Nachtlager. Eine riesige Zelle erwartete uns. Alle, die in dem Zug gesessen hatten, wurden darin eingepfercht. Es standen Stühle herum. Wer einen abbekam, der hatte Glück.

Ich tat, als wäre ich nicht zum ersten Mal hier und ließ einen alten Knasthasen raushängen. So konnte ich mal sitzen. Der Typ, den ich den Stuhl förmlich unter dem Hintern wegzog, tat mir leid. Nach einer Weile bot ich ihm den Wechsel an.

Ein Klo gab es nicht in der Zelle, aber reichlich volle Blasen und Därme. Im Boden war ein Loch, ein etwa zehn Zentimeter breiter Anschluss für ein Klobecken. Und so pinkelten nach und nach einige da rein. Einer kackte. Als er fertig war, merkte er, dass Klopapier fehlte. Die ganze Zelle brüllte. Die ganze Zelle stank. Er kackte da genau in das Loch. Und die anderen saßen drum herum. Ich musste dringend pinkeln. Ich wartete, bis ich an der Reihe war und stellte mich an das Rohr. Aber als es dann soweit war, konnte ich nicht. Dann stand einer hinter mir und fragte, ob ich wichse. Ich wurde rot, zog mich wieder an und einige lachten. Vielleicht haben sie auch über andere Dinge gelacht. Mir kam es so vor, als lachten sie über mich.

In der Zelle waren gut dreißig Leute. Wir saßen dort herum und waren alle erschöpft. Ernsthafte Gespräche fanden nicht statt. Es wurde nur herumgealbert. Nur Blödsinn erzählt. Gute Miene zum Scheißspiel.

Spucker sagte: „Das ist hier immer so." Ich guckte ihn an. Spucker war also auch in diesem Drecksloch schon öfter gewesen. Aber er hatte immer noch nicht erzählt, warum. Wer „politisch" und wer „kriminell" war, wussten nur die, die „politisch" oder „kriminell" waren. Ich wusste nicht, dass ich „politisch" war. Ich wurde wie ein Verbrecher behandelt und hatte das Gefühl, „kriminell" zu sein. Aber eigentlich hatte ich gar kein Gefühl. Ich war hundemüde und dachte meine Blase platzt. Wieso man nicht pinkeln kann, wenn man doch dringend muss, ist mir bis heute nicht klar. Die Schleusen auf und *Wasser marsch!* wäre doch am logischsten. Nach etlicher Zeit wurden Kübel und Zeitungen in den Gruppenraum gebracht. Ich hoffte, dass jetzt endlich was passierte, dass es jetzt weiter ging und ich vielleicht in eine Zelle kam, in der ich mich heimisch fühlte.

Am sehr frühen Morgen wurden wir von ein paar Schließern geweckt. Sie ordneten an, dass die Fahrt fortgesetzt wird, schrien herum, dass wir keine Zeit und uns alle gefälligst zu beeilen haben. Dann ging es wieder in die grüne Minna. Ich betrat als erster den Wagen, kletterte in den Gitterkäfig und freute mich auf den Sitzplatz ganz vorn in der Ecke. Meine Freude fand ein jähes Ende, denn der Strom der Gefangenen, der in den Wagen stieg, riss nicht ab. Sie drängten und drängten und ich hatte das Gefühl zerquetscht zu werden. Ich hatte furchtbare Platzangst und bekam keine Luft mehr. Ich konnte nichts sagen und dachte, jetzt ist es vorbei. Endlich fuhr der Transportwagen los und zog gleich eine Links- und kurz danach eine Rechtskurve, so dass die Knastologen hin und her stürzten. Das lockerte die ganze Situation auf und plötzlich hatte ich wieder Luft und Platz. Nur über meine volle Blase machte ich mir noch Gedanken. Und ich war entschlossen, gleich nachdem wir in den Waggon treten würden, auszuscheren und ohne zu fragen sofort aufs Klo zu flitzen. Hätte ich gefragt, hätte ich von den Polizisten des Volkes sowieso nur eine blöde Antwort bekommen. Gedacht getan. Nun erwies es sich als gut, dass ich beim Aussteigen aus der grünen Minna der letzte war. Ich schummelte mich gleich durch zur Toilette und pinkelte, was das Zeug hielt. Kurz bevor ich fertig war, kam ein Polizist des Volkes und packte mich von hinten an meiner Jacke und zog mich aus der Klo-Kabine. Der Urin lief auf meine Hose. Ich versuchte schnell noch meine Kleider zu ordnen, als der Volkspolizist mich auf den Gang zerrte und in Richtung Wageninneres schubste. Und zwar so heftig, dass ich hinfiel. Ich versuchte aufzustehen, doch kurz bevor ich stand, schubste er mich noch einmal, so dass ich wieder hinfiel. Als ich erneut hochkommen wollte, verpasste er mir den nächsten Stoß. Ich wollte mich irgendwo festhalten, fand aber keinen Halt und wunderte mich, was das eigentlich sollte. Drei, vier Mal wiederholte er diese Prozedur noch und sperrte mich dann in ein Abteil, in dem eine Holzbank montiert war. Ich dachte, ich spinne. Ich war allein. Das kam mir wie ein Wunder vor. Verglichen zu den anderen hatte ich Glück. Nur Hunger und vor allem Durst quälten mich. Aber der Satz von dem Spucker fiel mir wieder ein: „Ruhig bleiben!" Und so blieb ich ruhig. Ich hatte Urin an der Hose und die Hände hatte ich mir auch während der ganzen Reise nicht waschen können. Erschöpft sank ich auf die Bank und dämmerte so dahin. Der Waggon wurde wieder ein paarmal hin- und ein paarmal hergezogen und an einen Zug angekoppelt. Der Volkspolizist kam und brachte mir eine Blechtasse mit Wasser. „Sauf nicht so viel davon, sonst pisst du hier noch alles voll!" Ich wusste nicht, ob ich lachen oder weinen sollte. Nach einiger Zeit bin ich wohl eingeschlafen und am späten Nachmittag waren wir dann auf einmal in Berlin. Wir kamen am damaligen Ostbahnhof an, genau da, wo ich vor ein paar Monaten jeweils am Wochenende Obst, Gemüse und Speisekartoffeln im Zwei-Schicht-System umgeladen hatte, um überhaupt leben zu können.

Als wir aus dem Waggon geführt wurden, sah ich einen alten grauhaarigen Mann, der eine Zigarette rauchte und zu uns herübersah. Ich erkannte ihn wieder. Es war einer meiner früheren Kollegen. Er zögerte kurz, hob eine Hand zum Gruß und sein Blick sagte mir, dass er mir alles Gute wünschte. Dann drehte er sich um. Ich kannte ihn kaum. Als ich noch da arbeitete, hatten wir nur selten miteinander gesprochen. Aber ich war dankbar für seine Geste.

Mit der Acht aneinander gekettet liefen wir vom Waggon über das Gelände und stiegen in die bereitgestellte Minna, in den Kastenwagen vom Typ W 50 mit eingebautem Gitterkäfig.

Wie die Tiere im Zoo wurden wir dort eingesperrt und setzten uns auf die Bretter, die als Bänke dienten. Rausgucken konnte man nicht und reingucken auch nicht. Es blieb uns Gefangenen nur übrig, zu warten, wo wir ankommen würden.

Wie es schien, ging es kreuz und quer durch die Stadt. Der Spucker hatte es abermals geschafft, mit einer Büroklammer die Handschelle abzumachen und hängte die wieder ans Gitter.

Als der Schließer sich nach den Gefangenen umdrehte, sah er die Metallfessel, die klirrend hin und her baumelte.

„Was soll das?", blaffte er und blickte den Häftling böse an.

„Nur keine Sorge. Ich laufe sowieso nicht weg", antwortete

Spucker. „Wo soll ich denn auch hin? Das Gefängnis ist doch überall: drin und draußen."

Gespannt wartete ich auf die Reaktion. Doch der Schließer blieb gelassen. Dann nickte er sogar. Ich staunte nicht schlecht. Spucker fuhr ohne Handschellen weiter. Der Schließer kam auch nicht in den Käfig, um sie ihm wieder anzulegen. Vielleicht war er zu faul, vielleicht hatte er auch Angst, dass wir ihn überwältigen und dann abhauen könnten.

So kamen wir dann endlich zum ersten Knast in Berlin. Dort sind die drei anderen ausgestiegen und ich saß auf einmal ganz allein in dem riesigen Auto. Ich fragte den Schließer, ob er mir die Handschellen abmacht. Er verneinte und so blieb ich verpackt da sitzen.

Die grüne Minna fuhr weiter kreuz und quer durch die Stadt. Seit ich allein in dem Käfig saß, hörte ich die Geräusche von draußen deutlicher: das Quietschen der Straßenbahn, das Schnaufen eines Busses, einmal sogar eine Fahrradklingel.

Schließlich hielten wir, ich hörte das Quietschen des Gefängnistores und merkte an der Unruhe meines Aufpassers, dass wir angekommen waren. Ich wurde auf einem grauen Gefängnishof ausgeladen und sah einen hässlichen Gebäudeklotz mit unzähligen vergitterten Fenstern. Die Sonne schien und ich spürte, wie meine Haut die frische herrliche Luft aufsaugte. Endlich wurden mir die Handschellen abgenommen. Völlig steif und müde, hungrig und durstig tappte ich auf den Eingang des nächsten Gefängnisses zu.

Untersuchungshaftanstalt Berlin, Keibelstraße

„Alles ausziehen!", brüllte mich der Uniformierte an. Beim Eintreten hatte er mich mit meiner Nummer angesprochen, die mir hier zugeteilt wurde. Ich war jetzt also namenlos. Eine Nummer von vielen. Die Ziffer sollte mir wohl deutlich machen, als was ich hier galt: ein Nichts, ein Objekt, ein verkommenes Subjekt. Aus Sicht der Uniformierten war ich nicht länger ein Mensch aus Fleisch und Blut.

Dem Befehl gehorchend entledigte ich mich in dem Raum, der wohl als Effektenkammer diente, meiner Kleidungsstücke. Ich zögerte, mich von meiner Unterwäsche zu trennen. Die Klamotten stanken nach Schweiß; die Unterwäsche war natürlich alles andere als frisch. Einerseits war ich froh, die ganzen Sachen ausziehen zu können, andererseits schämte ich mich.

„Alles hab ich gesagt!", befahl der Volkspolizist.

Als ich nackt war, schaute er in meine Körperöffnungen, befahl mir einen Knicks zu machen und guckte in mein Arschloch.

Na, wenn's ihm Spaß macht, dachte ich bei mir.

Nach dieser Prozedur durfte ich duschen. Das war eine Wonne! Ich hatte zu Hause noch nicht mal eine Badewanne. Nur ein altes Waschbecken in der Küche. Und wenn der unter mir Wohnende wieder mal eine Verstopfung hatte, dann war sogar das Zähneputzen ausgefallen. Das konnte ich dann in der Fabrik machen, im Kabelwerk, nach Schichtschluss.

Hier stand ich also unter einem Wasserstrahl und war entzückt für einen Augenblick. Endlich mal sauber. Endlich mal für mich allein – jedenfalls, wenn ich die Augen schloss und den Spion in der Tür, durch den ich vermutlich beobachtet wurde, und alles andere hier ausblendete. Solange mir das gelang, war ich endlich wieder mal *ich* für ein paar Minuten.

Frisch geduscht wurde ich von einem Sanitäter kurz untersucht, und anschließend bekam ich Knastklamotten: so eine komische alte Uniform mit gelben Streifen, Unterwäsche, Socken und G5er Schuhe. Warum die so hießen? Keine Ahnung. Warum heiße ich Detlef? Auch keine Ahnung. Mir wurde noch eine Schüssel mit Bett-, Rasier- und Waschzeug gereicht. Und dann wurde ich durch den Zellentrakt geführt. Der sah hier aus wie in einem amerikanischen Knastfilm: Zelle an Zelle, Tür an Tür, Spion an Spion, Klappe an Klappe. Der Trakt zog sich mehrere Etagen hoch. Die Wände warfen ihr grünes Gift nach mir. Bei dem Blick nach oben, wurde mir leicht schwindlig, also blickte ich nach unten, auf die Steintreppen, die wir hinaufstiegen. Wenn mein Aufpasser seine Befehle bellte oder mit dem Schlüssel klimperte, wenn irgendwo eine Tür zuflog oder ein Riegel knallte, hörte ich ein Echo. Das gesamte Gebäude schien ziemlich hallig zu sein. Sogar meine eigenen Schritte nahm ich überdeutlich wahr. Oder lag das nur an meinen angespannten Nerven?

Ich kam in eine Zelle im vierten Stock. Als mir aufgetan wurde, dachte ich für einen kurzen Moment, ich sei frei. Ich betrat eine Massenzelle, in der fünfzehn Leute untergebracht waren. Der Raum war hell und riesengroß. Die Männer, die da drinsaßen, starrten mich alle an. Ich war schon gut gewappnet. Mein wegen Körperverletzung eingesperrter Zellengenosse in Dresden hatte mich mit Tricks vertraut gemacht: „Wenn zum Beispiel einer das Handtuch runterschmeißt und sehen will, ob du als Neuer das aufhebst, gibt es erstmal zur Begrüßung ordentlich was auf die Fresse. Lässt man es liegen, wissen die anderen, dass man schon mal hier war und testen weiter. Fordert dich einer auf, dieses Handtuch aufzuheben, dann bücke dich nicht, sondern hau ihm sofort richtig was aufs Maul. Am besten, man steckt gleich den Finger ins Auge oder schlägt auf den Kehlkopf." Ich war also gewarnt, setzte ein Pokerface auf und schlenderte lässig in den Raum. Ich gab mir Mühe, selbstbewusst und forsch, aber nicht zu forsch zu wirken.

Ich ging auf eines der Doppelstockbetten zu, das oben frei zu sein schien. „Wer pennt unten?", fragte ich und tat wieder so, als wäre ich ein alter Hase. Innerlich schlotterten mir die Knie. Ein älterer, mit Tätowierungen übersäter Kerl kam auf mich zu und musterte mich. „Da schlaf ich", meinte er.

„Okay, ich hoffe, es stört dich nicht, wenn ich mal ab und zu ins Bett pisse."

„Das werde ich dir ganz schnell austreiben. Da kannst du Gift drauf nehmen."

„Mir egal", antwortete ich. „Hab dich nicht so. Ist ja bloß Pisse." Scheinbar in aller Seelenruhe bezog ich mein Bett. Der Tätowierte war nicht blöd. Er merkte irgendwie sofort, dass ich nur flunkerte und lachte. „Bleib mal ruhig, Kleener, hier is friedlich. Bist das erste Mal hier?"

Ich bejahte und er bot mir eine Zigarette an. „Kaffee is da." Er zeigte mit dem Kopf in die Richtung. Auf dem Tisch stand eine große Kaffeekanne aus Blech. Ich trank fast die ganze Kanne Muckefuck aus.

„Wo kommste her?", wollte der Tätowierte wissen.

„Dresden", sagte ich.

„Wolltest türmen?" Er grinste.

„Ja klar, was sonst."

„Wie lange wart ihr unterwegs?"

„Keine Ahnung. Gut zwei Tage", antwortete ich. Mir war es wie eine Ewigkeit vorgekommen.

„Da ist Brot, Marmelade. Hau erstmal rein."

Und ich haute erstmal rein. Ich aß das ganze Brot auf und dachte, ich bin im Schlaraffenland.

Am nächsten Tag lief ich von morgens bis abends in der Zelle auf und ab. Zwischen den Mahlzeiten, vor dem Zubettgehen. Immer auf und ab. Tausend Gedanken surrten durch meinen Kopf. Wie lange muss ich hierbleiben? Was ist, wenn ich hier rauskomme? Wie wird meine Mutter gucken? Was wird Tante Lenchen sagen? Und Onkel Kurt? Meine Gedanken drehten sich im Kreis. Das ganze Gehirn schien eingemauert. Irgendwann hatte ich mal von Friedrich Schiller gelesen, dass es ein einziges Wesen auf der Welt gibt, dass sich angekettet frei fühlen kann. Und das war jetzt ich. Frei. Ich versuchte mich frei zu fühlen. Ich lief und lief, Tag ein, Tag aus.

In der Zwischenzeit erzählten wir Gefangenen uns gegenseitig, was wir draußen so machten. Und warum wir da waren. Und dann war da immer das Warten. Warten. Warten. Rumlaufen. Rauchen. Essen fassen. Freistunde. In der sogenannten Freistunde ging man geschlossen etliche Stufen, von Stockwerk zu Stockwerk im Gänsemarsch bis hoch aufs Dach. Oben angekommen wimmelte es von Schließern. Wir liefen in einem hoch einbetonierten Karee, auf dem noch ein Zaun mit nach innen gebogenen Metallenden montiert war, unter strengster Bewachung im Kreis. Von hier abzuhauen war so gut wie unmöglich. Man hätte an den Wachen vorbei, über die Betonmauer und Metallabsperrung der Dachterrasse und die umliegenden Dächer klettern müssen. Über dem Karee spannte sich Draht und ergab auf dem Boden eine Art Schachbrettmuster. Mir fiel der Film *Die Schachnovelle* mit Curd Jürgens ein. Jeden Tag, wenn wir da oben waren, dachte ich an den Film, aber mir fiel immer nur eine einzige Szene ein: Curd Jürgens liegt im Bett und spielt in Gedanken Schach, während das Brett durch einen Lichtschein nachts an die Decke gestrahlt wird.

Ich konnte kein Schach. Ich konnte nichts. Mit den anderen saß ich da Tag ein und Tag aus und wir ödeten uns immer mehr an. Die Zeit verging überhaupt nicht. Nicht durch umherlaufen, nicht durch liegen, nicht durch sitzen. Geschichten wurden gesponnen, Phantastereien erzählt. Wer es übertrieb, wurde als Prahler entlarvt und heruntergemacht. Oft auch mit Gewalt.

Einmal kam ein kleiner dicklicher Mann in die Zelle. Er mag um die 40 gewesen sein, wirkte gesetzt und sagte nicht viel. Nach einer Woche fing er an, sich immer wieder zu übergeben. Er konnte nicht schlafen und hatte extreme Schmerzen. Er stöhnte und jammerte. Einer von den BVern, wie man die Berufsverbrecher nannte, stand auf und fing an ihn zu schlagen. Ich bin mit anderen dazwischen gegangen und wir hielten den Schläger fest. Ganz fest.

„Hör sofort damit auf!", schrie ich ihn an. „Merkst du denn nicht, dass der Mann Schmerzen hat?" Wut und Zorn schossen in mir hoch. Mein ganzer Hass kam plötzlich raus.

Der Schläger war stark und schob zwei von uns problemlos weg. Ich brüllte ihn aus Leibeskräften an: „Hör auf! Lass ihn in Ruhe, du Feigling! Schwache und Kranke können sich nicht wehren! Und bei den Scheißbullen machst du dich noch Liebkind, du Null!" Schließlich drückte ich die Notklingel und schlug wie von Sinnen gegen die Zellentür, in der Hoffnung, dass ein Volkspolizist kommen würde. Nach einer ganzen Weile kam dann einer und fragte durch die geschlossene Tür, was los sei. Der dicke Mann lag gekrümmt auf dem Boden. Er hatte wieder gekotzt, krümmte sich, wimmerte vor Schmerzen und war ganz grün im Gesicht. Er tat mir leid und ich schob ihm ein Kissen unter den Kopf und deckte ihn zu.

Der Schläger guckte bedeppert auf den Kranken. Wir schlugen gegen die Tür, lamentierten und riefen, dass hier einer stirbt. Schließlich erschienen mehrere Volkspolizisten. Mit ihren Mützen auf dem Kopf und dem Schlagstock in der Hand. Ich wurde den Eindruck nicht los, dass die Angst vor uns hatten.

Die Polizisten des Volkes sahen ihn da liegen, kamen kurz in die Zelle und beugten sich ratlos über den Hilflosen. „Was hat der denn?"

Alle zuckten mit den Achseln. Die Volkspolizei rückte wieder ab. Verschloss die Tür, kam aber nach einer ganzen Weile mit einer Trage wieder.

Der dicke Mann rappelte sich stöhnend auf. „Schon gut. Es geht schon. Ich werde laufen."

Die Polizisten legten ihm die Handschellen an und wollten ihn aus dem Verwahrraum führen.

Doch der Kranke musste sich schon wieder übergeben und lief zum Klo, das in der Zelle neben dem Eingang stand.

Das Klo hatte hier einen Namen: Es hieß Leo. Und die Klobürste hatte auch einen Namen: Sie hieß Lissi. Wir hingegen hatten alle keinen Namen mehr. Jedenfalls nicht für die Volkspolizisten. Die riefen uns mit unseren Nummern. Wahrscheinlich konnten die sich die Namen nicht merken. Dafür hatten die alle Spitznamen. Der eine hieß zum Beispiel Weiberarsch. Die hatten oft eine Fahne, wenn sie in die Zelle kamen, rochen nach Bier oder Schnaps. Der Dicke wurde immer grüner im Gesicht.

„Vielleicht der Blinddarm?", fragte ich ihn.

Er schüttelte den Kopf und schwankte dabei ein wenig. „Den hab ich nicht mehr."

Die Uniformierten nahmen ihn nun in ihre Mitte, und vor Schmerzen gekrümmt verließ er den Raum, der bestialisch nach dem Erbrochenen stank. „Du machst das weg!", sagte der eine Schließer noch und zeigte auf den Schläger und dann auf die Pfützen, die so grün waren wie die Wände hier im Knast.

Der Schläger wollte das nicht machen, und ging zu Higgenbotton. Higgenbotton war ein kleiner schmächtiger Mann mit Pickeln im Gesicht, der stotterte und häufig nachts einpinkelte. Manchmal saß er mitten in der Nacht stundenlang auf dem Klo, weil er Angst hatte, wieder das Bett nass zu machen, schlief auf dem Toilettenbecken ein und kippte irgendwann runter. Dabei schlug er mit dem Kopf an die Tür und alle wurden wach. Higgenbotton bekam regelmäßig Tabletten, die er unter Aufsicht schlucken musste. Für den Schläger war er einfach ein geeigneter Prügelknabe. Doch an diesem Tag weigerte sich Higgenbotton das Erbrochene aufzuwischen. Der Schläger fing an ihn zu bedrängen und zu nötigen. Zwei versuchten den Schläger in Schach zu halten und passten auf, dass es keine Beule an Higgenbottons Kopf gab, und zwei andere, einer davon war ich, wischten die Kotze weg. Der Gestank hing noch tagelang in der Zelle. Immer, wenn wir von der Freistunde kamen, roch es noch danach.

Zwei Tage nach dem Vorkommnis kam der Dicke nochmal zu uns in die Zelle. Er sollte entlassen werden, weil er eine Nierenkolik hatte. Er saß da, mit seinem Hut in der Hand und blickte nervös zur Tür, als könnte die sich im letzten Moment doch nicht für ihn öffnen.

Sein Gesicht zeigte wieder eine normale Farbe, der Grünstich war verschwunden, aber er redete immer noch nicht viel. Von uns verabschiedete er sich mit flüchtigem Händedruck, als wären wir ehemalige Nachbarn, die er zwar häufig gesehen, mit denen er aber eigentlich nichts zu tun gehabt hatte. Schließlich wurde die Zelle geöffnet, der Dicke setzte seinen Hut auf und er wurde hinausgeführt und sah sich nicht mehr nach uns um.

Eine Weile lauschte ich den Schritten nach, die sich entfernten, leiser wurden und dann ganz verstummten. Ich wünschte mir in diesem Moment nichts sehnlicher, als auch eine Nierenkolik zu haben. So schlimm würde diese Kolik schon nicht sein. Das bisschen Kotzen hörte auch irgendwann mal auf und ich würde rauskommen, raus aus dem Knast.

Am nächsten Tag kam Rüdiger. Rüdiger war schon 60 und in der Partei. Rüdiger trug ein gut gebügeltes Oberhemd und gebügelte Hosen. Er war der Gaststättenleiter vom Operncafé und, wie er offen zugab, beim Bescheißen erwischt worden. Für fünfundzwanzig verkaufte Soljanka hatte er wohl nur fünf abgerechnet und den billigen Goldbrand als teuren Weinbrand verkauft. Auf die Art schummelten ja viele, die in der Gastronomie arbeiteten, aber Rüdiger war wohl noch in die Machenschaften der Salamibande verwickelt gewesen, die dem Vernehmen nach im Hotel Berolina ihren Anfang nahmen, also in dem Hotel, in dem ich damals in der Küche abgewaschen hatte. Es ging wohl um 200 000 Ostmark und einige Devisen, die unterschlagen wurden.

Man erzählte, dass die Herren mehrere Waggons mit Ungarischer Salami und anderen Delikatessen abgekoppelt, umgeleitet und in dunkle Kanäle haben verschwinden lassen. Alles fein vorbei an der Staatsführung der DDR, und da Genosse Erich Honecker vergeblich auf seine Salami wartete, trieb sein Vasall Erich Mielke seine Spitzelhorden zur Aufklärung und das wohl mit durchschlagendem Erfolg. So saßen nicht nur der feine Rüdiger im Knast bei uns, sondern wohl noch einige andere hochrangige Gastronomen.

Rüdiger war immer fröhlich und versprühte so viel Flair von draußen. Er war noch nie im Knast gewesen, hatte eine Menge Geld, besaß einen Lada, einen Wolga und ein Haus. Er war bereits Opa und seine Frau liebte ihn. All das servierte er uns ungefragt auf dem Silbertablett, wenn er erzählte. Glücklich sei er. Unheimlich glücklich. Bis auf den Tag, an dem er erwischt wurde.

Auweia, dachte ich. Ein Genosse, der klaut und bescheißt. Und dabei hatte er das gar nicht nötig.

Rüdiger war unglaublich redselig und hörte nicht mehr auf zu sprechen, wenn er einmal damit anfing.

Irgendwann riss mir der Faden der Geduld. Ich schlug mit der Faust auf den Tisch. „Halt endlich deine Fresse! Dein blödes Gequatsche kann hier keiner ertragen!"

Er schaute mich ganz verdattert an. Rüdiger war ja ein richtiges Greenhorn. Er schwieg und guckte ganz traurig.

Als mal Gelegenheit war und uns keiner hörte, sagte ich ihm, dass er lieber vorsichtig sein soll. „Man kann hier niemandem trauen. Alle wollen ihren Vorteil. Jeder kann ein Anscheißer sein." Er nickte und gab mir eine Zigarette.

Rüdiger musste immer auf die Toilette, wenn es Frühstück, Mittag oder Abendbrot gab. Ich hatte den Schläger im Blick und wusste, dass der nur darauf wartete, dass Rüdiger vor dem Essen wieder aufs Klo ging. Auch hatte der Ex-Gaststättenleiter die Angewohnheit, ein Blatt von dem kostbaren Klopapier abzureißen und in die Toilettenschüssel zu legen, damit nachher keine Kotspuren blieben, die man mit der Lissi wegschrubben musste.

Ich redete Rüdiger ins Gewissen: „Klopapier ist hier Goldstaub, geh also sparsam damit um! Und vor allem: Scheiß nicht mehr vorm Essen." Doch er konnte leider nicht hören.

Bei Rüdigers nächster Sitzung in der Mittagszeit kam der Schläger, riss ihn vom Klo und schlug ihm ins Gesicht.

War ganz schön doll der Bumser. Rüdiger hatte ein blaues Auge und die Nase blutete.

„Wer nicht hören will, muss fühlen", sagte einer. Und „Alte Drecksau" ein anderer.

Rüdiger fing an zu zittern und weinte plötzlich wie ein kleiner Junge.

„Hör auf zu heulen, du rote Sau", fluchte der nächste. „Du hast doch gelebt wie die Made im Speck, hast den Rachen nicht vollkriegen können".

Dann gab es Suppe und alle löffelten schweigend vor sich hin.

Nach dem Essen begann ich wieder zu laufen. Die Zelle auf und ab. Zehn Meter hin, zehn zurück. Vorbei an den Doppelstockbetten, an den zwei Tischen mit den Sitzbänken, an dem Klo und dem Waschbecken mit dem Plastikhahn bis zu den Schränken mit den kleinen Fächern und zurück. Wie ein Tiger im Käfig rannte ich von einem Ende zum anderen.

Rüdiger blökte mich an, ob ich damit nicht aufhören kann. Ich schnauzte ihn an, dass er gefälligst seine dreckige rote Kommunistenfresse halten soll. Plötzlich ging der Schläger nochmal auf ihn los. Einige bremsten ihn und Rüdiger war endlich still.

Ich lief noch ein paarmal hin und her und legte mich dann aufs Bett. Die Zeit verging nicht.

Ich kam wieder hoch und saß da herum, saß da in der Ungewissheit. Und mit Menschen, die mir zum Teil ungeheuerlich erschienen. Ich bekam Beklemmungen und Schiller war ein Idiot. In Ketten sich frei fühlen, was laberte dieser große Dichter und Denker da bloß. Er hat ja hier nicht gesessen mit diesen irren und brutalen Idioten. Was fällt diesem blöden Arsch namens Schiller ein, so einen Blödsinn zu erfinden. Und sowas wird noch an der Schule gelehrt.

Ich hatte die Schnauze voll. Fühlte mich betrogen. Ich war mittlerweile 19 geworden und fühlte mich in dieser riesigen Zelle von allen und von jedem betrogen. Bloß jetzt hier nicht anfangen zu flennen, dachte ich. Ich musste warten bis es dunkel war, um ein paar Tränen zu vergießen.

Morgens hatte ich eine Erektion. Selbstbefriedigung ging in einer Zelle mit fünfzehn Betten natürlich auch nicht. Manche machten das aber trotzdem. Ich traute mich nicht. Mir fiel Tante Lene ein, die mich beim ersten Mal erwischt, die Tür aufgerissen und sofort mit dem Siebenstriem auf mich eingeschlagen hatte. Die danach losgelaufen war und jedem davon erzählte: Onkel Kurt, der Nachbarin, den Lehrern und sogar ein paar Mitschülern. Die dann zum Jugendamt rannte und wollte, dass ich in ein Heim für „schwererziehbare Drecksgören" kam.

Jetzt lag ich mit einer Morgenlatte im Knast, schämte mich und zögerte das Aufstehen so lange wie möglich hinaus.

Ohnehin gab es hier nichts weiter zu tun, als im Kreis herumzulaufen, zu rauchen, auf das Essen und auf die Nachtruhe zu warten. Und am nächsten Tag ging dann alles wieder von vorn los.

Hin und wieder bekam einer der Insassen eine Sprecherlaubnis mit Angehörigen. Das war für alle anderen dann auch aufregend, da der Besuchte einen Hauch Freiheit vom Treffen mitbrachte.

Ich rechnete mit keinem „Sprecher". Wer sollte mich schon besuchen? Doch einmal öffnete sich die Zellentür und der Schließer nannte meinen Namen und brüllte: „Raustreten zum Sprecher!"

Mir wurde schwindlig. Ich freute mich und war gleichzeitig argwöhnisch. Wer konnte das sein?

Mein Bauch tat mir weh. Ich hatte mal wieder Blähungen von dem klitschigen Brot, das es hier immer gab.

Als ich in Handschellen durch das Gebäude geführt wurde, fühlte ich mich schuldig.

Ich folgte automatisch: Treppe abwärts. Dann durch einen Gang. Egal wer da kam, es war eine Abwechslung. Auf einmal musste ich einen fahren lassen.

Das war echt unmöglich – so viele Blähungen. Aber es lag an dem Essen. Und so furzte ich ganz laut, so dass der Schließer es hörte und sich darüber aufregte. „Machen Sie das noch mal, können Sie Ihre Sprecherlaubnis vergessen!"

Mit ruppigen Bewegungen nahm mir der Schließer die Handschellen ab und sperrte mich in einen Raum. Ich sah ein Fenster mit einer Klappe, die Löcher zum Durchsprechen hatte, wie bei einem Fahrkartenschalter. Jemand knipste ein helles Licht an und hinter der Scheibe erschien wie ein Geist aus der Finsternis Onkel Kurt. Ein Schließer blickte ihm missmutig über die Schulter.

Onkel Kurt hatte diesen Hauch von Freiheit mitgebracht. Er trug ein kleinkariertes Sakko und darunter ein noch kleiner kariertes Hemd. Eigentlich sah er so aus wie immer, wenn er seine Mini-Einkäufe erledigte. Das Zentrum Warenhaus am Alexanderplatz war ja für ihn nicht weit entfernt und nur für mich unerreichbar.

Mit verkniffener Miene musterte er mich. „Wie geht es dir?", fragte er hölzern.

Ich sagte nichts und zuckte mit den Schultern.

„Was hast du dir dabei gedacht, einfach abzuhauen?"

Der Ausdruck in seinem Gesicht änderte sich nicht und ich fragte mich, warum er überhaupt gekommen war.

Wieder hob ich meine Schultern. „Nichts Besonderes", murmelte ich schuldbewusst. „Wollte zu Maria, zu meiner Mutter."

Kurt holte tief Luft.

„Deine Mutter hat sich ein Leben lang einen Scheißdreck um dich gekümmert! Sie hat kein Interesse an dir, wann begreifst du das endlich?"

Ich schwieg.

Kurt stellte mir lauter Fragen, die eigentlich keine Fragen waren. Es gab keine Antworten auf seine Anschnauzer.

„Weißt du nicht, dass man im Westen auch arbeiten muss? Was wolltest du denn da? Warum tust du uns das an?"

„Es tut mir leid", brachte ich schließlich heraus.

„Ich hoffe, du benimmst dich hier anständig!"

Während ich mir Onkel Kurts Gemecker anhörte, ließ ich, so leise ich konnte, meine Darmwinde einen nach dem anderen ab. Mein geblähter Bauch verlangte nach seinem natürlichen Recht. Anderenfalls wäre ich geplatzt.

Als der Sprecher zu Ende war, bekam ich eine Knebelkette angelegt und wurde zur Zelle zurückgeführt. Jetzt war furzen gefährlich, denn der Schließer hielt mich mit diesem Folterinstrument fest und womöglich würde er die Kette bei einem versehentlichen Pups so zudrehen, dass ich vor Schmerz in die Knie ging. Mit so einem Ding konnte der Aufseher einem Häftling schon mal locker das Handgelenk brechen.

Vor der Zelle nahm man mir die Knebelkette ab und bevor ich in den Verwahrraum ging, pupste ich aus Protest nochmal richtig laut.

„Wir bringen dir hier noch Manieren bei, Freundchen!", sagte der Schließer und ich antwortete mit einem letzten deutlichen Furz, so dass die Mitgefangenen das auch hörten und alle lachten. Der Wächter kam mir mit gezogenem Schlagstock in die Gruppenzelle nach und plötzlich fingen einige auch damit an, laut einen ziehen zu lassen.

„Das ist unser Dank für euer leckeres Essen!", rief einer der Insassen.

Der Uniformierte blickte nervös von einem zum anderen, ließ den Knüppel sinken und zog sich rückwärtsgehend zurück. Hastig sprang er aus der Zelle und schloss ab.

Ein paar Wochen später kam Lene zum Sprecher. Sie hatte sich richtig herausgeputzt und trug ihre guten Sachen: einen braunen Regenmantel über einer blauen Bluse. Der Geruch von Tosca zog durch die Löcher der Scheibe und stieg mir in die Nase, ein Westparfüm, das vermutlich aus einem Paket meiner Mutter stammte und bestimmt seit zehn Jahren in einem Schränkchen eingeschlossen im Bad stand. Tante Lene hütete das Fläschchen, das vielleicht fünf oder sechs Westmark kostete, wie ihr Augenlicht.

Alles roch irgendwie nach Freiheit, nach Westen und nach zuhause. Tante Lene hielt sich nicht damit auf, mich zu begrüßen oder sich nach meinem Befinden zu erkundigen.

„Nachdem ich so viel für dich getan habe, willst du einfach nach drüben abhauen, du undankbares Subjekt? Deine Mutter ist eine Schlampe, merk dir das! Glaub mal nicht, dass sie sich um dich kümmern würde, wenn du da auftauchst! Reiß dich also gefälligst zusammen und werde endlich vernünftig! Schließlich habe ich dich anständig erzogen!"

Abrupt stand sie auf und ging. Die Sprecherzeit war noch nicht zu ende. Weder Kurt noch Lene besuchten mich ein zweites Mal im Knast.

In den Tagen vor meiner erneuten Verlegung wurde ich häufiger zum Verhör gerufen.

Die Vernehmungen waren mir eigentlich egal. Es waren immer dieselben Fragen und Antworten, dabei war doch alles klar. Die Kriminalpolizisten verhörten mich, schrieben auf ihren klappernden Schreibmaschinen jedes Wort auf, das ich sagte. Sie mussten längst wissen, was mit mir los war und wie ich tickte.

„Wieso wollten Sie die DDR auf illegalem Wege verlassen?"

„Ich wollte zu meiner Mutter."

„Ist das der einzige Grund?"

„Haben Sie eine Mutter? Gehen Sie da nicht hin? Oder dürfen Sie auch nicht?"

Ich war dieses blöde Frage-und-Antwort-Spiel leid. Die Vernehmer taten pikiert und wurden aggressiv. „Wir können auch anders" hörte ich von Sächsisch bis zum Ostseedialekt.

„Raustreten!", brüllte der Schließer in der Keibelstraße eines Tages mal wieder. Es war dunkel draußen, aber wie spät es war, konnte ich nicht sagen. Kreuz und quer wurde ich durch die Gänge des Verwaltungsgebäudes geführt. Es ging mal treppauf, mal treppab. Solange lief der Schließer mit mir durch dieses Labyrinth, dass ich nicht mehr wusste, wo ich war. Entweder waren wir hier schon mal langgelaufen oder auch nicht. Vielleicht hatte sich der Schließer auch selbst verlaufen oder die wollten mich in die Irre führen, um eine mögliche Flucht aus dem Gebäude zu erschweren. Schließlich öffnete er eine Tür und führte mich in ein Vernehmerzimmer.

Drinnen saß ein Mann Anfang 40 in weißem Hemd und mit einem umgeschnallten Pistolenhalfter. Ich dachte, ich bin im Krimi oder beim FBI. Der Film lief in schwarz-weiß. Schwarz war der Raum und weiß das Hemd des Vernehmers. Eine riesige Leuchte war auf dem Tisch angeschaltet. Ich wurde aufgefordert, mich auf den Stuhl zu setzen. Der Schließer wurde rausgeschickt und der Vernehmer drehte den Reflektor der Lampe so, dass er mich anstrahlte. Im ersten Moment genoss ich die Wärme des Strahls, im zweiten Moment, und das war der längere, blendete das Licht so, dass die Augen schmerzten und mir schwindlig wurde. Ich hatte schon ewig nicht mehr geschlafen. Nach einer Weile konnte ich nichts mehr erkennen. Man sieht einfach überhaupt nichts mehr. Weiß nicht, was im Raum ist. Ob und wie viele Leute da sind. Nur Geräusche sind zu hören. Und ich war mir nicht sicher, ob da ein oder zwei Leute waren. Der Vernehmer fragte mich, wie ich heiße und wo ich wohnte und dann plötzlich drehte er die Lampe wieder runter. Mir kam die ganze Prozedur wie eine Ewigkeit vor. Der Rücken tat mir weh und die Füße waren geschwollen.

Auf einmal legte der Vernehmer die Beine auf den Tisch. Setzte sich so locker hin wie ein Kommissar in einem amerikanischen Krimi.

„Wohnt ihr Vater, der Josef Meier, noch immer im Heidekampweg 12 in Baumschulenweg?", fragte er.

„Ja, ich denke schon", antwortete ich schnell. „Warum soll er da weggezogen sein?"

Wer mein Vater war, wusste ich allerdings bis dahin überhaupt nicht. Jetzt wusste ich es. Und das ist etwas, was ich mein Leben nicht mehr vergessen werde. Wer bekam schon von der Geheimpolizei ein Geheimnis verraten? Ich war der Auserwählte. Ich hatte tatsächlich einen Vater und mir wurden sogar sein Name und seine Adresse serviert.

Natürlich merkte ich mir die Details sofort, wiederholte sie etliche Male in Gedanken und nahm mir vor, da mal hinzugehen, zu klingeln und „Guten Tag" zu sagen.

Ein paar Tage bevor die sozialistischen Volkspolizisten den Geburtstag von Jesus Christus feierten, öffnete sich die Zellentür. Der Stubenälteste sprang wie jedes Mal auf und brüllte: „Achtung!" Dann standen alle Insassen in der Zelle in Habacht-Stellung und diesmal betrat ein fremder Schließer den Verwahrraum. Er las drei Namen vor, als letzten auch meinen. „Fertig machen zur Verlegung!"

Das hieß auf gut Deutsch, wir sollten das Bett abziehen und die Klamotten zusammenpacken. Gesagt getan. Um die Mittagszeit kam der Schließer noch einmal und sagte unsere Namen und befahl: „Raustreten!" Jeder von uns bekam eine alberne 8 um und wir wurden auf den Hof gebracht und stiegen in die Minna. Wieder ging es kreuz und quer durch die Stadt. Zum Schluss saß ich allein in dem Käfig – mit einem Volkspolizisten am Steuer und einem, der auf mich aufpasste. Ich wurde als letzter Gefangener dieses Transportes in Rummelsburg abgeliefert.

Gefängnis Rummelsburg, Berlin

Rummelsburg, dachte ich ganz für mich. Was ist das für ein Name für einen Knast. Auf einem Rummel sind Karussells und Fressbuden, Jubel, Trubel und Heiterkeit.

Die wenigen Male, die ich als Kind mit Onkel Kurt auf einem Rummel gewesen war, fand ich das Treiben dort eher beängstigend. Es war da alles voller Menschen, so dass man gar nicht richtig laufen, geschweige was sehen konnte. Kalt war es und roch nach Zuckerwatte und Waffeln und anderen Leckereien, die es in den Fressbuden zu kaufen gab, an denen meterlange Menschenschlangen anstanden und an denen wir vorbeigingen und nie etwas kauften. Schließlich wartete Tante Lene mit dem Essen.

Die Haftanstalt war ein riesiges Areal: Nachdem sich das übliche graue Gefängnistor aufschob, war da ein Gelände mit etlichen roten Backsteinhäusern. Es lag am Rummelsburger See, den man als Häftling allerdings nicht sehen konnte, da eine fünf Meter hohe Mauer das Gelände nach allen Seiten abschirmte. Von manchen Gefangenen wurde das Gefängnis spöttisch „Haus am See" und von anderen sarkastisch „Rummeline" genannt.

Von der idyllischen Lage bekam ich also nichts mit. In der Freistunde auf dem Gefängnishof hörte ich manchmal das Gekreisch der Möwen, das sich mit dem Gebell der Wachhunde und den schlürfenden Schritten unserer Füße, die in den G5er Schuhen steckten, mischte.

Nach der üblichen Einweisungsprozedur, die ich bereits aus der Keibelstraße kannte, kam ich in eine Sechsmannzelle. Fünf waren schon da: alles lustige Buben. Jeder von ihnen behauptete, er wäre zum ersten Mal hier. Die Delikte reichten von Diebstahl, über Körperverletzung, asozialem Verhalten bis zur Republikflucht. Higgenbotton war auch da. Ein Dreistockbett stand an der einen Wand, ein Dreistockbett an der Wand gegenüber. In der Mitte waren ein Tisch und sechs Hocker. Das Fenster bestand aus einer doppelten Schicht von Glasbausteinen, man konnte nur hell und dunkel wahrnehmen. Unten fehlte eine Reihe Steine und die Außenseite hatte oben eine Reihe weniger. So gab es einen ewigen Luftzug. Und dennoch: Wenn sechs Leute den ganzen Tag in so einem Kabuff hocken und rauchen, zieht der Qualm nicht ab. Und Gnade Gott der Tabak war alle und es gab keinen Nachschub. In der Nachbarzelle ist das passiert. Die haben sich, weil nichts zu rauchen da war, den ganzen Tag gestritten und geprügelt. Und wenn die Volkspolizei davon Wind bekommen hat, dann sind die da rein und sorgten für Ruhe und Ordnung. Die marschierten in die Zelle, brüllten die Insassen an und manchmal hörte man auch ein paar dumpfe Klatschgeräusche, wenn der eine oder andere der Häftlinge eine übergezogen bekam.

Zwölf Quadratmeter für sechs Personen. Den ganzen Tag, die ganze Nacht hockten wir zusammen in diesem Raum. Haben dort gegessen, getrunken, geraucht, uns gewaschen, unsere Därme und Blasen geleert. Nichts blieb da geheim.

Eines Nachts fing Higgenbotton an auf unserer Seite, also in dem Dreifachstockbett, in dem auch ich lag, zu wichsen. Der Mann, der über ihm schlief, tat es ihm gleich nach, damit es so aussah, als ob nicht er, sondern es ja der Higgenbotton war. Und ich machte mir die günstige Gelegenheit im Schatten der beiden Wichser zunutze. Nachdem der unter mir fertig war, war ich kurz danach auch fertig und Higgenbotton aber nicht. Der wurde und wurde nicht fertig. Nach einer ganzen Weile guckten wir mal runter. Higgenbotton wackelte die ganze Zeit mit dem Kopf hin und her. Nichts anderes hatte er die ganze Zeit gemacht. Die drei auf der anderen Seite sahen das und amüsierten sich.

Einer sagte in die Runde, dass *es* ja eigentlich jeder braucht. Und damit war das Thema erledigt.

Ansonsten ging es hier genauso zu, wie drüben in der Keibelstraße. Aufstehen, pinkeln, „Freistunde" – manchmal vor dem Frühstück, manchmal nach dem Frühstück. Statt auf einer mit einem Hochsicherheitszaun umschlossenen Dachterrasse verbrachten wir die in Rummelsburg auf dem Gefängnishof: Roter

Backstein, fünf Meter hohe Mauern. Freier Himmel. Entkommen unmöglich. Eine Viertelstunde frische Luft. Dann wieder zurück in die Zelle. Essen fassen, Betten bauen. Manchmal kam die Volkspolizei in die Zelle und filzte alles. Weiß der Teufel, was die gesucht haben. Es gab ja noch nicht mal draußen was Vernünftiges.

Kartenspielen und Würfeln waren verboten. Aus alten Zigarettenschachteln bastelten wir Spielkarten, die wir mit der aus Streichholzkuppen stammenden roten Farbe und der schwarzen Farbe aus der Asche bemalten. Die Würfel wurden aus dem klitschigen Brot geknetet und die trockneten dann auf der Heizung. Hätten die Aufseher uns dabei erwischt, wären wir unsere kreativ gestalteten Knastglücksspiele sofort losgeworden und man hätte uns zur Strafe zum Marschieren auf den Hof gescheucht oder in den Arrest gebracht. So hatte ich die Idee, aus einem Neuen Deutschland eine Tüte zu bauen, diese auf einen Hocker zu legen, der auf dem Tisch stand. Der Volkspolizist, der durch den Spion glotzte, guckte sogleich aus dem Fenster. Und während er aufschloss, rückten wir den Tisch in die ursprüngliche Mitte des Zimmers, nahmen den Hocker herunter, jeder steckte Karten und Würfel ein und die riesige ND-Tüte wurde zerrissen. Alles ging blitzschnell, der Stubenälteste scheuchte uns mit dem üblichen Achtungsruf und wir standen alle artig stramm. Der Volkspolizist kam in die Zelle, guckte blöd und ging wieder raus.

Am 7. Januar 1975 war dann meine Gerichtsverhandlung.
Gleich nach dem Frühstück kam ein fremder Schließer und schloss die Zelle auf.
„Achtung!", brüllte der Stubenälteste und alle sechs Insassen erhoben sich. Der Schließer nannte meinen Namen und befahl: „Raustreten!"
Im Gang wartete schon ein zweiter Uniformierter, der mir eine Acht umlegte und mich abführte. Auf dem Hof warf ich einen

Blick in den Himmel. Etwas Nasses setzte sich in mein Gesicht: Schnee oder Regen oder beides. Mir blieb nicht viel Zeit, das miese Winterwetter zu genießen und in der Kälte ein bisschen zu frieren. Die grüne Minna stand schon bereit. Zusammen mit einem ziemlich großen und dicken Rotschopf saß ich im nächsten Moment in dem für Gefangene umgebauten LKW. Es wurde uns untersagt zu reden. Ich wusste sowieso nicht, was ich mich mit dem Mithäftling unterhalten sollte. Ich kannte ihn nur vom Sehen. Seine Sommersprossen waren unter den Augen von dunklen Ringen überdeckt. Er blickte die ganze Zeit der Fahrt nach unten. Hatte vom Rauchen ganz gelbe Finger und auch an den Lippen war eine Spur von Nikotin zu erkennen.

Angekommen im Gerichtsgebäude wurden wir in einen Raum gesperrt. Ich überlegte, wo wir hier waren und tippte auf das Gericht in der Littenstraße. „Hast du eine Ahnung, was dich hier erwartet?", fragte ich den Rotschopf.

„Ja. Zwei Jahre AE", antwortete er.

„AE?"

„Arbeitserziehung. Asoziales Verhalten eben. Paragraph 249."

Ich zuckte mit den Achseln.

„Weeste nich? Biste das erste Mal hier?"

„Ja", sagte ich.

„Ick ooch", sagte er. Ein verschmitztes Grinsen leuchtete in seinem Gesicht auf, kurz wie ein Blitz.

Ich nickte ihm zu.

„Hast du was zu rauchen?"

„Nee."

Kurz darauf wurden wir in ein anderes Zimmer verlegt. Dort stand ein überquellender Aschenbecher auf dem Tisch. Mit gierigen Augen sammelte der Rotschopf die ganzen Kippen ein, nahm eine Zeitung, die da herumlag und drehte sich eine Tüte. Dann fragte er mich, ob ich Feuer habe. Ich hatte keins.

„Wieso nich?", fragte er. Ich gab die Frage an ihn zurück. Wieder grinste er mich kurz an. „Und warum gehst du nicht arbeiten?", wollte ich wissen.

„Ich kann nicht. Ich bin krank."

Ich wusste nicht, ob es indiskret war, ihn nach seiner Erkrankung zu fragen. Vielleicht hatte er ja die Bierkrankheit – wie so viele andere auch. Den ganzen Tag in der Kneipe sitzen und wenn man rauskommt, kann man nur noch ins Bett, wenn man da noch hinfindet. Arbeiten geht dann nicht mehr. Immerzu Durst zu haben ist nicht so gesund. Aber wie soll man das dem Richter beibringen.

Der Rotschopf wurde aufgerufen und er bekam erneut die Handschellen umgelegt. Nach vielleicht zehn Minuten war er wieder da.

„Und?", fragte ich.

„Na, zwei Jahre Bitterfeld", sagte er. Seine Stimme klang anders als vorhin. Rau und heiser, als würde ihm etwas im Hals stecken.

Ich starrte ihn schockiert an. Bitterfeld war, soweit ich wusste, so ziemlich die dreckigste Stadt, die die DDR zu bieten hatte. Zu diesem Zeitpunkt ahnte ich ja noch nicht, wo ich landen würde und dass es noch andere Höllenorte gab, die es mit Bitterfeld in Sachen Dreck und Gestank locker aufnehmen konnten.

Mein Name wurde aufgerufen. Ich trat auf den Flur und während mir die Acht angelegt wurde, guckte ich aus einem der vergitterten Fenster und stellte fest, dass ich nicht in der Littenstraße, sondern irgendwo in der Marchlewskistraße war. Nicht weit weg von der Wohnung der Pflegeeltern.

Es kam mir plötzlich so vor, als würde mich Tante Lene von draußen anstarren – so wie früher, wenn ich in der Schule saß und sie mich durch das Fenster beobachtete.

Ich war froh, als ich sie dann nicht im Gerichtssaal entdeckte. Nur Onkel Kurt saß in der letzten Reihe und hatte einen verkniffenen Gesichtsausdruck. Er blickte mich nicht an, als ich eintrat und ich tat so, als hätte ich ihn nicht gesehen.

Ich musste mich auf einen Stuhl setzen, der mitten im Raum stand. Eine junge hübsche Frau tippte etwas auf der Schreibmaschine. Klack. Viel zu tippen gab es wohl nicht. Voller Scham guckte ich zu ihr hinüber. Sie warf mir einen verachtenden Blick zu.

Der Richter trat in den Saal und alle erhoben sich. Er fragte mich, was ich mir bei meiner Flucht gedacht habe.

„Nichts weiter. Ich wollte nur zu meiner Mutter."

Als ob sie das nicht schon längst wüssten.

Er notierte sich etwas und auch der Staatsanwalt machte eine Notiz.

Irgendwie schien es mir, als ob die alle Männeken auf ihren Blättern malten. Sowas hatten wir in der Schule auch immer gemacht, wenn uns langweilig war.

Als Zeugen hatten sie den Meister aus dem Kabelwerk vorgeladen.

Er erzählte, dass ich nicht der sozialistischen Norm entsprechen würde.

Na sowas aber auch. Vor Wut hätte ich am liebsten gelacht oder auf den Tisch gehauen oder beides. Dann sah ich Onkel Kurt, der bis dahin wie erstarrt dagesessen hatte, den Kopf schütteln.

Ich wusste nur nicht, warum er das tat. Ich hatte keine Ahnung, ob er für oder gegen mich war. Dafür dass mir der Prozess gemacht wurde oder gegen diese Willkür.

Der Staatsanwalt erzählte irgendwas von Sozialismus und ausgeklügelter Fluchtvorbereitung.

Das Ende vom Lied war die Urteilsverkündung durch den Richter: zehn Monate, wegen Paragraph 213. Ungesetzlicher Grenzübertritt.

Dabei war ich nicht mal in die Nähe der Grenze gekommen.

Aber auch die Vorbereitung und der Versuch der Flucht waren ja strafbar.

Und sie hatten die kraklige mit dem Bleistift gezeichnete Linie in meinem Schulatlas entdeckt. Meine Fluchtvorbereitung war wirklich sehr ausgeklügelt.

Das alles ging relativ fix. Dennoch war mir kurz schwindlig, als ich das Urteil hörte.

Ich wurde aus dem Saal geführt und zu dem dicken Rotschopf gebracht, der wieder in einem Raum eingeschlossen war und auf mich wartete.

Er fragte nicht nach meinem Urteil, aber er hatte irgendwo noch was zu rauchen besorgt. Mir schien, dass ihm alles egal war, Hauptsache, er hatte was zu rauchen.

Wir wurden dann wieder in Handschellen in die Minna verfrachtet und zurück in die Rummeline gebracht.

Irgendwann führten wir in Rummelsburg in unserer gemütlichen Gruppenzelle die ersten Gespräche politischer Natur. Wir stellten fest, dass der Name Sozial–ismus nur eine Farce ist. Wir führten heiße Diskussionen und kamen tatsächlich zu der Erkenntnis, dass Thälmann, der ja als Kommunist gegen die Nazis war, ein Opfer des Sozial-ismus sei. Für uns war Thälmann ein guter Mensch. Wir haben nichts anderes zu hören bekommen. Zehn Jahre wurde in der Schule gelehrt, dass Thälmann ein guter Mensch war. Manche konnten in der Unterstufe noch keine Schuhe zubinden, aber wann Karl Marx und Rosa Luxemburg geboren wurden, das wussten die Thälmann-Pioniere. Und jetzt, wo wir alle die Schuhe zubinden konnten, glaubten wir an Thälmann als Helden. Keiner hätte damals gedacht, dass er und seine kommunistischen Horden auch die Demokratie bekämpft haben. Ich war also wie alle anderen der Meinung, dass die SED Thälmann verraten hat mit ihrem Sozialismus. Und dann war wieder mal Freistunde. Ich quatschte mit einem Mithäftling, wohl ein wenig zu laut, und ein Polizist des Volkes ermahnte mich, in dem er mir mit dem Knüppel eins überzog. Ich reagierte mit dem Wort „Arschloch" in seinen Ohren wohl etwas über und er zog seine Trillerpfeife und ruckzuck waren drei weitere Polizisten des Volkes da, die mich dann abführten und in eine Zelle in den Keller sperrten.

Da stand ich dann in der Arrestzelle, hörte das Knallen der Riegel, das Geräusch des Schlüssels, die sich entfernenden Schritte. Dieses Unbehagen kann sich keiner vorstellen. Dieses Ausgeliefertsein für nichts. Egal. Mir fiel der Spucker ein, der da mal ganz besonnen sagte: „Ruhig bleiben." Also blieb ich ruhig.

In der Mittagszeit drang der Geruch nach Essen in die Zellen, das Wasser lief mir im Mund zusammen, wie beim Hund im Zwinger, wenn Herrchen das Fresschen bringt. Und wenn der Köter nichts bekommt, wird er gnatzig. Ich trommelte an die Tür und schrie, dass ich auch was von dem Drecksfraß will. Nichts geschah.

Ich saß im Arrest – ohne Essen, ohne Trinken, ohne Beschäftigung. Mir fiel ein, was ich tun konnte. Mit meinem Fingernagel ritzte ich den Spruch: „Ihr habt Thälmann verraten mit eurem Sozialismus" in die mit Schlämmkreide getünchte Wand. Ich dachte mir da nichts bei. Ich war für ein paar Minuten mit etwas beschäftigt.

Ein Volkspolizist befreite mich schließlich aus dem Verlies und meinte, ich soll mich hier ruhig verhalten. Offenbar hatte er meine Kritzeleien nicht entdeckt.

Zunächst kam ich wieder in den Gruppenverwahrraum.

Wenn die Zelle sich öffnete, musste man aufstehen.

Als einmal ein höher dekorierter Polizist des Volkes erschien und meine Nummer nannte, blieb ich sitzen. „Wieso stehen Sie nicht auf?", wurde ich gefragt.

„Das ist mir zu blöd", erklärte ich.

Die anderen zuckten nicht.

Der Offizier nannte noch einmal meine Nummer und befahl: „Raustreten!"

„Warum denn? Ich bin gerade reingetreten", erwiderte ich.

„Ich werde dir gleich reintreten!", sagte der Polizist des Volkes und zog seinen Schlagstock.

„Geh", sagte einer der Häftlinge.

Und so ging ich. Auf dem Gang bekam ich von einem zweiten Polizisten eine Acht angelegt.

Gut zu wissen, dachte ich bei mir. Die sind also nie alleine, wenn sie aufschließen.

Dämlich waren die trotzdem. Wer geht schon freiwillig den ganzen Tag in den Knast. Ich nicht. Und wenn die ihre Knüppel und Gewehre nicht hätten, wären die nichts.

Die Polizisten führten mich kreuz und quer durch das ganze Gebäude. Das war mal ganz interessant zu sehen, was es hier so alles gab. Die Uniformierten lotsten mich über den Hof und lenkten meine Schritte wieder in den Keller. „Vierzehn Tage Dicken fürs Erste", sagte der eine Polizist des Volkes.

Ich guckte ihn erstaunt an. „Wofür?"

Der Uniformierte sagte nichts mehr. Nahm mir alles ab, was ich in den Taschen hatte. Zigaretten und Streichhölzer und Tabak. Ich musste mich ausziehen, mich einer Leibesvisitation unterziehen lassen und die Klamotten komplett wechseln.

In der Arrestzelle im Keller war eine Pritsche an der Wand angeschlossen. Ein Brett, das eingemauert war, diente als Tisch und ein weiteres als Hocker. Die Zelle war durch ein abschließbares Gitter getrennt. In dem Raum war also noch ein Gitter, so dass man weder an den dahinter befindlichen Wasserhahn kam noch aufs Klo gehen konnte. An der Seite mit dem Fenster aus Glasbausteinen war ein Heizkörper aus dem Mittelalter. Hoch über mir brannte eine 25-Watt-Funzel. Die Farbe blätterte von den Wänden und es stank modrig.

Das war jetzt für die nächsten zwei Wochen mein zuhause.

Vierzehn Tage Dicken bedeutete zwei Wochen verschärfter Arrest, morgens und abends trockene Stullen und jeweils eine Schüssel Muckefuck oder Tee. Mittwoch und Sonntag gab es dazu noch eine warme Mahlzeit – eine halbe Ration weniger als oben auf der Gemeinschaftszelle. Ich wusste nicht, was das sollte.

Ich setzte mich auf den eingemauerten Sitz und starrte auf die graue Farbe des Stahlrahmens von dem angeschlossenen Bretterbett. Dann betrachtete ich die Struktur der Gitter und die Inschriften an der Zellenwand. Strichbündel von jeweils fünf Strichen im Vierer- oder Dreier-Pack. Sehr informativ. Mich kotzte alles an. Oben die Irren, hier unten die Einsamkeit. Lange Zeit blickte ich auf die Musterung der abblätternden Farbe an der Wand und die schien sich allmählich zu ändern. Es war, als könnte ich in die Risse hineinsehen. Plötzlich erblickte ich da eine Landschaft, Häuser und eine Wiese mit Bäumen und einen Brunnen. Uii yee! Schnell weggucken! Bloß nicht irrewerden.

Ich fing wieder damit an, in dem Käfig herumzulaufen. Machte Liegestütze, Klimmzüge, so gut es ging, übte mich in Kniebeugen und war völlig außer mir. Kurz vor dem Heulen. Ich redete mir ein, dass die Isolation gar nicht mal so schlecht wäre. Hier konnte ich den ganzen Tag heulen und keinen störte es. Also setzte ich mich auf den eingemauerten Sitz und heulte. Nach einer Weile wurde das langweilig mit der Heulerei.

Der Tag schien unendlich lang. Ich hatte jetzt endlich mal die Möglichkeit zu entspannen, doch ich konnte nicht. Wieso bin ich hier im Keller in einem Käfig? In den Arrest sperrt man doch nur die ein, die eine Gefahr für Leib und Leben der anderen bedeuten. Oder etwa nicht? Geht es vielleicht gar nicht um die Gefahr, sondern um ganz etwas anderes? Wollen die, die hier das Sagen haben, mir mal nachdrücklich ihre Macht demonstrieren?

Irgendeiner hatte die Inschrift in der Zelle gesehen. Ein Wärter oder ein Insasse. Der musste mich noch nicht mal kennen. Egal. Ich war jetzt hier. Eingeschlossen. Isoliert. Eigentlich ja nichts Neues. Wie oft hatte mich Tante Lene so eingesperrt, wenn sie zur Nachbarin zum stundenlangen Kaffeetrinken ging. Mir blieben die Küche und das Klo. Alles andere war abgeschlossen. Schlafzimmer, Wohnzimmer, Wohnungstür – alles abgeschlossen. Sogar der Besenschrank auf dem Korridor. Bei Lene konnte ich wenigstens noch am Küchenschrank vom Zucker naschen. Mal ein Körnchen Salz oder Pfeffer testen. Und so probierte ich die ganzen Gewürze einmal quer durch. Es durften allerdings keine Spuren zu sehen sein. Wenn Lene was gemerkt hat, dann gab es Schläge mit dem Siebenstriem.

Hier gab es keinen Zucker und keine Gewürze. Nicht mal was zu rauchen hatte ich.

Plötzlich ging die Zellentür auf. Ein Kalfaktor kam rein und brachte einen Kübel. Der Kalf würdigte mich keines Blickes, als ob ich einer bin, der hingerichtet werden soll. Ich freute mich über den Besuch. Und mein Kumpel der Kübel stank den ganzen Tag vor sich hin. In Quadrate gerissenes Zeitungspapier bekam ich noch dazu. Juchhu! Zeitung lesen. Ich genoss es, im Einzelarrest Zeitung zu lesen. Draußen las ich nie Zeitung. Stand ja sowieso immer dasselbe drin: „Der Genosse Staatsratsvorsitzende und Vorsitzende der Sozialistischen Einheitspartei Deutschlands und Vorsitzende des Zentralkomitees der Deutschen Demokratischen Republik Erich Honecker wurde bei seinem Auslandsaufenthalt in der Union der Sozialistischen Sowjetrepublik herzlich begrüßt und verabschiedet und man ist sich einig darüber, dass der Generalsekretär der KPdSU und Vorsitzende des Zentralrates der Union der sozialistischen Sowjetrepubliken Leonid Iljitsch Breschnew und der Vorsitzende des Staatsrates der Deutschen Demokratischen Republik ..." Was folgte, bekam ich meist gar nicht mehr mit, weil ich schon vom Lesen der paar Worte eingepennt war. Doch hier unten war das *Neue Deutschland* eine Bereicherung. Ich las den ganzen Quatsch mit Hingabe und wischte mir im Anschluss den Hintern damit ab. Die Zeitung gab es nur in drei, vier Quadraten a 15 mal 15 Zentimeter. Wie kam ich an mehr?

Lediglich jeden dritten Tag, also nur Mittwoch und Sonntag, gab es eine kleine Mahlzeit. Ich brauchte einen Nahrungsmittelersatz. Und Zeitungspapier enthielt neben Druckerschwärze auch Zellulose. Zellulose ist nahrhaft. Ich wischte mir also nicht nur den

Hintern damit, sondern aß das *Neue Deutschland* auch in kleinen Mengen auf. Die Bilder waren für den Arsch, wegen der Druckerschwärze. Vorher guckte ich mir den halben Honecker nochmal an. Manchmal war es auch nur ein Kinn oder ein Auge von dem alten sabbernden Idioten aus dem Saarland. Der ohne abzulesen nicht einen klaren Satz zustande brachte. Man konnte sich mit dem nur den Hintern wischen. Hier war die beste Gelegenheit. Der Inhalt des Kübels wurde nie kontrolliert, der Polizist des Volkes wunderte sich nur über den hohen Papierbedarf.

Einmal rief einer aus einer anderen Zelle durch die Zellentür über den Flur: „Alle die auf Arrest sind und neu hier! Wascht euch nicht! Nehmt die trockenen Handtücher und wickelt euch die um die Nieren bevor ihr euch zum Schlafen legt! Wer nachts aufsteht, wird nie wieder warm. Wickelt euch in die Decke wie eine Mumie und bleibt so liegen. Zähne putzen ist ganz wichtig bei dem Fraß."

„Ruhe hier!", schrie ein Volkspolizist.

Morgens und abends schlossen die Schließer den Affenkäfig auf, dass man sich aufs Klo setzen und am Wasserhahn trinken, den Kübel entleeren und Zähne putzen konnte. Waschen fiel bis auf weiteres aus, damit die Handtücher schön trocken blieben und nachts die Wärme an der Nierengegend speicherten. Zur Nachtruhe schloss der Polizist das Bettgestell von der Wand und den Affenkäfig wieder zu und knipste das Licht aus. Ich machte es mir auf den Brettern gemütlich, wickelte mich wie eine Mumie ein und versuchte zu schlafen. Kaum war ich eingeschlafen, kam der Polizist und knipste das Licht wieder an, um zu gucken, ob ich noch lebe. Ich lebte immer noch. Jede Nacht, die ich dort in der Arrestzelle lag, überlebte ich. Manchmal knallte einer von außen mit dem Fuß gegen die Zellentür oder sperrte sie auf und tat so wichtig, als ob ich mich davon gemacht hätte. Schlaf war da unten Luxus. Tagsüber ging es nicht und nachts auch nicht. Frischluft gab es für Arrestanten nicht. So versank ich allmählich in einen Dämmerzustand.

Einmal gab es Saure Eier und Pellkartoffeln. Genauer gesagt: ein hartgekochtes Ei, drei kleine Kartoffeln und ein bisschen Soße. Ich hatte solchen Hunger, dass ich die karge Mahlzeit samt Schale gleich in den Mund stopfte, den süßsauren Klecks ableckte und dem Kalf den Teller gleich wieder mitgab, bevor die Zellentür verschlossen war. Der Kalfaktor grinste bloß.

Ich übte mich den ganzen Tag im Kopfstand, ohne die Hände auf den Boden zu stützen. Mit 65 Kilo bei einer Größe von 1,87 m sollte mir das gelingen. Durch das ewige Training in der Arrestzelle waren meine Muskeln hart wie Stahl. Andere in meinem Alter gingen auf die Uni oder kümmerten sich um ihre Familie. Ich hatte keine Familie. Meine Mutter war im Westen und deshalb saß ich im Knast. Und weil ich im Knast saß und mit anderen über den Sozialismus quatschte, saß ich im Arrest.

„Hier kommm wa niiiiie wieder rauuus!", bläkte einer der Arrestanten in einer der Nachbarzellen. Der Satz schallte über den gesamten Flur und die Stimme klang wie die von einem Geist. Wie ein böser Fluch. Ich glaubte daran nicht. Ich war ja schon verurteilt zu zehn Monaten. Davon hatte ich drei Monate abgesessen. Drei Monate, von denen jeder Tag so lang war wie ein nie endendes Jahr.

Ich war gerade mit meinen Sportübungen beschäftigt, als plötzlich drei Polizisten dastanden und mich aus der Zelle holten. Die machten alle drei ein sehr strenges Gesicht. „Abführen zur Vernehmung!", blaffte einer von ihnen. Ein anderer legte mir die Handschellen an. Für mich war es eine willkommene Abwechslung.

In dem Vernehmerzimmer saßen dann drei Kerle in Zivil. Sie stellten sich mir nicht vor. Forderten mich zum Hinsetzen auf und schienen freundlich. Mir waren die unheimlich, weil die Freundlichkeit befohlen schien.

Als sie mir Filterzigaretten anboten, lehnte ich ab und fragte, ob ich den überquellenden Aschenbecher haben darf. Einer nickte. „Kann ich die Zeitung bekommen, die da auf dem Tisch liegt?"

Ein anderer nickte und schob mir die Zeitung rüber. Dann fragten sie mich abwechselnd zu dritt irgendetwas. Ich hatte bestimmt zwei Wochen nichts mehr zu rauchen gehabt. Popelte die Kippen auseinander, bis ich einen kleinen Berg Tabak hatte. Die schwarzen erloschenen Zigarettenenden kniff ich vorher absichtlich nicht ab wie sonst. Aus der Zeitung drehte ich mir eine Riesentüte, stopfte die mit dem erbeuteten Tabak und fragte nach Feuer. Das ging alles so blitzschnell, dass die Vernehmung als solche nicht behindert wurde. Einer schob mir eine Schachtel Riesaer Zündhölzer rüber. Ich entbrannte dieses riesen Monstrum, inhalierte tief und lange. Beim Ausblasen verdunkelte sich der ganze Raum. Es muss für die Herren in den edlen Präsent-20-Anzügen erbärmlich gestunken haben. Der eine fragte auch gleich, warum ich keine Filterzigaretten will, die seien doch besser. Ich sagte dem, dass ich für mich selber weiß, was gut ist und was nicht.

„Können Sie uns sagen, warum Sie hier sind?"

Die Fragen wurden auch in der Wiederholung nicht origineller. Das Gleiche könnte ich Sie auch fragen, lag mir auf der Zunge.

„Ich wollte zu meiner Mutter nach Westdeutschland." Nahm einen ordentlichen Zug von der Riesentüte und verpestete das ganze Zimmer.

Einer tippte auf der Schreibmaschine, der Andere sah mich glasig an und der Dritte fragte mich, ob ich Bohnenkaffee wolle. Ich lehnte dankend ab. „Man trinkt hier Muckefuck, Genossen", sagte ich. „Ich will mir den Geschmack nicht versauen."

Trotzdem stellten sie mir eine Tasse Bohnenkaffee hin. Ich wollte keinen Bohnenkaffee, ich wollte zu meiner Mutter.

„Dann sagen Sie uns doch mal, Strafgefangener, was Sie von Ernst Thälmann halten."

„Thälmann ist der Held der Arbeiter und Bauern", antwortete ich prompt.

„Warum verbreiten Sie dann solche Parolen, dass die Führung der DDR Thälmann verraten habe?"

„Sie brauchen sich doch bloß mal die Wohnungen angucken", sagte ich.

„Die Wohnungen?"

Ich nickte. „Kein Bad, keine Dusche, dafür kommt das Wasser durch das Dach oder die Wand, und was bei meinem Nachbarn los ist, wenn die Rohre verstopft sind, möchte ich hier lieber nicht erläutern."

Ich wartete auf ein Grinsen. Aber die Gesichter blieben völlig ausdruckslos.

Also nahm ich noch einen ordentlichen Zug von der selbstgebastelten Zigaretten-Zigarren-Tüte, legte den Rest davon glimmend in den Aschenbecher und drehte mir eine neue vom restlichen Tabak. Die drei Herren guckten jetzt pikiert und beendeten das Verhör, bevor ich mit dem Drehen fertig war.

Wie von Geisterhand ging die Tür auf und das Schließpersonal führte mich zur Zelle. Die eingesteckten Streichhölzer nahmen sie mir noch ab, bevor sie mich einschlossen. Ich saß wieder in der Ungewissheit und starrte den schummrigen Lichtfleck an, der durch die Glasbausteine drang.

Bei der abendlichen Muckefuck-Ausgabe sah mich der Kalfaktor irgendwie komisch an. Ich wusste nicht, was sein durchdringender Blick und die hochgezogenen Brauen bedeuten sollten. „Ist was?", fragte ich ihn.

„Wie man's nimmt", sagte er langsam und warf einen Blick über die Schulter. „Ich weiß gar nicht, ob ich dir das sagen darf. Aber …" Er holte tief Luft und spannte mich noch einen Moment auf die Folter. „Gegen dich wird wegen staatsfeindlicher Hetze ermittelt und das heißt …"

„Das heißt?"

„Das heißt, dass dir noch drei Jahre zusätzlich drohen."

Mir blieb fast das Herz stehen.

Mit einem Achselzucken ging der Kalfaktor aus der Zelle und ließ mich mit dieser ungeheuerlichen Nachricht allein.

Die Gedanken fingen an zu kreisen. Drei Jahre Knast? Und die zehn Monate noch dazu? Ich heulte erst mal. Sah ja keiner. Als ich mich dann beruhigt hatte, rechnete ich nach: Mit Dreiundzwanzig wäre ich dann wieder draußen. Ich fing an über eine Flucht nachzudenken. Auf alle Fälle musste ich körperlich fit bleiben. Das Pensum meiner Liegestütze erhöhte ich noch, machte Bauchmuskelübungen, Kniebeuge, und sprang so hoch wie es ging. Wie eine Katze wollte ich sein. Klimmzüge an dem blöden Gitter waren nicht so prickelnd. Ich blieb immer mit den Knöpfen der Jacke hängen. Aber ich ließ mich nicht beirren. Den ganzen Tag turnte ich da in der Zelle herum, wie ein Affe im Käfig. Dann setzte ich mich hin und fing wieder an zu heulen. Tante Lenchen hatte mich immer verprügelt, wenn ich heulte – und ich heulte, weil sie mich quälte. Ein nie enden wollender Kreislauf also. Wenn sie dann von der Anstrengung keine Luft mehr bekam, setzte sie sich hin und fing selbst an zu heulen und sagte dabei: „Womit habe ich das nur verdient?" Hatte sie sich beruhigt, stand sie auf, nahm noch mal den Siebenstriem und schlug abermals ordentlich auf mich ein.

Ich überlegte, wer mich hier rausholen könnte. Niemand fiel mir ein. Es gab niemanden. So dachte ich an draußen und was ich da erlebt hatte. Es war außer Arbeit und Schlägen nichts. Arbeit solange ich denken konnte. Bei Lenchen war ich der Haussklave gewesen: musste Kohlen holen, Schuhe putzen, einkaufen gehen, Wohnung putzen, Holz hacken. Flaschen, Lumpen, Altpapier hat sie mich sammeln geschickt. Der Erlös ist in die familiäre Haushaltskasse geflossen. Eigentlich habe ich meine Unterbringung bei Lene und Kurt auch noch erarbeitet.

Und jetzt saß ich hier. In einem Affenkäfig. Turnte auch noch herum wie ein Affe. Klimmzüge, Liegestütze, Bauchmuskeltraining. Hüpfen, hüpfen, hüpfen, Kniebeuge bis zur Erschöpfung. Völlig außer Atem setzte ich mich hin und fing an zu onanieren. Das machten die Affen auch. Es klappte aber nicht. Ich war ja auch kein Affe.

Ich lief im Käfig hin und her. Den Blick zum Boden gesenkt, rannte ich hin und her in dieser winzigen Zelle. Heulte zwischendurch und setzte mich, stand auf und rannte wieder. Hin und her, her und hin. Wieder und wieder und wieder. Der modrige Geruch trieb mich zusätzlich an. Es war, als ob sich mir alles zuschnürte. Der Kübel, der mir hier Gesellschaft leistete, war so eklig, dass ich nach Möglichkeit immer wartete, bis der Schließer den Käfig aufsperrte und ich auf die luxuriöse Porzellankloschüssel gehen konnte.

Plötzlich fiel mir auf, dass der Muckefuck viel früher kam als sonst. Was sollte das? Hatten die irgendwas mit mir vor? Von den Arrestanten war ich der Einzige, der seinen Muckefuck zum falschen Zeitpunkt bekam. Ich hatte gar keine Ahnung mehr, was los war. Zum allabendlichen Aufschluss bekam ich noch mal Muckefuck. Doch als der Kalf sah, dass ich bereits Muckefuck hatte, nahm er die Schüssel wieder mit hinaus. Schon wieder ein anderer Kalfaktor. Oben waren es meist die gleichen. Hier unten nicht. Oder waren es oben auch öfter andere? Drehte ich langsam durch? Merkte man eigentlich, dass man verrückt wurde, wenn man verrückt wurde?

„Zähne putzen ist wichtig", klang mir noch in den Ohren. Ich putzte mir die Zähne, band mir die Handtücher um den Leib, wickelte mich in die Decke so gut es ging und lag da wie einer, der auf seine Erschießung wartet. „Was kommt nach dem Tod", murmelte ich vor mich hin. Und: „Tot sein muss schön sein." Man ist dann Sand oder Würmerfutter. Wenn man gut war und zu was taugte, durfte man als Geist durch die Welt fliegen. Ich bin durch die Lehre geflogen, weil ich zum Lernen keine Zeit hatte; zweiunddreißig Stunden am Wochenende arbeiten, da kann niemand lernen. Ich hatte nichts in meiner Wohnung. Meine Mutter war weit weit weg. Ich fing wieder an zu heulen. „Du bist eine Pfeife!", sagte ich in Gedanken zu mir. „Hör auf mit der Flennerei! Das hast DU dir alles selber zuzuschreiben. Du bist ein Versager, ein Nichts-Könner!

Umsonst sitzt DU hier nicht drin. Die anderen sind draußen. Oder wenigstens zusammen in einer Zelle."

Dann ging das Licht an. Ich machte die Augen zu. „Pfoten auf die Decke!", schnauzte der Polizist und trat mit dem Fuß gegen die Tür. Ich zuckte zusammen und gehorchte. „Nochmal die Pfoten unter der Decke, und ich komm rein!"

Licht aus. Ruhe. Mein Herz schlug wie verrückt. Ich spürte jeden Schlag und es kam mir so vor, als klopfte das Herz auf den Brettern der Pritsche. Der ganze Körper bebte. Ich wünschte mir den Tagesanbruch herbei. Das Liegen auf den Holzbrettern schmerzte mehr als sonst und ich hatte irrsinnigen Durst. Der Wasserhahn hinter dem Gitter war nur eine Armlänge vom Bett entfernt und tropfte. Die Tropferei ging mir auf den Geist. Es war das erste Mal, dass ich den nicht richtig zugemacht hatte. Man musste den Hahn so fest zudrehen, dass kein einziger Tropfen mehr herauskam. Dabei wurde die poröse Dichtung, die schon vor Jahren hätte ausgewechselt werden müssen, nicht besser. Jetzt tropfte er und mein Durst wurde immer stärker. Ich kam nicht ran. Das Gitter war zu. Ich heulte.

Wie ein Mädchen. Ich fing an mich zu hassen. War außer mir vor Zorn. Doch ich konnte nichts machen. Ich dachte an Wald und Wolken. An kleine Pilze und hohe Häuser. Komische Kombination. Spürte meinen Herzschlag, der einfach nicht ruhiger wurde. Die Magengegend krampfte. Die krampfte schon den ganzen Tag. Eigentlich war ich ein Krampf. Die Lehre nicht zu Ende gebracht, in der Wohnung sah es aus wie bei Pennern, ich hatte kein Geld und die Flucht in den Westen war schon wieder gescheitert. „Ruhig bleiben", hatte der Spucker damals im Zug gesagt. Ganz ruhig bleiben.

Die Augen bekam ich nicht zu. Mir war, als ob ich zehn Kannen Kaffee auf ex ausgetrunken hatte. Draußen wurde es langsam hell. Der Herzschlag wurde nicht langsamer. Habe ich nun geschlafen oder nicht? Egal. Nochmals rechnete ich alles zusammen: Drei

Monate saß ich ja schon. Blieben nur noch drei Jahre und sieben Monate über. Ich war wie gerädert.

Der Schließer schloss den Affenkäfig für die Morgentoilette auf. Das Tropfen des Wasserhahns klang plötzlich freundlicher und ich konnte endlich meinen Durst löschen. Ich trank einen kleinen Schluck. Mir wurde auf einmal übel. Und beinahe hätte ich gekotzt. Mit bloßen Händen drehte ich den Wasserhahn so zu, dass ein Klempner Mühe gehabt hätte, den aufzumachen.

Ich fing wieder mit meinen Turnübungen an. Der Kopfstand gelang mir nicht. Mir wurde schwindlig. Das Herz hörte gar nicht mehr auf, so heftig zu schlagen. Der Magen war ein einziger Krampf. Ich hatte auch keine Kraft mehr. Alles schien mir sinnlos. Ich saß auf dem eingemauerten Brett. Gerne hätte ich mich hingelegt, doch das ging nicht, weil die Pritsche angeschlossen war. Auf dem Boden war es zu kalt.

Als ich vor ein paar Wochen, am 7. 1. 1975, die Gerichtsverhandlung gehabt hatte, war für den Richter und den Staatsanwalt schon alles klar gewesen. Sie zogen ihre Show ab und ich bekam zehn Monate. Und jetzt? Jetzt wusste sogar schon der Kalfaktor Bescheid. Drei Jahre Nachschlag. Das ganze Leben lief wie ein Film ab. Und ich rannte im aufgeschlossenen Affenkäfig hin und her. Ein Meter mehr war ein Gewinn. Bis der Kalf mit Muckefuck und den drei trocknen Stullen kam. Dann wurde der Käfig wieder verschlossen und ich aß mein Frühstück in Gesellschaft des vor sich hin stinkenden Kübels.

Der Tag nahm kein Ende. Ich dachte, dass dieser eine Tag die ganzen drei Jahre Nachschlag schon in sich trug. „Ruhig bleiben", sagte der Spucker in Gedanken ganz laut. „Du wirst dich von diesen Bullen hier nicht fertig machen lassen", erzählte ich mir selbst. „Die haben ganz schön blöd geguckt, als ich mir aus den Kippen eine Riesenzigarre bastelte und vorher ihre Scheiß Filterzigaretten und den Bohnenkaffee ablehnte." Ich grinste vor mich hin. „Was soll das hier alles nur."

Ich versuchte mich mit Sport abzulenken, doch ich fühlte mich zu schwach, da ich die ganze Nacht nicht geschlafen hatte. So setzte ich mich also auf den eingemauerten Sitz und legte den Kopf auf den eingemauerten Tisch. Beinahe wie in der Schule damals. Dann schlief ich ein. Plötzlich knallte es an der Zellentür. „Gepennt wird nachts!", brüllte einer der Volkspolizisten. Ich sah, wie die Klappe vor dem Spion sich bewegte und sprang wie im Reflex hoch. Der Magen krampfte und als der Spion wieder zuging, sank ich zurück auf den Sitz. „Ihr könnt mich alle mal", knurrte ich leise, ließ meinen Oberkörper auf das Brett sinken und schlief kurz darauf wie in der Schule.

So um die Mittagszeit schloss ein Schließer den Affenkäfig auf und gab mir einen Umschlag, in dem ein Zettel steckte. Da stand mit Schreibmaschine drauf, dass das Verfahren wegen staatsfeindlicher Hetze gegen mich eingestellt wurde. Plötzlich schien mehr Licht im Käfig zu sein. Helle Freude war in mir. Ich mochte den Schließer auf einmal.

Ich mochte die ganzen Schließer für einen Augenblick. Und die Vernehmer. Ich hatte Verständnis für meine Festnahme und für alles. Ich war zu Recht hier. Ich wollte wieder ein guter Junge sein. Der Krampf in der Magengegend war plötzlich weg. Mir war, als hätte ich jetzt drei Jahre Knast hinter mir. Das Herz schlug wieder so wie immer. Das Gerädert-Sein der letzten Tage war weg. Ich machte plötzlich alles gerne. Alles, was jetzt passierte, schien schöner zu sein als alles, was ich bislang erlebt hatte.

Der Schließer bemerkte meine Erleichterung und grinste mir zu. Es war Frösi. Einer der netteren hier. Frösi schien immer gut gelaunt. Sein Grinsen wirkte wie in seinem Gesicht eingewachsen. Er hatte kleine verschmitzte Augen und war nie böse oder laut oder rastete – wie andere Schließer – schon bei Kleinigkeiten aus. Vielleicht lag das daran, dass er bald in Pension gehen würde. Manchmal hörte man ihn durch die Gänge pfeifen oder ein Lied summen. Frösi kam von „Fröhlich sein und singen" – so hießen auch eine Kinderzeitung und ein Pionierlied. Wie er wirklich hieß, wusste niemand der Gefangenen. Die Namen des Gefängnispersonals wurden uns nicht verraten. Und so bekamen sie eben Namen, die zu ihrem Wesen passten.

Zu den netteren gehörte auch Funki. Funki kam von Funkturm, weil der Schließer so ziemlich zwei Meter lang war und etwas schlaksig wirkte. Auch er war meist freundlich zu den Gefangenen und sah wie Frösi manchmal darüber hinweg, wenn man tagsüber auf dem Bett lag, was streng verboten war. Funki war auch mal für einen Plausch mit Gefangenen zu haben.

Und dann gab es da noch Kompotti. „Was der Mohr ist für Sarotti ist für Rummelsburg Kompotti" – lautete der Slogan für diesen Schließer. Er wurde wegen seiner äußerst dicken Brillengläser, die aussahen wie Kompottschalen so genannt. Durch seine extreme Kurzsichtigkeit war er arg gehandicapt und das sehr markante Aussehen gaben immer Anlass für Spott und Häme. Da er auch etwas tollpatschig wirkte, lachten alle über ihn. Wenn er sich an die Zellen anschlich, um uns zu beobachten oder zu belauschen, bekam man das meist sehr schnell mit. Entweder er stolperte über seine eigenen Füße oder er ließ den Schlüsselbund fallen oder ihm klebte etwas am Schuh – jedenfalls hörte man ein Klack Klack Klack – und ich ahnte dann schon, dass da niemand anderes sein konnte als Kompotti.

Wenn es ihm allerdings zu bunt wurde mit den Spötteleien und dem Gelächter, wurde er auch schon mal wütend und machte vom Migränestift Gebrauch oder selektierte den Störenfried, um ihn in den Arrest zu sperren.

Die nächste Nacht schlief ich in meinem Affenkäfig auf der Holzpritsche wie im Himmelbett. Die Nacht schien auch sonst ruhiger als alle anderen Nächte. Keine Lichtkontrolle?, wunderte ich mich. Das gibt es doch nicht! Haben die aus dem Knast hier ein Sanatorium gemacht? Vielleicht war eine „Amme", also eine Amnestie, im Anmarsch? Ungeduldig wartete ich auf eine Erklärung.

Am Morgen kam der Schließer und sagte, dass meine Arrestzeit vorbei sei und ich wieder nach oben komme. Einesteils freute ich mich, anderenteils hatte ich Bedenken. Ich putzte mir die Zähne und wusch mir das Gesicht, ohne es abzutrocknen. Au Mann, war das entspannend. Als ich das Wasser auf der Gesichtshaut spürte, hatte ich das Gefühl, als würden die Nerven nach jedem einzelnen Tropfen greifen, wie die Wurzeln einer Pflanze nach dem Regen. Ich hatte solche Lust meinen ganzen Körper nass zu machen. Doch das bedeutete, dass die Handtücher nass werden würden und bis zum Abend nicht mehr trocken.

Zum Frühstück gab es Brot, Marmelade, ein kleines Stück Margarine und Muckefuck in der Tasse. Außerdem bekam ich einen Teller und ein Alumesser. Es war wie auf Kur. Sogar das Bett wurde nicht angeschlossen. Das wäre aber besser gewesen, weil dann mehr Platz in der Zelle wäre, die ja mit 3 m x 1,80 m schon nicht gerade üppig war. Doch man hatte alles, was man benötigte. Ein kleines Wandschränkchen, ein Tischlein, ein Stühlchen und ein Bettchen. Ein Klo und ein Ausguss mit fließendem kaltem Wasser. Was brauchte man mehr? Und sicher war man vor den anderen hier auch. Na ja gut, das Bett war ein bisschen hart, aber zu Hause sind ja die drei Matratzen auch immer auseinander gerutscht, so dass ich am Ende stets auf der Erde lag. Hier hatte ich zwar ein Bettgestell, dafür keine Matratzen, draußen Matratzen und dafür kein Bettgestell. Ich werde sofort ein Bettgestell besorgen, wenn ich hier wieder raus bin, nahm ich mir vor. Mitten in meinen Gedankengang hinein bläkte einer an meiner Zellentür: „Fertig machen zur Freistunde!" Uii welche Freude! Ich machte meine Jacke zu, band die Schuhe nochmal richtig und zog den Mantel an und setzte das Käppi auf. Es folgte das Kommando: „Raustreten zur Freistunde!" Die Zelle wurde aufgeschlossen und ich trat vor die

Tür. „Gesicht zur Wand!", hieß es und ich drehte mich um und wartete, bis alle draußen waren aus ihren Löchern. Ein Blick zu meinem Nachbarn nach links. Der schien sympathisch. „Rechts um! Marsch!", schallte es durch den Gang. Und dann endlich: nach draußen! An die frische Luft. Atmen. Die ersten paar Atemzüge waren eine Wonne. Freiheit und Wolken und Licht konnte ich atmen. Allerdings auch Bullen, Knastmauern, Stacheldraht und zumeist widerlich anzusehende Knackis. Wer weiß, weshalb die alle hier sind, dachte ich. Gegenüber lief einer, der war so um die Vierzig. Sein Gesichtsausdruck war wie aus Granit. Er hatte einen oder besser gesagt, er hatte keinen Blick. Kein Leuchten in den Augen. Dahinter lief ein langer mit Glatze. Ein paar Haare sprossen im Gesicht und am Kopf. Irgendwie sah der irre aus. Er hatte auch einen sehr merkwürdigen Gang. Während sich die Beine bewegten, und er mit den anderen im Kreis lief, hingen die Arme an den Seiten, als hätte er in jeder Hand ein Bündel Kohlen. Er schaute nach den Leuten, ohne den Schädel zu bewegen. Nur die Augen bewegten sich. Dabei brabbelte er immer etwas vor sich hin. In jeder Ecke des Hofes standen ein oder zwei Polizisten. Die passten nur auf, dass keiner mit dem anderen quatschte und dass alle artig und bescheuert im Kreis liefen. Ein Entkommen gab es von diesem Hof nicht.

Als die Freistunde zu Ende war und wir alle im Gänsemarsch hinunter ins Verlies geführt wurden, war ich froh, wieder in meiner geliebten Zelle zu sein. Hier war schon alles vertrauter. Hier war ich geschützt, solange die Tür verschlossen war. Und genau diese Tür ging jetzt auf. Ich wollte rausgehen, weil ich dachte, ich komme wieder nach oben. Stattdessen brüllte mich der Schließer an: „Strafgefangener, gehen Sie nach hinten an die Wand!" Ich bekam einen Schreck, weil ich mit dem Kommando „Raustreten!" gerechnet hatte. Der Kalfaktor kam und warf drei Matratzen in meine Zelle. Ich guckte ganz verdutzt und als der Kalf wieder draußen war, sagte der Schließer mit gesenktem Blick: „Bis auf

Weiteres Einzelhaft." Und donnerte die Tür mit einem heftigen Ruck zu.

Da saß ich nun mit drei Matratzen, die ich noch nicht mal aufs Brett-Bett legen konnte, weil das ja angeschlossen war. Ich hockte da in der Zelle und wartete. Die eben noch bestehende Vertrautheit mit meinem vergitterten kleinen Reich war dahin. Ich musste wohl eine Art Abschiedsstimmung gehabt haben. In mir stieg ein Ohnmachtsgefühl auf. Der Kreislauf sackte zusammen und ich legte den Kopf auf den Tisch. Wie in der Schule, wenn der Physikunterricht in der siebenten und achten Stunde eigentlich egal war. Der Physiklehrer quatschte sich alle Zähne locker und begriffen hat das niemand.

Ich hab das hier auch alles nicht begriffen. Mal hin, mal her. Einen Ausweg gab es nicht. Doch. Es gab einen. Schlafen. Ich flüchtete in die sichere Höhle des Schlafes. Ich grinste, der Kopf lag auf dem Tisch und ich versuchte zu träumen, dass ich mit Mama im Westen Abendbrot aß. Doch das gelang mir nicht. Ich wusste nicht, wie die Umgebung aussah, in der meine Westmutter lebte. Ich wusste nicht mal, was sie zum Abendbrot aß.

Mir fiel meine Wohnung ein, in der in meiner Abwesenheit Fremde herumgewühlt hatten, obwohl es kaum etwas zum Herumwühlen gab. Mein Herz pochte wieder schneller. Schlafen konnte ich nicht mehr. Die hatten nichtabgeschickte Briefe an meine Mutter bei der Hausdurchsuchung beschlagnahmt und auch eine Landkarte aus dem Atlas, auf der ich mit einem Bleistift irgendwann eine Linie gemalt hatte: Berlin – Dresden – Bad Schandau – Prag nach Budweis an die Tschechisch-Bayrische Grenze. Ich hatte diesen Strich mal gedankenverloren gezeichnet. Richter und Staatsanwalt haben den dünnen Bleistiftstreifen als Beweismaterial genommen, um mich einer subversiven Tätigkeit zu bezichtigen, wie sie während der Verhandlung in ihrer komischen Sprache sagten und verknackten mich dann zu zehn Monaten Haft. Zehn Monate Knast für einen Strich auf der Landkarte. Und nun saß ich hier. Konnte noch nicht mal mehr in der Zelle herumlaufen, weil die Matratzen im Weg lagen und vor sich hin stanken. Mir schnürte es plötzlich die Kehle zu. Ich hatte das Gefühl zu ersticken. Ich versuchte an den Spucker zu denken, an den Satz, an dem ich mich immer festhielt. Aber mein Herz spielte nicht mit. Es wollte sich nicht beruhigen. Ich hätte am liebsten die ganze Zelle demoliert. Doch dann wären sie gekommen. Wie bei dem in Dresden. Sie hätten mich mit einem C-Rohr an die Wand gespült, mir einen Sack über den Kopf gezogen und mit der Bunawurzel auf mich eingeschlagen. Tante Lenchen schlug immer alleine mit dem Siebenstriem zu, solange bis sie keine Luft mehr bekam. Einen Sack hatte sie mir nie über den Kopf gestülpt. Sie war also doch nicht so schlecht, dachte ich.

Irgendwann gelang es mir, mich zu beruhigen, und mein Herz schlug wieder so, dass ich es nicht mehr spürte. Beim Dösen rutschte ich in einen tiefen Schlaf. Plötzlich knallte die Tür auf, ich konnte gar nicht so schnell hochspringen. Meine Arme und Beine fühlten sich durch die unbequeme Stellung, in der ich schlafend verharrt hatte, wie gelähmt. Der Polizist brüllte mich an und drohte mich zu schlagen, falls ich mir einbilde, meine Strafe hier abzupennen, statt abzusitzen.

Wie ein Zimmermädchen kam der Kalfaktor auf einmal und brachte Decken und Bettzeug. Ohne mich noch eines Blickes zu würdigen, schloss der Polizist die Pritsche von der Wand. Als die beiden verschwunden waren, begann ich, die frische Bettwäsche zu sortieren. Ich legte sie auf den eingemauerten Tisch und fing an, die Matratzen aufs Bettgestell zu legen. Plötzlich bemerkte ich ein Rinnsal, das auf den Boden tropfte. Eine rote Lache breitete sich im Nu unter der Pritsche aus. Meine Hände klebten und färbten sich ebenfalls rot. Ich erkannte erst jetzt, dass alle Matratzen mit Blut getränkt waren. So viel Blut hatte ich noch nie zuvor gesehen.

Ich stürmte zur Tür, klopfte, drückte den Alarmknopf und schrie, dass ich neue Matratzen brauchte.

„Wir sind hier nicht im Hilton!", brüllte eine Stimme über den Flur. Und gleich danach rief einer meiner Mitgefangenen: „Hier komm wa niiiiiie wieder rauuuus." So lang gezogen klang das wie in ein Blechfass gesprochen und hallte lange nach. Wieder und wieder drückte ich den Alarmknopf. Ich würde einfach so lange klingeln, bis jemand kam. Es kam aber niemand. Irgendwann hörte ich die Schritte eines Polizisten, der über den Flur und an meiner Zelle vorbeilief. Ich donnerte mit der Faust an die Tür, schrie: „Ich brauche neue Matratzen!" Lauschte auf die Schritte, hörte erst nichts, dann wieder die Worte von vorhin: „Wir sind hier nicht im Hilton!" Ich hatte keine Ahnung, was damit gemeint war, der Begriff Hilton sagte mir nichts.

„Die Dinger sind voller Blut!", schrie ich und meine Stimme überschlug sich vor Verzweiflung und Widerwillen.

„Dann legen Sie die Matratzen eben andersherum", antwortete der Polizist gereizt. „Ich komme gleich vorbei und mache Stubendurchgang. Wehe, wenn das Bett dann nicht gebaut ist!" Die Schritte entfernten sich.

Ich machte das Bett nicht. Und gekommen ist auch keiner. Was war passiert? Gab es einen Toten? Und warum? Haben die den totgeschlagen? Oder hat sich da einer die Pulsadern aufgemacht?

Aber, dass das so blutet, hätte ich mir nicht vorstellen können.

Ich tastete meinen Puls. Er schlug deutlich und regelmäßig. Vielleicht ein wenig zu schnell. In meiner Verwirrung fiel mir der Physikunterricht ein. *Druck in geschlossenen Systemen.* Geht da was kaputt in dem System, flutscht in Nullkommanichts alles raus. Bestes Beispiel: ein Fahrradschlauch, in den ein Nagel dringt. Pffffff ... ist die ganze Luft raus. Man nimmt Flickzeug, Luftpumpe und pumpt die Luft wieder rein und gut ist. Hier schien niemand das Blut wieder reingemacht zu haben. Das war noch ziemlich frisch alles. Ich konnte die Matratzen nicht mehr anfassen.

Es kam niemand. Der ganze Knast schien leer. Kein Geräusch auf dem Flur. Keine Klopfzeichen. Nichts. Ich lehnte das Ohr ganz dicht an die mit einer Blechhaut überzogene Tür. Ich hörte den Wind leise pfeifen. Ganz weit weg waren Stimmen zu hören. Ich dachte an einen Film, in dem einer der Musketiere im Kerker saß. Die Wärter spielten in solchen Filmen Würfel oder Karten. Und der Musketier schmiedete seine Fluchtpläne. Ganz schlau sah er im Film aus. Die Wärter waren da immer die dooferen. Die haben ständig gesoffen und gingen brutal mit Gefangenen um und waren unsympathisch. Der Held konnte fliehen und schlug mit dem erbeuteten Degen die Wärter in die Flucht. Ich hatte nur keinen Degen, ansonsten war hier alles ziemlich ähnlich.

Wieder lief einer über den Flur. Ich hörte was klappern, also war es ein Schließer. Ich rammelte an die Tür und diesmal wurde sie geöffnet. In der Zwischenzeit war Schichtwechsel gewesen. Kompotti blickte mich durch seine dicken Brillengläser wortlos an. Ich erklärte ihm das Problem mit den Matratzen und er schloss die Zelle immer noch wortlos. Nach kurzer Zeit kam er mit einem Kalfaktor wieder und der verlangte von mir, dass ich die blutigen Dinger aus der Zelle schaffen soll. Ich zögerte nur kurz, dann schob ich die Matratzen mit dem Fuß raus. Sie hinterließen eine rote schleimige Spur auf dem Boden, als hätte man den Menschen aus der Zelle gezogen, dem das ganze Blut gehörte.

Der Kalf warf mir drei andere Matratzen in den Raum. In ein paar Minuten hatte ich das Bett gebaut und die Zelle war plötzlich irgendwie heimisch. Jetzt fehlte nur was zum Rauchen. Ich klopfte zwölf Mal an die Wand zu meinem netten Zellennachbarn. Zwölf Mal bedeutete L und L stand für Leo. Leo war die Kloschüssel.

Der Nachbar klopfte drei Mal zurück und wir pumpten mit der Klobürste Lissie den Leo aus, damit wir über die Kanalisation sprechen konnten. Ich kniete mich vor das Becken, umarmte es wie einen Freund, den ich lange nicht gesehen hatte, und sprach in die Toilettenschüssel. Ich erzählte meinem Nachbarn, dass ich jetzt Einzelhäftling war und fragte, ob er was zu rauchen hätte. „Ja klar", sagte er. „Ich bring dir morgen was mit. Sei aber vorsichtig." Damit war das Wesentliche gesagt. Lange konnte man so ein Gespräch auch nicht durchhalten. Man musste dauernd auf der Hut sein, in den Flur hinaus lauschen und aufpassen, dass man nicht erwischt wurde. Und der Gestank war erbärmlich. Das ganze Gefängnis stank nach Kloake und hier in dem ausgepumpten Klo war der Muttergeruch des Knastes.

Ich konnte es gar nicht erwarten, was zu rauchen zu bekommen. Der Tag war so elendig lang. Länger als die ganze Zeit zuvor. Ich wollte diese Zigarette von dem Nachbarn haben. So eine kleine Scheiß Zigarette. Uns trennten maximal dreißig Zentimeter. Im Nachbarraum lag eine auf dem eingemauerten Tisch. Eine? Der hatte bestimmt Hunderte. Es gab kein Rankommen. Dreißig Zentimeter Mauerdicke? So dick ist das gar nicht. Der Löffel ist vielleicht zwanzig Zentimeter lang. Wenn mein netter Nachbar von der anderen Seite an derselben Stelle ein Loch in die Wand bohren würde, dann hätten wir eine schöne Verbindung. Und die Idioten in Uniform könnten uns mal. Ständig hatten einige von denen eine Fahne. Damit wir das nicht rochen, mussten wir immer nach hinten an die Wand bei Aufschluss. Mir war das egal. Sollten die doch saufen, so viel sie wollten. „Ich will doch nur ne Zigarette", flüsterte ich die Wand an. Plötzlich stieg eine Wut in mir hoch. Ich hätte alles zertrümmern können. Aber ich beherrschte mich. Bloß keinen Stress hier machen. Ich hab nochmal Glück gehabt, dass die mich nicht zu drei Jahren Nachschlag verdonnert haben. Hier drin gab es ohnehin nicht viel zum Zertrümmern.

Ich rechnete die Zeit aus, die ich noch in Haft verbringen musste. Es waren noch sieben Monate und soundso viele Tage. Mir kamen die Tage vor wie Jahrzehnte. Ich berechnete die Stunden, die Minuten. Es wurde immer mehr an Zeit. Dabei gibt es doch gar keine Zeit. Die Natur kennt keine Zeit. Zeit hat der Mensch erfunden. Man ist gerade da oder dort und das ist gut oder schlecht. Ich war ... und plötzlich kam mir das Grausen ... ich war immer da, wo es nie gut war. Und jetzt bin ich hier. Ohne Zeit. Ich bin für mich ganz allein. Die Gedanken kreisten. Tante Lenchen. Grausig. Schule. Fürchterlich. Alle hänselten mich immer, weil ich von Tante Lenchen zur Schule gebracht wurde. Ich hatte bis zu meinem fünfzehnten Lebensjahr noch eine Brottasche um und den Ranzen auf dem Rücken. Musste mit Fasson-Schnitt, hinten ganz kurz und vorne lang, und mit einer lächerlichen Haarklemme, in die Schule. Muttersöhnchen sagten sie zu mir. Dann bekam ich endlich eine eigene Wohnung. Bloß blöd, dass ich sonst nichts hatte: kein Geld, keine Möbel, keine Kohlen zum Heizen. Schuften am Ostbahnhof an den Wochenenden. Samstag sechzehn Stunden, Sonntag sechzehn Stunden. Eigentlich konnte ich froh sein, dass ich hier war. Ein Bett, ein Tisch und ein Stuhl, wenn auch alles eingemauert, Teller, Tasse, Löffel, Leo und Lissi und eine Wasserleitung. Regelmäßig gab es Knastfraß und jeden Tag ging es für fünfzehn Minuten an die frische Luft. Was braucht man mehr. Menschen? Wozu? Die machen nur Ärger. Ich wollte was zu rauchen. Ich wollte zur Mutter in den Westen. Da gibt's Zigaretten. Da gibt's alles. Und hier? Aber im nächsten Moment war mir wieder alles egal. Ich wollte auch nicht mehr in den Westen. Wer weiß, was mich da erwartet, dachte ich. Vielleicht will Mutter gar nicht, dass ich zu ihr komme? Ach nein, das glaubte ich nicht. Ich glaubte, dass sie genauso fühlte wie ich. Und dass sie sich freuen würde, wenn ich endlich bei ihr wäre.

Nach einigem Herumsitzen und Herumlaufen und Herumsitzen und Herumlaufen gab es Mittagessen. Hier unten erhielt man nur die halbe Ration. Anschließend wanderte ich wieder durch die Zelle, bis zum Abendbrot. Zwischendurch peitschte mich der Wahnsinn. Ich dachte darüber nach, mich mit dem Löffel durch die Wand zu graben. Nicht um abzuhauen, sondern wegen einer Zigarette, die ich beim Nachbarn schlauchen wollte. Der war wirklich sehr nett. Und ich sah den Unbekannten nebenan sitzen mit einem Berg von Kippen vor sich. Ich drehte meine Runden, um nicht durchzudrehen. Und dann kam schließlich das Kommando: „Fertigmachen zur Nachtruhe!" Ich putzte meine Zähne, zog mich aus und legte mich ins Bett. Handtücher brauchte ich jetzt nicht mehr um den Leib wickeln. Ich hatte ja jetzt alles: Matratzen, Bettzeug, ein Kopfteil. Das war eine Wonne. Dann fiel mir der Typ ein, der jetzt kein Blut mehr hatte, weil das in den Matratzen war, die sie mir erst geben wollten. Warum hat der jetzt kein Blut mehr? Warum gaben die mir seine Matratzen? Haben die den getötet? Hat er sich selbst getötet? Solange das Licht noch brannte, starrte ich die Wände an. Sie starrten zurück. Wohl hatten die Knastmauern Schweigepflicht. Aber es kommt alles raus. Irgendwann.

Als es am nächsten Tag endlich „Raustreten zur Freistunde!" hieß, war die Freude groß. Die Zigarette nahte. Bloß aufpassen. Bloß keinen Fehler machen. Mein netter Zellennachbar und ich blickten uns kurz an und er zeigte mir, dass er ein kleines fingergroßes Päckchen für mich in seiner Hand hielt. Wenn die uns hier erwischen, gehen wir beide in den Arrest, dachte ich. Erst lief ich vor ihm. Dann kam das Kommando: „Kehrt!" Er warf die Schachtel ab und ich bückte mich und tat so als ob mein Schuh drückt. Nahm das winzige, nicht mal zehn Gramm wiegende Etwas auf und behielt es in der Hand. Zehn Gramm Freude in der Hand.

Schließlich war die Freistunde, die keine zwanzig Minuten dauerte, vorbei und ich konnte unbemerkt meine zehn Gramm Freude in die Tasche stecken. Als ich im Flur mit dem Gesicht zur Wand stand, blickte ich nicht zum Nachbarn. Die kleinste Kleinigkeit hätte uns auffliegen lassen können.

Ich konnte es kaum erwarten, endlich eingeschlossen zu werden. Wickelte mit zitternden Fingern den Schatz aus. Alles war drin zum Rauchen. Nur keine Streichhölzer. Scheiße. Und nun? Mit einer Zigarette ohne Feuer in einer Zelle zu hocken war noch schlimmer als ohne Glimmstängel.

Beim Mittag fragte ich den Kalf so beiläufig wie möglich, ob er

Streichhölzer habe. Der zeigte wortlos nach oben in die Luke, in der die Fünfundzwanzig-Watt-Birne den ganzen Tag brannte. Als er mit dem Essenswagen wieder an meiner Zelle vorbeiklapperte, klopfte er an meine Tür. Vorsichtig hangelte ich mich hoch und tastete an der Glühbirne vorbei. Da war mein Päckchen. In Silberfolie eingewickelte fünf Streichhölzer und ein kleines Stück Reibefläche. Das bedeutete, ich konnte fünf Tage lang zwei, drei Züge nehmen. Ich war wieder ein Stück ich und konnte Lebensgefühl einsaugen.

Später wollte ich mich bei meinem netten Zellennachbarn bedanken für die Kippen. Klopfte zwölf Mal – für den Buchstaben L, pumpte mit der *Lissi* im *Leo* und hörte auch wie er schon pumpte.

„Danke."

„Schon okay", sagte er.

Mir war nach plaudern. „Bist du auch wegen RF oder politischer Hetze hier?"

„Nee", sagte er. „Ich soll eine Frau vergewaltigt und umgebracht haben."

Mir wurde so schwindlig bei der Aussage, dass ich beinahe vornüber mit dem Gesicht ins Klo gefallen wäre. Ich drückte den Spüler und ging nach hinten ans Fenster. Die genüsslich angesteckte Zigarette machte ich aus. *Mörder*, dachte ich.

Mein Herz fing an zu flattern. Ich hatte etwas, das ich Jahrzehnte später als Panikattacke kennenlernen sollte. Ich wollte die Zigarette nicht mehr rauchen und hätte beinahe alles ins Klo geschmissen. Doch dann zählte ich eins und eins zusammen: Ich war hier absolut sicher. Der konnte mich nicht töten.

Ich lief hin und her. Machte meine Sportübungen und brauchte ein paar Tage, bis ich mich beruhigt hatte. Irgendwann klopfte mein Nachbar an die Wand. Ich reagierte nicht. Ein paar Stunden vergingen und er klopfte noch einmal. Ich fragte, was los sei. Er sagte, er müsse mit mir reden. Also bitte, dachte ich. Rede. Ich pumpte und er redete. „Ich hab niemanden vergewaltigt und um-

gebracht", sagte er. „Ich kam besoffen aus der Kneipe und weiß gar nichts mehr. Ich sollte drei Jahre zur Fahne. Wollte aber nicht."
Na, das dachte ich doch gleich. Es stimmte also, was hier viele laut aussprachen: „WIR SIND ALLE UNSCHULDIG!" und „HIER KOMM WA NIIIIIIE WIEDER RAAUUUUS!!!"
Am Ende schien es sowieso egal zu sein, ob jemand schuldig oder unschuldig seine Zeit abbrummte. Fakt war, dass wir uns alle zu blöd angestellt hatten. Wir haben uns erwischen lassen. Deshalb saßen wir hier. Nicht wegen Schuld, sondern wegen Blödheit.
Irgendwann waren die fünf Streichhölzer aufgebraucht. Bei jedem Entzünden eines Hölzchens bangte ich darum, dass es nicht zerbrach oder gar wegen Feuchtigkeit der Schwefelkopf abfiel.

„Der Mensch gewöhnt sich an alles", hatte mal ein LLer, also ein Lebenslänglicher, gesagt. Alles Gewöhnung. Bloß nicht die Tage zählen. Das nimmt dann gar kein Ende. Stell dir vor, du hast zehn Jahre und zählst den ganzen Tag lang, den ganzen einzelnen Tag: Eiiiiiiiiiiinnnnnnnnnnnsssss.
Dann hast du noch ungefähr dreitausendsechshundertdreiundfünfzig Tage vor dir. Du hast keinen Kalender, keine Uhr, kannst nicht mal sehen, wie spät es ist. Fängst aber an, die Sekunden zu zählen. Sechsundachtzigtausendvierhundert Sekunden hat ein Tag. Geht ja. Ist schon mal weniger als Einhundertneuntausendvierhundertneunundneunzig. Bis zum Ende der Haftzeit zählst du dann dreihundertfünfzehn Millionen und ein paar zerquetschte Hunderttausend Sekunden.
Doch dieser eine Tag, an dem du in der Zelle stehst und die Sekunden, Minuten, Stunden zählst, dauert länger als der ganze zweite Weltkrieg, der in dir tobt.
Erwischen sie dich beim Pennen tagsüber, kommen sie rein und holen dich raus. Abwechslung eben.
Einmal wurde ich beim Wichsen erwischt. Der Bulle hatte mich beobachtet und die Zelle aufgeschlossen kurz vor der Explosion.

Dann hat er mir Handschellen angelegt, mich in den Waschraum gebracht und mit einer weiteren Acht oben ans Heizungsrohr angeschmiedet. „Zur Abkühlung", sagte er grinsend. Und ließ mich da ewig hängen, dass mir fast die Pfoten abgestorben sind. Tante Lenchen hatte mich auch mal beim Wichsen erwischt. Sie ging dann zur Nachbarin und zur Schule und hat es allen, die es nicht hören wollten, erzählt. Und jetzt hing ich am Heizungsrohr und spürte meine Pfoten und Arme nicht mehr. Der Rücken tat mir weh und die Beine. Ich war wieder zu blöd gewesen. Hab mich wieder mal erwischen lassen. Ich musste noch sehr viel lernen. Zum Beispiel, wie man richtig wichst und sich dabei nicht erwischen lässt. Harte Arbeit. Man denkt an irgendeine geil aussehende Dame und sperrt dabei noch Augen und Ohren auf, ob draußen gerade einer auf dem Flur langläuft, der durch den Spion glotzt, um sich aufzugeilen und anschließend den sozialistischen Moralapostel zu spielen. Wichsen war eben verboten. Stand zwar nirgends. Oder vielleicht doch? Es traute sich keiner zu fragen. Ich jedenfalls nicht. Nach Schichtwechsel schloss mich ein anderer Bulle mit den Worten „Na, komm schon, du schwule Sau" ab und brachte mich in meine Zelle. Später, als das Blut wieder in meinen Adern zirkulierte, legte ich nochmal Hand an, doch es funktionierte nicht mehr. Jetzt konnte ich noch nicht mal mehr wichsen. Was da ablief, hatte auch mit Lust nichts zu tun. Das glich einer Vergewaltigung. Trotzdem probierte ich weiter. Drei Sachen in Einklang zu bringen musste geübt werden: Hören, ob draußen einer kommt, an was Geiles denken und bei der mechanischen Arbeit geschmeidig bleiben.

Doch es passierte nichts. In mir hatte sich etwas ausgeschaltet. Mittlerweile kam ich mir albern vor, ließ das Übungswichsen sein und lief wieder in der Zelle im Kreis. Machte dabei die Augen zu und versuchte zwanghaft an was anderes zu denken. Mir fiel nichts ein. Gar nichts. Ich knallte mit dem Kopf gegen das Gitter, fluchte eine Weile vor mich hin und lief dann andersherum mit geöffneten Augen. Mal schneller, mal langsamer.

Plötzlich kam mir Radfahren in den Sinn. In Gedanken fuhr ich Rad in der Stadt. Dazu setzte ich mich hin. Mir war vom Umherlaufen ohnehin schon schwindlig. Und wenn ich es recht bedachte, lief ich hier in einer Stunde fünf Kilometer, das bedeutete, ich war in den letzten vier Stunden zwanzig Kilometer gelaufen – immer im Kreis. Also machte ich mal eine Pause. Ich wollte ein paar Züge rauchen, sparte mir das jedoch für später auf. Mir schmerzte schon der Rücken vom ganzen Tag hin und her laufen. Aber still sitzen funktionierte nicht, mir fehlte die Ruhe. Ich lief weiter und fuhr in Gedanken mit dem Rad durch die Stadt. Onkel Kurt hatte mir seins ja für achtzig Ostmark verkauft. Ich fuhr durch eine sanftere Bodensenke. Manche Schlaglöcher von den nie reparierten Straßen waren schon ganz schön gefährlich, aber das hier war nicht so schlimm. Fuhr da rein und plötzlich gab das Heck ganz sanft nach, so dass ich dachte, es ist hinten gefedert. Die Feder kam aber hinten nicht mehr hoch. Ich drehte mich um und sah, dass das Hinterrad im rechten Winkel umgebogen war. Ich richtete das so gut es ging, um das Rad wenigstens nachhause schieben zu können. Nach der Reparatur wollte ich dann mal fahren, doch das Tretlager war völlig kaputt. Irreparabel. Der *Aktivist der ersten Stunde* und Träger des *Banners der Arbeit*, der zu Hause stolz berichtete, den Gefrierfleischorden, die Medaille für die Winterschlacht um Stalingrad in den Jahren 1941/42, und das *Eiserne Kreuz* zweiter Klasse zu besitzen, hatte mir ein Schrottfahrrad verkauft. Onkel Kurt, zu dem ich immer Vater sagen musste, gehörte vor der Machtergreifung der Nazis dem *Kommunistischen Jugendverband Deutschlands* an. Er erzählte, wie er mit Werner Seelenbinder im gleichen Ringerverein kämpfte. Wenn Onkel Kurt jedoch besoffen war, sang er Nazilieder, die er als Kampflieder bezeichnete. Auch hier glänzten seine Augen. Ich war insgeheim froh, dass ich sein Fahrrad nicht mehr fahren brauchte. Ich war nicht so froh, dass ich die achtzig Ostmark los war. Vielleicht hat er das Geld ja für die Kneipe gebraucht und auf dem Heimweg mit glasigen Augen leise

Kampflieder gesungen. Onkel Kurt war ein Held im zweiten Weltkrieg. Wenn ich ihn jedoch nach Heldentaten fragte, schwieg er. Bohrte ich nach, fragte er mich, ob ich nichts zu tun habe. Schickte mich Kohlen holen oder ich musste Holzhacken gehen. Oder eine ganze Seite Schönschrift üben. Dann hatte ich was zu tun.

Mein Wunsch war plötzlich, ein Fahrrad zu besitzen, das schnell wie der Wind war. Ich lief ganz aufgeregt in der Zelle hin und her und freute mich auf mein Fahrrad. Und dann wollte ich mir die Wohnung schön machen. Couch, Tisch, Sessel. Und ein richtiges Bett. Vielleicht sogar ein Himmelbett. So eins hatte ich mal in einem Märchenfilm gesehen. Ich lief und lief und lief in der kleinen Zelle – erst links rum, dann rechts rum. Ab und zu bewegte sich die Klappe am Spion. Keine Ahnung, ob da ein Bulle oder ein Kalfaktor zu mir reinguckte. Mir war alles egal. Ich fuhr Fahrrad.

Die Hände hatte ich beim Laufen auf dem Rücken gekreuzt und den Kopf leicht nach vorn gebeugt. So, dass ich alles mühelos sehen konnte, ohne irgendwo gegenzuknallen und mir eine Beule zu holen.

Dabei sang ich leise das Lied von den *Moorsoldaten*: *Wohin auch das Auge blicket, Moor und Heide nur ringsum. Vogelsang uns nicht erquicket, Eichen stehen kahl und krumm. Wir sind die Moorsoldaten und ziehen mit dem Spaten ins Moor.*

Uns hatte man in der Schule erzählt, dass das Lied in allen Konzentrationslagern gesungen wurde. Dabei habe ich viel später erfahren, dass es im KZ Börgermoor entstand. Ich kannte nur die erste Strophe, obwohl ich mal einen KZ-Film gesehen hatte, in dem mehrere Strophen gesungen wurden. Jetzt war ich sauer, weil ich nicht mehr weitersingen konnte. Also sang ich *Brüder zur Sonne zur Freiheit* und *Heideröslein* und *Hoch auf dem gelben Wagen*. Die Lieder musste ich immer alleine singen, wenn wir die erste Stunde bei der Physiklehrerin hatten. Das ging jahrelang so. Ich hatte einmal Faxen gemacht in ihrem Unterricht und das war dann das sozialistisch-pädagogische Erziehungsresultat. „Brüüüder zur

Sonne zurr Frei-heit! Brüder zum Lichte empooor! Hell aus dem dunklen Verganghangnen leuchtet die Zukunft hervoooor ..." Dabei bin ich in der Zelle dann im Stechschritt gelaufen. Es waren immer nur zwei Schritte, beim dritten war die Zelle zu Ende. Den Stechschritt machte ich so hoch, dass ich anfangs immer fast umkippte. Nach ein paar Tagen war ich der perfekte Soldat und hätte bei der Ehrenformation eines Wachregiments mitmachen können. Dass dieser Stechschritt eine Yogaübung war, habe ich auch erst viele Jahre später erfahren.

Strafgefangenenlager Schwarze Pumpe

Ich übte den Stechschritt und fuhr Rad in der Zelle, bis es eines Tages wieder auf Transport ging. Transport nach irgendwohin. Nach der Leibesvisitation gab es ein leckeres Fresspaket mit Pupsbrot, belegt mit Toter-Oma-Fleischwurst. Die Leibesvisite war sehr notwendig, denn man durfte nichts mitnehmen außer das, was man am Leibe trug. Keine Zigaretten. Vielleicht war das eine Art Krebsvorsorge. Mit Sicherheit hatten die's ja. Deshalb war wohl auch die Mauer um die Ostzone.

Der Otto-Grotewohl-Express stand schon für uns bereit. Diesmal fuhren wir mit der Minna gleich ans Gleis und dann rein in den gemütlichen Waggon.

Nach anderthalb Tagen war ich am Ziel: Schwarze Pumpe. Der Name schien hier Programm zu sein. Der Dreck, der aus den riesigen Schornsteinen in die Luft gepumpt wurde, stank und färbte den Himmel schwarz. Wie es aussah, war die Krebsvorsorge wohl umsonst gewesen. Als ich mit den anderen Gefangenen an Baracken vorbeilief, deren Fenster vergittert waren, erinnerte ich mich an einen Besuch mit der Schulklasse im KZ Sachsenhausen. Wir kamen also in ein Lager. Dieses Ziel war nicht gerade das Ziel meiner Träume. Träume hatte ich keine mehr. Dafür jedoch Sackratten. Dagegen half eiskaltes Wasser, Kernseife und ein Nassrasierer. Nach dem Rasieren unter der kalten Dusche gab es dann vom Genossen Onkel Doktor eine Ladung Entlausungsmittel über den Kopf. Wer davon was in die Augen bekam, hatte Pech. Die Warnung sprach er erst aus, als es schon zu spät war. Ich hatte Glück, kniff die Augen vorher zu. Ich war nach der Tortur der Reise im Gefangenenwaggon jetzt richtig wach.

Anschließend wurden wir in der Effektenkammer mit Knastklamotten und Zahnbürste ausgestattet und es ging direkt in die Baracke. Am Eingang lungerte ein Empfangskomitee von Knastologen herum. Einer war mit einem kleinen Sternchen im Gesicht tätowiert und trug Lidschatten. Seine Haare schienen länger als die der anderen. Auch hatte er einen kleinen Schlag in seiner Hose.

Er quatschte mich an, ich verstand aber nicht, was er von mir wollte.

„Geht's dir gut? Was sollen die Abziehbilder in deiner Fresse?", fragte ich im Vorbeigehen so schroff ich konnte. Antworten wollte ich nicht wirklich auf meine Fragen, nur zeigen, dass er mich in Ruhe lassen sollte.

Neben dem Kerl mit den Lidschatten stand grinsend eine Type, der hatte am Hals eine Strichellinie tätowiert und die Worte ICI COPE. Andere Häftlinge hatten sich ICI COUPER tätowiert. Angeblich hieß das: Hier abtrennen. Die wussten wohl selbst nicht, welche Sprache das sein sollte. Irgendwie sahen hier alle komisch aus. Wie aus einem Horrorfilm. Üble Typen. Je länger einer im Knast war, desto mehr war der tätowiert. Und Selbstverstümmelung war mit inbegriffen. Mir war total unheimlich. Aber der Spucker hatte gesagt: „Du darfst niemals Angst zeigen!" So musterte ich die Typen alle und machte ein Pokergesicht.

Damit ich noch wacher wurde, sagte ein Knastologe, kaum war ich dem Verwahrraum zugeteilt worden, dass ich den Flur wischen soll. Fegen, wischen, bohnern. Kein Problem. Ich fegte, wischte und bohnerte. Danach taten mir alle Knochen weh. Ich war todmüde und innerlich ausgebrannt. Ein paar Minuten nachdem ich fertig geworden war, kamen die Kolonnen vom Arbeitskommando wieder und der Flur sah genauso aus wie vorher. Ich stellte das Putzzeug weg und ging in meinen Verwahrraum, der mit fünfzehn Mann besetzt war, schlauchte eine Zigarette und rauchte. Zigaretten schlauchen hat was denkbar Erniedrigendes. Betteln für einen Pfennigartikel, den ich mir nicht leisten konnte, weil ich keine Verwandtschaft hatte, die mir Geld zukommen ließ für den Einkauf.

Ein Typ mit einer blauen Binde am Arm kam in den Raum und winkte mich mit herrischer Geste heran: „Du sollst den Flur nochmal machen!"

Ich guckte den an, blieb auf dem Stuhl sitzen, zog an meiner Zigarette und schüttelte den Kopf.

„Tu es lieber nochmal, Alter", sagte der Häftling mit der blauen Binde, die ihn als OD kennzeichnete, als Ordnungsdienst – ein Wichtigtuer, der glaubte, er könne andere wegen einem Stofffetzen am Arm herumkommandieren.

„Wer sagt das?", fragte ich.

„Der Scheich", antwortete er.

„Dann richte deinem Scheich aus, er kann seinen Flur selber putzen."

Der Typ verschwand, kam aber nach einer Weile wieder und sagte, dass ich den Flur machen sollte, sonst kracht es.

Ich sagte dem: „Dann kracht es."

„Alter, mach den Flur!", sagte er und grinste.

„Nö", sagte ich. „Du bist langweilig. Verpiss dich. Sag deinem Scheich, wo der Besen steht und los geht's."

„Oh je", sagte der und ging. Als er diesmal zurückkehrte, befahl er mir: „Du sollst zum Scheich kommen!"

„Seit wann geht der Berg zum Propheten?", entgegnete ich.

„Wenn der was will, soll er kommen." Und so richtete der Typ, ein richtig kräftiger Bauernbengel mit stahlblauen Augen, meine Worte dem Scheich aus. Der Scheich, ein drahtig dünner Kerl, kam auch prompt an. „Komm mit, wir müssen da wohl was klären!", forderte er. „Was du mir sagen willst, kannst du mir auch hier sagen. Ich bin müde, hab eine harte Reise hinter mir." Meine Mithäftlinge im Raum wurden nervös. „Geh lieber! Wir brauchen hier alle keinen Stress", sagte einer.

Ich ging also mit und lief über den von mir frisch geputzten, von den vier Arbeitskommandos kurz danach verdreckten Flur. Die ganze Schufterei war völlig umsonst gewesen. Mir taten von der Reise und der Putzerei alle Knochen weh. Ich war müde und schlapp. Doch als ich hinter dem Scheich her lief, schoss Adrenalin durch meinen Körper. Plötzlich war ich hellwach und wollte nur noch dem vor mir herlaufenden dürren Vogel den Hals umdrehen. Es war so billig, sich von einem Mitgefangenen traktieren zu lassen. Jede Faser meines Körpers war voll Wut und Hass.

Am anderen Ende der Baracke angekommen öffnete der Scheich eine Tür. Dahinter saßen die Pritscher, so wurden hier die Gefangenen genannt, die als Brigadiere der Arbeitsgruppen weisungsberechtigt gegenüber den anderen Häftlingen waren. Die Pritscher sahen alle aus wie Bluthunde. Ich dachte, jetzt hat mein letztes Stündchen geschlagen. Mit dem spacken Scheich wäre ich ja noch fertig geworden, aber mit diesen Tölen hier nicht. Die starrten mich alle an. Ich sah das, obwohl ich den Blick gesenkt hielt. Hätten sie mich mit verbundenen Augen dort hineingeführt und niemand hätte was gesagt oder sich durch Bewegung bemerkbar gemacht, die Spannung wäre durch die Haut zu spüren gewesen, die diese Typen ausstrahlten. Nun hatten die wohl eher gedacht, da würde ein Muskelprotz kommen. Solch einen Eindruck hatte ich wohl durch meinen Trotz hinterlassen. Als sie mich dann sahen, wurden sie sichtbar gelöster, aber die Spannung lag immer noch in der Luft. Dann schloss der Scheich die Tür.

„Wenn ich dir sage, du machst den Flur, dann machst du den Flur!", brüllte er mich an.

Ich entgegnete betont leise: „Wenn ich dir sage nein, dann nein." Die Blicke der Pritscher wurden wieder nervöser.

„Du hast mich zu siezen!", schrie der Scheich.

„Du darfst mich mal am Arsch lecken. Bist was Besseres? Dann geh heute Abend in die Kneipe und bring was Schönes mit." Ich sprach immer noch im gespielt gelassenen Ton.

Die Tölen fingen an sich zu unterhalten und grinsten. Der Scheich holte plötzlich aus und schlug mir mit voller Wucht ins Gesicht. Ich spürte einen jähen heftigen Schmerz und eine warme Flüssigkeit spritzte aus meiner Nase und rann in meine Kehle. Blitzschnell dachte ich, wenn ich jetzt zurückschlage, drehen die mir die Gurgel um. Also spuckte ich den ganzen Schleim und das Blut, das sich im Rachenraum sammelte, dem Scheich ins Gesicht. Volltreffer! Der Scheich wandte sich angeekelt von mir ab und ging zum Waschbecken. Ich machte, dass ich aus dem Raum kam. Als er hinter mir herrief, dass ich zu fragen habe, ob ich den Verwahrraum verlassen darf, wenn er sich darin befindet, reagierte ich nicht. Oh, seine Majestät der Scheich ist verletzt, dachte ich bei mir. Und ich fragte mich, wie das wohl noch ausgehen wird. Mir tat der ganze Schädel weh und die Nase blutete wie verrückt.

Meine Zellengenossen guckten mich mitleidig an. „Leg dich hin und mach dir einen kalten Lappen aufs Gesicht", sagte einer.

„Geht schon", sagte ich. Das Blut lief und ich legte den Kopf in den Nacken, bis es gerann. Das dauerte länger als sonst. Als die Blutung aufhörte, besorgte ich mir von dem kaputten Hocker, der auf dem Flur stand, ein Bein. Nur für alle Fälle.

Irgendwann war endlich Nachtruhe. Ich legte mich ins Bett, den Holzknüppel fest im Griff und schlief trotz Kopfschmerzen sofort ein.

Niemand störte meinen Schlaf. Sie ließen mich tatsächlich in

Ruhe. Das hätte auch ganz anders ausgehen können, dachte ich später.
Mein Widerstand hatte sich trotz allem gelohnt. Mit meiner gebrochenen Nase zahlte ich dafür, dass ich nie wieder mit unangenehmen Tätigkeiten belästigt wurde.

Am nächsten Morgen wurden wir sehr früh durch Trillerpfeifenlärm geweckt. „Nachtruhe beenden! Raustreten zur Zählung!", schallte es durch den Gang. Also: Raus alle aus den Träumen, Klamotten anziehen und in Zweierreihe auf dem Flur antreten! Zählung.

Zählung hieß, erstmal ewig stehen und warten auf einen VoPo, der zählen konnte und nüchtern war. Viele hatten sie davon nicht zu bieten, deshalb dauerte das immer so lange. Während des Wartens durfte nicht gesprochen werden, nicht gesessen und sich nicht bewegt. Jeder hatte seinen Platz.

Die Pritscher sorgten dafür, dass alles lief, wie es laufen sollte. Dazu brüllten sie auch herum und traktierten die Neuankömmlinge, die nach der Tortur im Grotewohl-Express Kreislaufprobleme hatten, traten und schubsten und hieben mit Fäusten und Ellenbogen auf sie ein. Ich dachte so bei mir, wie armselig die sein müssen. Sind selber im Knast, weil sie anderen Leuten Schaden zugefügt haben und spielen sich hier als Moralapostel auf. Ich erinnerte mich an eine Schullektüre: Heinrich Mann *Der Untertan*. Hier traten die Untertanen gebündelt auf. Einige saßen nicht das erste Mal hier drin.

In der U-Haft war diese Art der erzwungenen Unterordnung in der Häftlingshierarchie oder der Drangsalierung durch Mitgefangene, die irgendwelche Posten ergattert hatten, gar nicht so zum Tragen gekommen. Hier im Arbeitslager sah das ganz anders aus.

Als ich das Lager betrat, fiel mir der Besuch mit der Schulklasse in einem Konzentrationslager wieder ein, auch erinnerte ich mich an KZ-Filme oder Bücher, in denen es um die NS-Zeit ging. Die

Klamotten waren hier anders. Die Betten waren Betten und verhungert sah hier auch keiner aus. Mandrills gab es aber auch hier. Mandrill war der Folterknecht bei *Nackt unter Wölfen* von Bruno Apitz. Auch Schullektüre. Mandrills gab es und gibt's überall. Ist nichts Besonderes. Nur ich war so geschult, dass es sowas Böses in der Doitschen Dämokrodischen Räbublick nicht gab. Niemals. Im ersten Arbeiter- und Bauernstaat gab es nur Gutes. „Die Ausbeutung und Unterdrückung des Menschen ist hier ein für alle Mal abgeschafft." So bläkte der Genosse Erich Honecker und alle seine Untertanen bläkten ihm nach.

Wo war ich hier bloß gelandet? Der Spucker vom ersten Transport kam mir in den Sinn, als er da sagte: Ruhe bewahren! Ich saß im Knast und kam nicht raus. Das Schlimme waren nicht so sehr der Knast, die Mauern und der Stacheldraht. Das Schlimme waren die Menschen, die mir eng auf der Pelle hingen. Diese fürchterlichen Menschen. Lene und Kurt, die über jeden meiner Schritte bestimmten und mich mit dem Siebenstriem erzogen. Ich ging zurück in die Schul- und Lehrzeit. Ich fand keine guten Menschen. Keinen Mitschüler, keinen Lehrer, keinen Lehrling, keinen Lehrausbilder, außer dem, der mir den Tipp gab Sperrmüllmöbel zu sammeln und mir eine Wohnung einzurichten. Dieser Ausbilder, der Genosse war, aber nie sein Parteiabzeichen trug, hatte es bedauert, dass ich die Lehre nicht schaffte.

Das Lager war wie ein Otto-Grotewohl-Express ohne Räder. Man konnte sich dem Anschein nach freier bewegen; so durfte man aufs Klo gehen, ohne zu betteln und …? Und? Das war es auch schon. Überall waren sie: die Untertanen und die Folterknechte.

Die Menschen waren mir alle unheimlich. Nirgends war man mal allein. Auf der Toilette stand eine Kloschüssel neben der anderen. Noch nicht mal einen runterholen konnte man sich in aller Ruhe. Was sehnte ich mich nach meiner Einzelzelle. Mir war nach gar nichts mehr zumute. Am liebsten hätte ich mich erhängt. Das ganze Leben war ja schon gelebt. Da kam nichts weiter. Was sollte da noch kommen? In neun Jahren war ich achtundzwanzig. Bis dahin hätte ich dann einen Trabbi, vielleicht immer noch mein polnisches Tonbandgerät Namens ZK 120 und eine Stereoanlage. Verreisen? Ostsee oder Erzgebirge. Urlaub mit den Untertanen? Niemals! Also was war wirklich wichtig? Wofür leben? Für Mama? Wer lebt mit neunzehn für Mama? Wer weiß, was mit der überhaupt los ist?, dachte ich. Viele meiner Briefe blieben unbeantwortet. Hatte Tante Lenchen Recht, wenn sie sagte, dass Mama eine Schlampe ist? Was ist, wenn die mich hier rauslassen und in den Westen abschieben und Mama sagt: „Verpiss dich, du störst?" Dann gehe ich zu den Rolling Stones. Ach nee, die nehmen Drogen, das ist mir zu gefährlich. Hendrix ist dran krepiert und Janis Joplin. Ich geh zu Santana. Bloß, was soll ich bei dem? Der zeigt mir einen Vogel und sagt: „Alter, du kannst noch nicht mal Gitarre spielen. Hau ab!" Also bleibt nur noch Udo Lindenberg. Der gibt bestimmt mal einen aus und wird vielleicht mein Freund. Santana versteh ich sowieso nicht. Udo spricht deutsch. Ich geh zu Udo Lindenberg und trinke mit ihm ein Bier. Vielleicht freut er sich? Vielleicht sagt er aber auch: „Singen tu ich selber, Alter. Kannste was spielen? Nee? Na, dann bezahl mal die zwei Bier hier und verschwinde. Geh wieder in deinen Osten, Alter. Ich schreib ein Lied über dich und verkaufe ein paar Schallplatten. Jeder tut, was er kann."

Ich kann nichts. Keine Lehre, kein Beruf. Sitze im Knast, weil ich noch nicht mal richtig abhauen konnte.

Auf einmal gab es einen Rippentriller. „Zählung!", brüllte ein Pritscher. Ich sollte also, wie die anderen, strammstehen und nach vorn gucken. Ein Uniformierter lief an uns entlang und zählte uns. Junge, nee ist das blöd, dachte ich. Junge, nee sind die alle blöd! Der musste meine Gedanken gespürt haben, wusste nur nicht, wer das gerade dachte, was ich da dachte. Deshalb schlug der Wärter im Vorbeigehen meinem Nachbarn die Handschelle, die aus Aluguss und Stahl bestand, mitten ins Gesicht. Mein Nachbar spuckte was auf den Boden. Es war sein Zahn. Dann hielt er sich den Mund und kippte ohnmächtig um. Der Pritscher ging zu ihm und trat ihn mit dem Fuß. „Hab dich nicht so albern! Steh auf!", befahl er. Keiner sagte was. Mir wurde plötzlich schwarz vor Augen. Mein Puls raste. Die Sinne schwanden. Ich wusste gar nicht warum. Wieso kriegt mein Nachbar die Zähne ausgeschlagen, wenn ich so blöde Gedanken habe?

Gott sei Dank war die Zählung vorbei und ich konnte mich nochmal kurz aufs Bett legen. „Bist du wahnsinnig, dich hier hinzulegen?", fragte prompt ein Zellengenosse. „Wenn die hier einen tagsüber liegen sehen, dann arbeitet die ganze Gruppe am Wochenende oder marschiert! Irgendwas fällt denen schon ein, um uns hier fertig zu machen."

Ich trottete mit den anderen in den Waschraum und trank Wasser, putzte mir die Zähne, machte eine Katzenwäsche, zog mich an und ging in den Verwahrraum. Da kamen die Kaffeeträger, die göttlichen. Und die Brotträger. Die hatten immer eine Schlacht zu schlagen. Rannten mit den Kaffeekübeln über den ganzen Appellplatz. Aus jeder der Baracken stürmten sie zur Hauptküche. Wer zuerst da war, bekam zuerst Kaffee, also „Kaffe". Mit Kaffee hatte das nichts zu tun. Das war Muckefuck, der wie wild schäumte. Keiner wusste warum. Unsere Aufpasser tranken nie von dem Zeug. Die tranken lieber Bier. Wir hatten nichts anderes. Man war gut beraten, wenn man davon nur einen Schluck trank, um den großen Durst zu löschen. Ich hatte immerzu großen Durst. Manchmal gelang es mir, in den Waschraum zu flüchten, um dort Wasser zu trinken. Wenn man da einen anderen Durstigen traf, grinste man sich zu und war für einen Moment gut Freund mit ihm.

„Für die Arbeit" musste man sich Stullen machen. Und schon wieder ertönte das Kommando: „Fertig machen zum Raustreten!" Obwohl man keine Uhr besaß, hatte man keine Zeit. Ist ja auch logisch: Keine Uhr – keine Zeit.

Den ersten Tag wurde ich zusammen mit anderen mit einem Bus in den Tagebau gekarrt. Das Schöne war, dass man noch eine Weile schlafen konnte. Rausgucken war ohnehin nicht möglich; die Fenster bestanden aus Milchglas. Kaum waren wir angekommen, erfolgte das Kommando „Absitzen!" und wir liefen im Gänsemarsch hinunter in den lehmigen Tagebau. Das sah richtig abenteuerlich da aus – als wären wir auf dem Mars oder auf dem Mond gelandet.

Jeder bekam seine Arbeit zugewiesen. Mir wurde ein schweres Ungetüm von Werkzeug in die Hand gedrückt und man sagte mir, dass das eine Schienenzange sei. „Da setzt man den Zangenkopp uff Schienkopp, macht klick und wenn did Kommando *Aufwärts* kommt, hochheben. Nichts für Männer, nur für Idioten und Weicheier", erklärte der Einweiser. „Wenn einer loslässt, geht der ganze Haufen zu Boden. Der, der loslässt, kriegt auf die Fresse." Dabei guckte er mich ganz böse an. Ich tat so, als würde ich diesem Idioten, der hier den Sozialismus mit aufbaute, um wieder was gut zu machen, zuhören. Später sah ich ihn, wie er mit dem Marmeladenglas herumlief, steife Penisse eintunkte und reihum jedem einen geblasen hat, der dafür mit Tabak, Blättchen und Zündhölzer bezahlte. Ich hätte kotzen können, als ich das sah.

Ich tat also interessiert und mimte den besten Gleisbauer des Volkes. Dann kam das Kommando „Aufwärts!", bei dem die Gleise von den Schwellen gelöst werden sollten. Allerdings blieb ich mit dem Stiefel im Lehmboden hängen, stürzte und stützte mich dabei auf die Schiene und es ging abwärts mit dem Gleis. Zum Glück wurde niemand eingeklemmt. Natürlich waren die Untertanen trotzdem sauer. Die Räuber, Mörder und Vergewaltiger hatten ja auch was „wieder gut" zu machen. Ich hatte das nicht.

Gott stand mir bei. Ich wurde ruckzuck ausgewechselt. Ich schien denen zu schwach. Zur Strafe musste ich den ganzen Tag auf einer Stelle stehen.

Auch dieser Tag ging zu Ende. Wir trabten nach der Arbeit wieder zum Bus. Mir hing der Magen vor Hunger in den Kniekehlen. Und bis zum Abendbrot war es noch lange hin. Aber ich hatte was dazugelernt. Wenn man sich kleiner und schwächer machte, waren zwar alle sauer, doch sie ließen einen in Ruhe. Ich wollte gesund wieder hier raus und mit Sicherheit nicht den sogenannten Sozial-ismus aufbauen. Im Kabelwerk gab es wenigstens Geld und man konnte ein Feierabendbier in stinkenden Kneipen trinken. Hier hatte man noch nicht mal Zeit für sich. Man musste für Pfennigartikel betteln. Ich war zu nichts zu gebrauchen, wie Onkel Kurt immer sagte. Und diesmal sollte er Recht behalten. Ich war zu nichts zu gebrauchen und das war großartig!

Niemand durfte meine Freude bemerken. Ich saß im Bus, war vom Stehen auf der Stelle auch ganz schön erschöpft. Der Rücken tat mir weh und die Füße und die Beine. Ich guckte wie ein Versager beschämt nach unten. Innerlich freute ich mich riesig über meinen Plan, mich blöder anzustellen als ich in Wirklichkeit war und Schwäche vorzutäuschen.

Ich war um einiges dünner als die meisten anderen. Lang und dünn. Niemand traute mir Kraft zu, das war mein Gewinn. Innerlich brodelte ein Vulkan der Freude. Aber wehe, wehe es hätte jemand gemerkt.

Am nächsten Tag wurde ich dem Arbeitskommando BLK 2, Beton-Leichtbau-Kombinat 2, zugeteilt. Zum BLK marschierten wir zu Fuß im Gleichschritt. Wir passierten Schleuse eins, marschierten dreihundert Meter bis zur Schleuse zwei, die sich für uns öffnete. Bewacht wurden wir im Arbeitsknast von diesen schwarz uniformierten Polizisten des Volkes, die alle eine Kalaschnikow mit sich trugen. Ich musterte die von hinten, von vorn, von der Seite. Stramme Jungs in Knickerbocker-Stiefelhosen. Die erinnerten mich immer an SS-Aufseher aus KZ-Filmen. Sozialistische Volkspolizisten in komischen Uniformen, der Totenkopf war durch Hammer, Zirkel und Ährenkranz ersetzt worden. Das DDR-Abzeichen sah aus wie eine Teddyfresse ohne Teddy, war also freundlicher als der Totenkopf. Doch die Träger waren auch hier zu allem bereit. Untertanen eben. Heinrich Mann wusste gut Bescheid. So lernt man Literatur kennen. Dass Heinrich Mann nicht verboten ist bei so vielen Gemeinsamkeiten, ist ein Zeichen von Blödheit, dachte ich, behielt das jedoch für mich.

Angekommen im BLK wurden wir erstmal wieder gezählt. Dann bekam ich eine Schippe. Ich sollte mit sechs anderen eine Straße „plan schaufeln", das bedeutete, wir sollten Steine wegschippen, Unebenheiten ausfüllen und die Straße eben machen. Da sollte dann Beton rauf, damit LKW darüberfahren konnten.

Ich hatte keine Lust. Setzte mich hin und drehte mir erst mal eine Zigarette aus gesammelten Kippen.

„Sag mal, spinnst du?", fragte mich einer von den Knackis entgeistert.

Ich blinzelte zu dem hoch und nahm einen tiefen Zug. „Wieso?"

„Alter", sagte der, „du bist hier nicht im Hilton. Du hast hier zu arbeiten. Wir geben uns hier alle Mühe, damit es uns besser geht, wenn wir rauskommen." Der quatschte mich voll, wie ein Agitator bei einer FDJ-Versammlung in der zehnten Klasse.

„Warum bist du denn hier?", fragte ich.

„Banküberfall."

Ich guckte den an und musste grinsen.

„Und wie lange hast du noch?"

„Drei Jahre."

„Na toll", sagte ich und zog an meiner Zigarette. „Da bin ich ja früher draußen als du und wenn ich weg bin, hast du immer noch genügend Zeit zu zeigen, was du alles kannst."

Er stellte sich vor mich hin und sagte, dass ich sofort die Kippe ausmachen, die Schippe nehmen und arbeiten soll. Ich ignorierte ihn und rauchte weiter.

Er schüttelte den Kopf. „Mensch, Alter, die machen dich hier fertig." Sein Tonfall klang jetzt besorgt, als wollte er mich warnen.

Das kam mir genauso vor wie bei der Verhaftung in Bad Schandau. Erst die brutale, dann die freundliche Tour, dann die brutale und dann wieder die freundliche. Oh, wie langweilig.

Ich hatte mittlerweile aufgeraucht, schmiss die Kippe weg und wollte gerade mit der Schippe losziehen, als so ein Schließer auf mich zukam. Es war Warze. Warze sah aus wie ein SS-Henker aus einem KZ-Film und genauso führte der sich auch auf.

„Was ist denn hier los?", brüllte er. „Hier wird gearbeitet!"

Der Bankräuber rannte mit seiner Schaufel schnell zu seinem Platz und machte brav die Straße plan. Ich hingegen saß da, guckte Warze an und sagte, dass mir schlecht ist und ich kotzen muss. Der zog seinen Migränestift und wollte mir eins über den Schädel ziehen, da kotzte ich ihm auf die blank geputzten Stiefel. Upps. Ich war zwar zum Scheißen zu dämlich, wie meine Pflegeeltern nicht müde wurden mir zu erklären, aber kotzen konnte ich zielgenau und treffsicher.

„Steh auf!", brüllte Warze.

Ich stand auf und schwankte hin und her. Dann kotzte ich noch einmal ein bisschen. Zuwenig gegessen, der Stress der letzten Tage und zu viel von dem Mist gequalmt, dachte ich bei mir.

„Was ist los mit dir, du Idiot!", schrie Warze.

„Weiß nicht", sagte ich. „Vielleicht der Blinddarm." Dass der vor vier Jahren schon entfernt worden war, wusste nur ich. Vielleicht ist der ja wieder nachgewachsen. Wer wusste das schon.

Und so saß ich den ganzen Tag auf einem Stuhl an der Mauer des Arbeitslagers. Was für ein Luxus.

Ich schaute zu, wie die einen Beton und die Straße plan schippten und die anderen mit der Harke bewaffnet Unkraut jäteten. Ich sah die Schergen mit ihren Kalaschnikows herumlaufen, zwischendurch ein paar zivile Arbeiter mit mitleidigen Unschuldsmienen. Und ich hatte einen privaten Wächter. Ganz für mich allein. Der saß oben auf dem Wachtturm und hatte von Warze die Anweisung, auf mich aufzupassen.

Auf einmal ging eine Dampfpfeife los. Alle schmissen das ganze

Werkzeug hin, sammelten sich am Arbeitsplatz und packten ihre Stullen aus oder rauchten eine. Das war mir verwehrt. Essen trinken, rauchen und Pause machen durfte ich nicht. Der Hintern tat mir so langsam weh vom stundenlangen Sitzen. Aber es hieß ja, dass im Strafvollzug die Strafe abgesessen wird. Nun ja. Ich tat also nichts Falsches. Ich saß und war hungrig und das war gut so. So blieb ich blass und es sah glaubwürdig genug aus, dass ich für das sozialistische Aufbauwerk nichts taugte. Die Dampfpfeife gab wieder Töne von sich, als die Pause zu Ende war. Und dann nochmal zum Feierabend.

Auf dem Rückweg brauchte ich nicht in der Kolonne mitmarschieren, weil Warze Angst hatte, ich kotze wieder. Mir war so zum Lachen zumute, doch ich wusste, dass, wenn ich auch nur anfing zu grinsen, die mich dann vertrümmern würden. So lief ich etwas abseits von den anderen, gebeugt und mit gesenktem Blick. Der Magen war sowieso verkrampft vor Hunger und vom Sitzen tat mir der Hintern weh. Das Blut zirkulierte wieder beim Laufen.

Im Lager angekommen sagte Warze, dass ich mich hinlegen soll. Na, sehr schön. Alle, die es hören sollten, haben es gehört. Und ich legte mich ganz brav ins Bettchen und pennte bis zum nächsten Tag, bis früh morgens zur Zählung durch. So ließ es sich prima leben: den halben Knasttag abgesessen, den anderen halben abgelegen. Leider war es das letzte Mal, dass ich mich auf die Art durchmogeln konnte.

Tag ein, Tag aus war es immer der gleiche Trott: Zählung, waschen, essen, anziehen, Betten bauen, Stullen schmieren, antreten, im Gleichschritt zur Schleuse, Zählung, dreihundert Meter marschieren Richtung BLK, Schleuse, Zählung, arbeiten, Dampfpfeife, Pause, Stulle essen, Dampfpfeife, weiter arbeiten. Dampfpfeife, Feierabend. Schleuse, Zählung, dreihundert Meter Gleichschritt, Schleuse, Zählung, Stuben- und Revierreinigen, Abendbrot, Bettchen. Zwischendurch wurden ein paar Jungs, die schlapp waren und sich nicht wehren konnten, gequält oder gar von mehreren vergewaltigt. Die Vergewaltiger spielten sich zu Göttern auf. Zu Herrenmenschen. Zwei hielten einen fest und der dritte zog dem die Hose runter. Ein vierter steckte dem Opfer was in den Mund oder drückte ihn mit dem Kopf auf ein Kissen, gemeinsam droschen sie auf ihn ein. Manchmal kam einer rein und ging dazwischen. Dann trauten sich auch andere dazwischen zu gehen. Mit den Schlaffies wollte keiner was zu tun haben. Die Schlaffies wurden beschuldigt, Kinderficker zu sein. Sie mussten für zwei Verwahrräume Schuhe putzen und Betten machen. So einer hatte immer zu tun. Heute sagt man dazu: Vollbeschäftigung. Ich hatte bis dato Glück gehabt, aber ich stand bei einigen schon auf der Todesliste. Weil ich meine Schuhe selber putzte, fragte mich einer, warum ich das mache. „Der Kifi putzt doch hier alle Schuhe." Ich entgegnete: „Ich lass meine Sachen nicht von einem Kinderficker anfassen." Irgendwann gab ich unserem Diener ganz heimlich eine Zigarette. Für ihn war das Lager hier die Hölle. Und wenn sie mich erwischt hätten, wäre auch ich Spießruten gelaufen.

Eines Tages fiel einem von den großmäuligen Pritschern ein: „Sonntag ist Boxen. Du", er zeigte auf mich, „boxt gegen den Kasper da." Und er wies auf einen schmächtigen Jungen mit ängstlichem Blick. „Der Kampf geht so lange, bis einer zu Boden geht."

Ich redete mit dem Jungen, fragte ihn, wo er herkommt und warum er hier ist und ob er sowas schon mal gemacht hat.

„Nö", antwortete er. „Hab ich nicht. Und ich komm aus Dresden und wollte in den Westen abhauen. Dafür haben die mich zu einem Jahr und zehn Monaten verdonnert."

Ich erzählte ihm von mir und wir stellten fest, dass wir beide im Polizeigefängnis in der Schießgasse gesessen hatten. Der Junge wirkte richtig verschüchtert. Ich redete einfach weiter mit ihm, als wären wir keine Gefangenen im Strafvollzug, sondern zwei, die sich zufällig in der Kneipe unterhielten.

„Hast du Verwandtschaft im Westen?"

„Tante und Onkel", antwortete er. „Und du?"

„Meine Mutter", sagte ich. Er nickte und fragte nicht weiter nach und ich ließ es dabei bewenden.

Als der Sonntag kam, wickelten wir Handtücher um unsere Fäuste und der Boxkampf begann. Gleich in der ersten Runde schickte ich den Jungen drei Mal auf den gebohnerten Steinholzfußboden. Aber das zählte alles nicht. Weil es zu schnell ging und er ja angeblich ausgerutscht sei. Die Herren wollten Brot und Spiele. Brot war wieder mal alle, also blieben die Spiele. Der Kerl tat mir leid. Der war so schüchtern. Kam aus gutem Hause, war zuvorkommend und nett. Aber die Show musste weitergehen.

Die Siegerprämie wurde in der fünften Runde auf drei Päckchen Tabak erhöht. Das war Ansporn genug. Der Junge hatte keine Chance. Er fing fast an zu heulen. Ich ließ ein paar Schläge durch. Er gab sich Mühe mich zu treffen, doch es tat noch nicht mal weh. Dann dachte ich nur noch ans Rauchen. Richtigen frischen Tabak rauchen. In der siebenten Runde traf ich ihn am Jochbein, hebelte ihn so aus, dass er über seine eigenen Beine stolperte, hinfiel und vor lauter Atemnot liegen blieb.

Der Kampf war zu Ende. Ich bekam meine drei Pack Tabak und gab dem Jungen eins davon ab. Er freute sich. Meine Nase tat weh. Mein Sparringspartner musste mich bei dem Gerangel wohl doch erwischt haben. War aber nicht so schlimm. Der war innerlich mein Freund. Doch er war zu schwach, um offiziell mein Freund zu sein. Wenn die anderen ihn in der Mache hätten, würde er vielleicht was ausplaudern, was lieber keiner hier wissen sollte.

Abends wurde noch mit selbstgebastelten Karten gespielt und da gewann ich ein paar Mal, so dass ich auch noch Blättchen und Zündhölzer hatte. Der Monat war gerettet.

Nach dem Boxkampf ging der eigentliche Kampf jetzt erst richtig los.

Ich traute niemandem und tastete die Typen hier alle einzeln ab. Jeder hatte Angst. Der eine mehr, der andere weniger. Angst vor der Ungewissheit. Manche schienen abgebrüht. Hatten schon einige Jahre im Knast gesessen.

Am nächsten Tag ging es dann wieder los mit der Schufterei im Arbeitslager. Diesmal sollte ich mit einer Schubkarre Kies über eine lange Strecke auf sehr unwegsamen Pfad karren. Zwei Lagerinsassen schippten die Karre übervoll und als ich die anhob, um loszugehen, dachte ich: Ohne mich ihr Sackgesichter.

Wäre ich mit der Karre den ganzen Tag hin und her gelaufen, hätte ich am nächsten Morgen keinen Knochen mehr rühren können. Bei meiner Plackerei an den Wochenenden auf dem Gemüsebahnhof hatte es wenigstens noch Geld gegeben. Zwar wenig, aber ich hatte ein Auskommen gehabt. Hier gab es nichts. Tabak konnte ich mir erboxen und Blättchen beim Kartenspiel gewinnen. Gnädiger Weise erhielten die fleißigen Arbeiter hier achtzig Ostmark für den Einkauf am Monatsende. Die achtzig Mark Hungerlohn brauchte ich auch nicht. Ich machte einen Deal mit mir selbst, nahm mir vor, keinesfalls meine Gesundheit zu opfern und setzte meine dünne Erscheinung ein. Hob die volle Karre hoch, schob sie einen halben Meter und kippte sie nach links aus.

„Ey, du Idiot!", brüllte einer. „Dahinten sollst du die auskippen!"

„Ja", sagte ich. „Ist mir aus der Hand gerutscht."

Dann kamen drei Gefangene und schippten die Schubkarre wieder so voll. Ich hob an, und kippte das Ding nach rechts aus.

„Bist du bescheuert?", wurde ich von einem Mithäftling beschimpft. Von dem Geschrei angelockt kam Postenführer Warze an. „Was ist hier los? Warum arbeitet ihr nicht und quatscht hier blöd rum?"

„Der Spacke kippt laufend die Karre aus, die wir grade vollgeschippt haben", petzte einer und zeigte auf mich.

Ich spielte den sich Schämenden.

„Du schon wieder", sagte Warze. „Vollmachen!", befahl er. Die anderen schippten die Karre voll und ich hob sie an. Das Rad stand in einer Kuhle und Warze schob mit. Ich lief ein paar Meter und kippte das Ding wieder um. „Das geht jetzt schon dreimal so, Herr Postenführer", sagte einer. „Wir schaffen unseren Plan nicht." „Vollmachen!", befahl Warze. „Und du stell dich hier nicht so blöde an, sonst kannst du was erleben!" Damit meinte er mich. Ich wollte mal wieder was erleben und kippte das Ding nach dem Anheben gleich um.

„Du schlappes Schwein!", brüllte Warze. „Du hast ja gar nichts drauf! Du bist zum Scheißen zu dämlich!"

Genau, du Arsch, dachte ich bei mir und guckte beschämt nach unten.

Warze packte mich am Oberarm, hielt in der anderen Hand den Knüppel und marschierte mit mir zur Mauer. „Hier stehen bleiben bis zum Feierabend! Käppi ab!", befahl er.

Die Sonne schien. Noch wehte ein seichtes Lüftchen, doch das sollte bald vorbei sein.

Warze wies den Wachposten auf dem Turm an, darauf aufzupassen, dass ich mich nicht einen Zentimeter vom Fleck bewege. Da stand ich also wieder. Hatte meinen privaten Wächter und bis Feierabend Zeit, die Sonne zu genießen. Beim letzten Mal konnte ich noch auf einem Stuhl sitzen. Die Sonne wurde langsam zur Qual. Durst kam dazu und der Rücken schmerzte. Die Beine wurden schwer und die Füße taten weh. Mir kam die Weisung von Warze in den Sinn. Und so schob ich den linken Fuß ganz langsam zwei, drei Zentimeter nach vorn. Nach einer Weile, ich zählte so bis zwanzig, zog ich den rechten Fuß nach und zählte dann wieder bis zwanzig. Dann schob ich den linken Fuß erneut zwei, drei Zentimeter vor. Zählte bis zwanzig und zog den anderen nach. Während der ganzen übrigen Zeit stand ich stramm wie ein Soldat ohne Käppi, zwischen der Lagerbaracke und der Mauer. Pause fiel für mich flach, Stulle essen und Muckefuck trinken somit auch und natürlich das Rauchen. Aber ich hatte so meinen Spaß.

Kurz vor Feierabend kam dann Warze an. Der traute seinen Au-

gen kaum. Zuerst brüllte er den Posten auf dem Wachturm an, ob der da oben eingepennt sei. Er hätte doch gesagt, der Straffge da solle sich nicht bewegen. Und dabei zeigte er auf mich. Ich stand bestimmt dreißig Meter weit weg von meiner Startlinie. Der Posten sagte, dass das gar nicht sein kann, er habe mich die ganze Zeit beobachtet und ich hätte mich keinen Meter bewegt. Jetzt brüllte Warze mich an, dass ich zu ihm kommen sollte. Ich erwiderte, dass ich bis zum Feierabend da stehen und mich nicht bewegen soll. Warze wurde fuchsteufelswild. Kam angerannt und hob den Migränestift, schlug zu, traf aber nicht richtig. „Du willst mich wohl verarschen, Bürschlein! Was hast du hier gemacht?"
„Gestanden, Herr Postenführer."
Noch einmal holte er zum Schlag aus, und in dem Moment kamen ein Zivilarbeiter und der andere Postenführer um die Ecke. Die wollten was von Warze und Warze ließ von mir ab. Ich stand da immer noch. Trotz meines abenteuerlichen Ausflugs, der Flucht Zentimeter um Zentimeter, tat mir alles weh. Ich war heilfroh, als dann die Dampfpfeife ertönte und wir wieder zurückmarschierten.

Betrachtet man einen Zaun von außen, dann ist es eine Absperrung, hinter der etwas ist, was man nicht betreten soll. Man geht einfach weiter und denkt da gar nicht drüber nach. Ist man jedoch hinter diesem Zaun, und man wurde in dieses abgesperrte Gebiet hineingezwungen, so sollte man es lieber nicht unaufgefordert verlassen. Es sei denn, man möchte einfach erschossen werden. Somit ist dieser Zaun ein ständiges Alarmsignal. Gleichzeitig hast du die Hoffnung, dass du irgendwann mal wieder außerhalb des Zaunes sein wirst. Doch dieses Draußen erscheint dir immer fremder – je länger man hinter diesem Zaun lebt.
Nachts hört man das Bellen der Hunde, die wie Bestien scheinen, und nachts leuchtet der Knastmond. Das sind riesige Scheinwerfer – etwa alle fünfzig Meter hängt einer an einem Metall-

winkel, der an einem Holzpfahl befestigt ist. So wird die gesamte Feuerzone ausgeleuchtet. Die Feuerzone ist ein zehn oder zwanzig oder mehr Meter breiter Streifen zwischen zwei Zäunen, in dem die Hunde laufen.

Eines Tages geschah das Unfassbare. Ich wurde eingeteilt, die Feuerzone zu harken. Die Feuerzone, die um das Gebiet, in dem die Häftlinge schuften mussten, herumführte. Hier gab es keine Hunde. Die liefen nur zwischen den Zäunen des Häftlingslagers herum und manchmal taten die mir leid, weil sie nachts in dem hell erleuchteten Streifen nicht pennen konnten.

Ständig dachte ich an den Tod. Der Tod dauert länger als das Leben. Tot sein tut nicht weh. Es gibt keine Liebe im Tod und keinerlei Qual. Keine Mutter, die nicht da ist, keine Sehnsucht. Der Tod braucht keine Arbeit, um sich eine Stereoanlage zu kaufen oder ein Auto. Der Tod braucht kein Auto. Der Tod ist schon da. Immer und überall.

Ich hob einen Stein auf, der da in der Feuerzone lag, und dieser Stein hatte was Kaltes und was Sanftes, was Schweres und was Schönes, wenn man ihn eine Weile ansah. Und er bekam etwas Gefährliches, wenn man ihn dem Wächter an den Kopf schmeißen, ihm seine Kalaschnikow wegnehmen und damit über den Zaun abhauen wollte. Aber wohin abhauen? Ohne Essen, ohne Geld, ohne Klamotten.

Die Gefahr erkannte der Posten, der uns bewachte, genauso und brüllte: „Was hast du da in deinen Pfoten? Leg das sofort hin!"

Ich blickte den an.

Er brüllte: „Hinlegen und Hände hoch!" Dann nestelte er an seiner Kalaschnikow.

Ich warf den Stein achtlos weg.

„Wie soll ich das denn machen, im Liegen die Hände hoch?", fragte ich. „Soll ich mich auf den Rücken legen?"

„Halt die Fresse!", sagte der Wachmann, „Harke weiter!"

Und so harkte ich weiter. Betrachtete den Innen- und den Außenzaun und den Stacheldraht als Krone des Konstruktes. Und als ich den Stacheldraht in einer Zigarettenpause mal ohne Handschuhe anfasste, da empfand ich ihn genauso spitz und scharfkantig, wie die Leute, die uns hier bewachten. Eiskalte Menschen in schwarzen Uniformen, schroff und einer wie der andere. Genau wie eine ganze Metallgitterzaunplatte. Um dieses Dasein zu ertragen, mussten viele von den Schließern Alkohol trinken. Sie tranken sich ihre Liebe zum Sozialismus herbei. Denn irgendwo waren es auch Menschen. Nur wofür haben sich diese Menschen entschieden?

Am nächsten Tag war ich dann wieder für die Feuerzone eingeteilt. Harken und Unkraut zupfen. Das Wort „Jäten" war verboten, weil es angeblich dem kapitalistischen Wortschatz entsprang. Was die alles wussten. Im Duden stand das Wort nicht. Jedenfalls hab ich es damals nicht gefunden. *Unkraut jäten* – die Formulierung habe ich gehört, als ich *Lassie* im Westfernsehen sah. Ein guter Genosse guckt kein Westfernsehen, und wenn doch, bildet er sich zum Schutze der Deutschen Demokratischen Republik. Aber woher wussten die Genossen, dass Jäten ein West-Wort war? Keine Ahnung.

Wir waren zu viert. Und harkten unter Privatbewachung die Feuerzone. Der Käpt'n war mit von der Partie. Er war ein Schlitzohr, hatte nur noch oben ein paar Zähne. Er kam aus Berlin und musste drei Jahre absitzen. Der Käpt'n war über fünfzig. Ich wollte wissen, warum er hier war. Erst antwortete er nicht. Nach einer Weile gab er zu, dass er was geklaut habe.

„Und was?", wollte ich wissen.

„Ist doch egal", erwiderte er mürrisch. „Ich sitze hier und die Beute ist weg."

Ich erfuhr noch von ihm, dass er aus dem Prenzlauer Berg kam. In seinem Verwahrraum stank es erbärmlich. Eines Tages rückten ihm ein paar Jungs auf die Pelle, rupften sein Bett auseinander und fanden dort etliche Paar steife Socken. Der Käpt'n wurde eingefangen und sie trugen ihn in den Waschraum. Er wehrte sich so gut er konnte, es nutzte nur nichts. Seine Haftkumpane schrubbten ihn so ab, dass er an einigen Stellen blutete. Dann trugen sie ihn wieder zurück und fingen an, mit der Kneifzange seine bestimmt fünf Zentimeter langen Zehennägel abzuknipsen. Sowas hatte ich noch nie gesehen. Und Käpt'n jammerte und stöhnte und schrie um Hilfe. Es nutzte immer noch nichts. Knips knips. Mir war jetzt klar, warum dieser Zwerg solche großen Schuhe trug. Einen Tag später erzählte er mir, dass er Harmonika gespielt und gepokert habe. Davon habe er gelebt. Und dabei sei er erwischt worden. Er und seine Pokerfreunde seien alle im Knast gelandet. Ich glaubte ihm kein Wort.

„Da bist du also Profi. Spielst denn mal ne Runde Karten mit?", fragte ich ihn.

„Nö", sagte er. „Die bescheißen hier alle nur."

Ich wurde den Verdacht nicht los, dass der hier wirklich ein Kinderficker war. Der Typ hatte sowas Schleimiges, was eklig Perverses. Und weil der so eklig und schleimig und widerlich war, wollte niemand was mit dem zu tun haben. Hier in der Feuerzone waren die, die zu nichts zu gebrauchen waren und mit denen keiner was zu tun haben wollte.

Reden war während der Arbeit verboten. Der Tag verging irgendwie. Bis zum Ende der Haftzeit waren es noch viele Tage. Der Käpt'n nutzte den Gestank, den er verbreitete, dazu aus, sich zu schützen. Den fickte keiner in den Hintern. Von dem ließ sich auch keiner einen blasen. Aber genau wusste ich das natürlich nicht. Nachts kamen die Mundelvronies mit ihren Marmeladengläsern. Das Schraubgeräusch des Deckels hatte für einige schon was Erotisches. Der Penis wurde ins Glas getunkt und los ging das Gegrunze, Gestöhne und Gechmatze. Das dauerte die ganze Nacht. Ganz schön was zu blasen für den einen Bläser. Mit acht bis zehn Kunden hatte der den Mund ziemlich voll. Ich hab es nie verstanden, wie man so was machen kann. Ich war neunzehn. Ich verstand sowieso nichts. Und das war manchmal vielleicht ganz gut so.

Dann kam der Tag, an dem mir, als ich aufs Klo zum Pinkeln ging, drei Typen folgten. Die Drei hatten mir offensichtlich aufgelauert. Herrje, jetzt war ich auf der Todesliste. Ich war kein Stricher, war immer widerspenstig, was die Arbeit hier anging, schlauchte hin und wieder Zigaretten, hatte keine Lust mich tätowieren zu lassen. Das war es! Tätowieren!

„Wir finden, dass du so blass bist", sagte der Eine. „Ihr Politischen müsst doch auch ein bisschen mehr Farbe auf dem Körper haben."

Meine Stunde hatte geschlagen. Ich wollte das stille Örtchen, das hier gar nicht mehr so still war, verlassen. Zwei von den Kerlen hielten mich fest, stießen mich an die Wand. Ich hatte keine Chance. Einer drückte mein Gesicht an das Gemäuer und der andere versuchte mit dem Pikerbesen eine Pennerträne unter mein Auge zu stechen. Ich wollte das nicht. Nicht im Gesicht und nicht mit Farbe aus Schmalz und Asche und Gummisohle und Spucke. Ich wehrte mich, doch es gelang mir nicht, mich zu befreien.

Plötzlich ging die Klotür auf und ein Typ mit blauer Armbinde erschien. Es war der Gleiche, der mir damals an meinem ersten Tag im Lager die Botschaft vom Scheich überbracht hatte, dass ich den Flur machen soll. Der Mann fragte gar nicht, blitzschnell knallte er dem Tätowierer eine, so dass der plötzlich auf dem Boden lag und sich kaum bewegte. Mit der Faust schlug er dann so derb gegen den Kopf des links von mir Stehenden, dass dessen Schädel gegen die Wand prallte. Das war ein dumpfes, sehr einprägsames Geräusch. Es hatte was Hohles. Der Kerl, der mich immer noch festhielt, ließ erst beim zweiten Hieb von mir ab. Blut lief aus seiner Nase. Der Dritte ergriff die Flucht. Der Mann mit der Armbinde packte den übrig gebliebenen Angreifer am Hals und schlug den nochmal kräftig ins Gesicht. Er brachte ihn zu Fall und schliff ihn zu einer Toilette, steckte den Kopf in die Kloschüssel und drückte dabei den Spüler. „Ihr Schweine!", fluchte er. „Ihr Dreckschweine!" Der Tätowierer lag immer noch unbeweglich auf dem Boden. „Hör auf!", schrie ich meinen Retter an. „Der ersäuft doch! Du bringst den ja um!" Der mit der Armbinde zog den Kerl aus der Kloschüssel und legte ihn unsanft ab. Der Typ sah ganz schön mitgenommen aus. Der Tätowierer auf dem Boden rekelte sich und bekam gleich noch einen Tritt gegen die Rippen und gegen den Kopf. Das ging alles so blitzschnell, dass keine fünf Minuten vergangen waren. Der Mann mit der Armbinde hob seinen Zeigefinger, wie ein Lehrer in der Schule, und sprach eine Warnung aus: „Erleb ich das hier noch mal, werdet ihr euch wünschen, ihr wäret nie auf diese Welt gekommen."

Mit diesen Worten verließ er den Ort des Geschehens und ich beeilte mich, ihm zu folgen. Mein Herz raste vor Aufregung. Meine Fresse, war der stark.

„Warum hast du das getan?", fragte ich.

„Ich fand das mutig, als du dem Scheich klar gemacht hast, dass er den Flur alleine wischen soll, dieser Wichser."

Ich grinste. „Das ist der Grund, dass du die Ärsche hier fast umbringst für mich?"

„Du hast recht, Spanner, es sind Ärsche." Er grinste zurück.

Spanner! Das war meine Rettung. Ich hatte einen *Spanner* an meiner Seite, der saustark war. Ich brauchte keine Angst mehr haben, vor den ganzen Tätowierern, Schlägern und Strichern. Hoffentlich musste ich ihm keinen blasen. Man weiß ja hier nie, dachte ich. Aber den Eindruck machte er nicht. Ich fragte ihn, warum er hier sei. Er sagte: „Das dritte Mal wegen Körperverletzung."

Auweia. Das war aber auch ein brutaler Bengel. Doch er schien trotz seiner zügellosen Kraft noch sowas wie Ehre im Leib zu haben.

Er schickte mich los, um was zu rauchen zu holen. Ich gehorchte gern. Ein Spanner ist die Rettung. Man teilt alles. Man horcht in der Gegend herum, ob was gegen den anderen geplant ist. Vier Ohren sind besser als zwei. Man hört mehr und zu rauchen gibt's auch genug. Ich hatte wenig Einkauf, aber ich hielt mich damit zurück, den Spanner um Kippen zu bitten. Schlauchte lieber woanders. Mein Spanner zeigte mir ein paar empfindliche Körperstellen und ich erboxte wieder mal ein paar Packen Tabak. Aber nicht gegen den zarten Sparringspartner aus Dresden. Dem hatten sie übel zugesetzt. Die drei, die mich auf dem Klo in der Mangel hatten, haben ihm eine Fischgräte, eine Schüssel dampfender Klöße und eine Fotze auf den Rücken tätowiert.

Ich hatte den Mut, gegen einen dieser kriminellen Muskelprotze zu boxen. Der Sieger bekam vier Pack Tabak. Mein Gegner unterschätzte mich, weil er gesehen hatte, dass ich die Schubkarre nicht fahren konnte, spack und lang war und immer krank aussah. Das war leider sein größter Fehler. Ich fing mir auch von dem ein paar mächtig warme Ohren ein, doch in der Runde sechs oder sieben gab es einen von mir auf seine Leber. Das hat gesessen. Einen Mückenstich in seine Leber. Harte spacke Fäuste trommelten auf Räubernase, -augen und -lippen. Einen Käseladen hatte der überfallen, die Verkäuferinnen mit einer Eisenstange zu Boden geschlagen und die Geldbomben mit einem Kompagnon geklaut. Der konnte von Glück reden, dass die beiden Frauen das überlebt haben. Das Fausttrommelfeuer bekam er pur, ohne Handtücher. Die Tücher hatten sich im Boxkampf von den Händen gelöst.

„Hör auf, hör auf!", stöhnte er. „Keine Luft."

Dass ich ihn besiegen konnte, war kein Können, das war Glück. Glück und Wut und Hass gegen alles. Vier Pack Tabak gehörten mir. Der bekam nichts ab.

Einer der Pritscher erschien und musterte mich. „Das nächste Mal boxt du gegen mich", sagte er. Der Pritscher war einen Kopf größer und doppelt so breit. Der war schon zum vierten Mal wegen Raub und Körperverletzung hier. Sein Blick war der eines Teufels. Der war so voll Hass gegen mich. Vermutlich hatte der mich durchschaut. Es war mir egal.

Der Boxkampf kam eine Woche später, ohne dass das einer so geplant hatte.

Wir auserlesenen Versager harkten schwer bewacht Tag für Tag, isoliert von den anderen, die Feuerzone zwischen den Zäunen des Kombinats. Das war Beschäftigungstherapie. Mit Feuerzone war gemeint, dass auf Leute, die fliehen wollten, von den Türmen geschossen werden konnte. Jedenfalls stand diese Drohung im Raum. Dass mal geschossen wurde, habe ich aber nie erlebt. Trotzdem sollte der Streifen Land täglich gepflegt werden. Ordnung muss eben sein – auch in der Feuerzone, in der nicht gefeuert wird.

Manchmal mussten wir den halben Tag im Gleichschritt durch das ganze BLK 2 laufen. Zum Gespött für die anderen.

Eines Tages sah ich aus dem BLK 1, in dem die Eisen für die Betonformen zusammengeschweißt wurden, einen Knastologen rausrennen, der sich die Augen hielt. Der rannte im Kreis und hockte sich dann hin, hielt sich immer noch die Augen. Der konnte gar nichts sehen. Ein Wärter rannte dem Verletzten hinterher und zerrte ihn wieder in die Halle. Später erfuhr ich, dass der Mann sich die Augen verblitzt hatte. Das passierte da ziemlich oft. Auch diese Nacht wollte nicht weichen – nur dass es gar nicht mehr Nacht war. Erst nach Ertönen der Mittagspausendampfpfeife wichen die schwarzen Wolken, die nichts anderes waren als abgelassener ungefilterter Dreck vom benachbarten Kohlekraftwerk. Wir bekamen Tabletten gegen die Heiserkeit, die nichts nützten. Um die Stimme wiederzuerlangen, half nur, mit der eigenen Pisse zu gurgeln. Die ersten Male hab ich gegurgelt und gekotzt. Dann ging es. War ja schließlich meine Pisse gewesen.

Wir mussten also die Feuerzone harken. Irgendjemand hatte unser schlechtes Werkzeug gegen ganz kaputtes ausgetauscht. Ich

konnte mir denken, wer das gewesen war. Ging mit meiner Schaufel zu dem Wärter. Der Posten entsicherte gleich seine MPi. „Stehenbleiben!", schrie er. Ich spürte, dass der Wärter Angst hatte, ich würde ihm eins mit der Schippe geben. Also blieb ich stehen. „Mit dieser Schaufel kann man nicht schaufeln. Mit der Picke nicht hacken. Und mit der Harke nicht harken!"
„Dann gehen Sie mit dem Werkzeug in die Elektrowerkstatt!"
Ich nahm meine Schaufel und ging in die Elektrowerkstatt. Dort durften niemand außer Zivis, Wärter und ein, zwei auserwählte Gefangene hinein. Ich betrat also die heilige Halle. Überall standen kaputte Rüttlermotore herum. Kein Wunder, wenn die mit ihrer Betonproduktion nicht nachkamen. Hinten saßen die Zivis auf dem Stuhl, tranken mit dem Pritscher, der mit mir boxen wollte und gegen den niemand eine Chance hatte, gemütlich Bohnenkaffee. Die bemerkten mich gar nicht. Dieser Pritscher war ein Schleimscheißer sondergleichen. Der quatschte mit dem Zivi so unterwürfig, dass mir der Kragen platzte und ich den anbrüllte, ob der nichts zu tun hätte und dass er hier die Schippe zu reparieren hat. Die schmiss ich ihm dann vor die Füße. Daraufhin glühten sofort seine Augen vor Hass gegen mich.

„Wie kommst du denn hier rein?", fragte er scharf.

„Durch die Tür du Analphabet", antwortete ich und zeigte ihm die kaputte Schaufel. „Na los", sagte ich, „beweg dich gefälligst und mach unser Werkzeug ganz, das du ausgetauscht hast! Und sieh zu, dass es in zehn Minuten wieder einsatzbereit ist!" Ich drehte mich um und ging. Der Pritscher sprang auf und brüllte: "Komm! Hier! Her!", rannte mir stolpernd über die kaputten E-Motoren hinterher und schlug mir auf den Rücken. Ich dachte nur an eins: Ganz dicht an den ran und festhalten und nicht mehr loslassen. Hätte der mir eine runtergehauen, wäre mir der Schädel weggeflogen. Also sprang ich ihn an wie ein Äffchen. Und er versuchte mich abzuschütteln, hob das Knie, um mir in die Eier zu treten, alles zwecklos. So wurde aus dem Boxkampf ein Ringkampf. Ich hatte keine Angst mehr vor dem, der war nicht stark. Der war nur groß. Und feige. Ein Riesenbaby. Wären wir umgefallen, und auf einen der Schrottmotoren gefallen, hätte ich mir eine ordentliche Beule zugezogen.

Doch dann schritt der Zivi ein. Und das Knäuel löste sich. Der Zivi wies mich aus der Werkstatt und ich drehte mich nochmal um. „In zehn Minuten ist die Schippe wieder einsatzbereit, sonst setzt es was!" Der Pritscher brüllte zurück: „Raus hier!"

Und wir hatten Zeit, in der Feuerzone eine zu qualmen. Das war während der Arbeitszeit verboten, also qualmten wir in Gedanken. War auch besser so, da kam ich mit dem Tabak gut hin.

Kurze Zeit später war die Schippe repariert. Die hielt bis zum Ende der Haftzeit. Dann reichten wir dem Pritscher, der im Lager immer so einen Affen machte, noch Harke und Picke.

Im Lager ließ der Pritscher mich in Ruhe. Spanner wusste zu viel von ihm und hatte einen besseren Draht zum Erzieher. Der „Erzieher": Den habe ich drei Mal gesehen – bei meiner Ankunft, dann als ich mit Spanner unter Verschluss ging und bei der Entlassung. Das war ein junger selbstverliebter Wichtigtuer, der sein Geld dafür bekam, selbstverliebt und wichtig zu tun. Aber Spanner hatte Verbindung zum Erzieher. Und Spanner war vor allem vertrauenswürdig. Das war seine eigentliche Stärke. Und er hatte Courage. Der Pritscher kam nicht ran an mich. Und ich ließ ihn eiskalt stehen. Der Druck und die Spannung, wenn der mir über den Weg lief, waren trotzdem da. Und ich konnte nicht sicher sein, dass er sich nicht bei Gelegenheit an mir rächen würde.

Wieder kam eine Nacht, in der sich alle gegenseitig ihre Drüsen ausdrückten und mit Sekret bespritzten, dabei stöhnten, schmatzten und glucksten. Widerlich. Hin und wieder wurde der Kifi-Diener in den Hintern gefickt, von einigen gleich ein paarmal hintereinander. Ich musste an Tante Lenchen denken, wie sie mich vor der Menschheit bewahrt hat. An die Prügel, die ich immer bezog, dachte ich nicht.

Ich sehnte mich nach meiner Einzelzelle zurück. Keine blöden Gestalten mehr, kein Geficke, kein Gefurze, außer mein eigenes. Keine Spannungen mehr, wenn einer mir über den Weg lief, keine Feuerzone mehr harken, keine Boxkämpfe für billigen Tabak, der draußen eine Mark kostete. Ich wollte hier weg, wo andere das Sekret für eine Ostmark mit Marmelade vermischt runterschluckten.

Es dauerte nicht lange und mein Wunsch ging in Erfüllung.

Seit der Geschichte mit der Schaufel hatte ich Stress mit dem Pritscher und Spanner hatte Ärger mit dem Scheich. Bei ihm ging es um eine harte Auseinandersetzung mit einem Typen, der dem Scheich wohl noch Geld und Tabak schuldete. Scheich wollte, dass Spanner den Schuldner massiv unter Druck setzte. Spanner lehnte das ab und sagte, dass der Scheich das alleine regeln soll. Daraufhin sollte Spanner in den Gleisbau verlegt werden.

Wir kamen auf die Idee uns beide von einem Mithäftling eine Glatze rasieren zu lassen.

Sich eine Glatze zu scheren war strengstens verboten und wurde mit Arrest bestraft.

Arrest bedeutete, dass wir erstmal aus der Schusslinie waren und unsere „Ruhe" hatten vor dem Pritscher und dem Scheich und anderen Idioten.

Unser Plan funktionierte und wir marschierten beide „unter Verschluss". Wir wurden in einem dunklen, stinkenden Raum eingeschlossen, in dem schon fünfzehn mit Arrest bestrafte Gefangene kauerten. Dabei war der Pritscher nicht der Hellste. Hätte er erstmal nur Spanner angeschissen, dann wäre der unter Verschluss gegangen und der Pritscher hätte mich plattmachen können. So war auch hier die Doofheit manchmal sehr nützlich. Mit dem Eingeschlossen-Werden machte er mir eher eine Freude.

Wir saßen in einem sechs mal vier Meter großen Kabuff zu siebzehn. Teilten uns ein Klo und ein Waschbecken. Es gab zwei zusammengeschobene Tische, aber keinen einzigen Hocker. Vor dem Fenster war eine Blende, so dass kein Licht reinkam. Sozialistische Erziehung eben. Alles für das Wohl des Volkes. Jeder erhielt nur die Hälfte der sonst üblichen Ration. Der Fraß schmeckte noch schlimmer als der, den es sonst so gab. Dafür brannte eine 25-Watt-Funzel den ganzen Tag.

Wir Siebzehn lagen den ganzen Tag im Bett und erzählten Filme. Ich konnte da nicht viel mitreden, ich war noch nie im Kino gewesen. Das wollte ich aber dann sofort alles nachholen, sobald ich hier rauskam. Keiner hatte was zu rauchen. Auweia, das war brandgefährlich. Mir fielen zum Glück einige Witze ein. Und wir gackerten heimlich drei Tage lang. Zwischendurch gab es das ekelhafte Essen. Ich versuchte, möglichst viel zu schlafen. Das klappte nicht immer. Mit siebzehn in einem engen Raum Gefangengehaltenen gibt es immer irgendwelche Geräusche und Unruhe. Was haben die Schließer sich bloß dabei gedacht uns hier einzupferchen? Die hatten doch Schulung über: Der schöne Sozialismus und so. Hatten die überhaupt kein Gewissen?

Nach drei Tagen waren alle Witze erzählt und Kinofilme wusste auch keiner mehr. Manche fingen jetzt damit an, über ihre Fickgeschichten zu reden. Die Hälfte davon war gesponnen, denn wann sollten die, die aus dem Jugendwerkhof kamen oder die schon ein paarmal gesessen hatten, eine romantische Liebesgeschichte erlebt haben? War sowieso egal. Manche wurden sofort überführt. Dann gab es Gelächter. Der eine oder andere war beleidigt. Eigentlich schien es aber gar nicht so schlimm zu sein, seine Träume und Sehnsüchte zu erzählen. Keiner von uns hier war über Dreißig. Wir waren alle in dem Alter, in dem andere eine Familie gründeten, eine Ausbildung und dann Karriere machten oder studierten. Und wir hockten eingesperrt in einer Baracke und erzählten uns Filme, Witze und Frauengeschichten. Das schweißte zusammen – jedenfalls für die Zeit, die wir hier verbringen mussten. Irgendwie wirkten alle plötzlich nett.

Ich lag da oft in der Nacht und heulte leise, so leise, dass es keiner merkte. Ich weiß gar nicht, warum. Es heulte sich einfach so von alleine. Und hörte einfach nicht mehr auf.

Eines Tages wurde die Nachbarzelle belegt. Es war ein Kumpel vom Spanner, der sonst in einer anderen Baracke untergebracht war. Anders als wir, war er im sogenannten Freizeitarrest. Der Geruch, der von nebenan in unsere Zelle drang, trieb uns an die Gitterstäbe. Freizeitarrestler durften rauchen. Hurra! Wir verständigten uns durch Klopfzeichen und quatschten leise in die Blende am Fenster. Wir warteten auf Erlösung, auf die Erlösung von unseren Qualen – in dem Fall von unseren Entzugserscheinungen.

Die Stunden vergingen nicht. Doch am nächsten Tag besorgte unser Götterbote uns ein Pack Tabak und pendelte es rüber, Tabak, Blättchen und Streichhölzer. Gleich beim ersten Pendelversuch klappte es. Was für eine Freude! Dann erzählte er noch leise was in die Blende.

Plötzlich kamen zwei Polizisten des Volkes. Am Gang und an der Art, wie sie die Türen aufmachten, haben wir sie sofort erkannt. Es waren Baumschule Busch und der Eiserne Gustav. Die brutalsten Schließer im gesamten Gefängnis. Busch hatte mal einem Kaffeeträger morgens ein Bein gestellt, den heißen Kaffee über ihn gegossen und dann gefragt, ob er nicht schneller laufen kann. Als der Kaffeeträger wieder hochkommen wollte, hat Busch ihm noch dreimal was mit dem Migränestift übergezogen.

Ausgerechnet die beiden. Wir versuchten unseren Götterboten noch zu warnen. Doch es war schon zu spät. Wir hörten, wie die Zellentür nebenan aufging. Und dann hörten wir, wie die Schließer ihn vom Gitter zogen. Es krachte und polterte nebenan. Sofort fingen sie an, auf ihn einzuschlagen, pausenlos immer im Wechsel. Baumschule Busch und der Eiserne Gustav waren ein eingespieltes Team. Unser Götterbote schrie und schrie und schrie. Irgendwann verstummte er. Die Schließer droschen immer weiter auf ihn ein. Uns stockte der Atem. Einer von uns fing an, hysterisch zu lachen. Ein anderer, ein ziemlich harter Bursche, drückte dem ein Kissen ins Gesicht, damit die Schließer ihn nicht hörten. Wären Baumschule Busch und der Eiserne Gustav zu uns gekommen, hätten wir die Nacht draußen bei den Hunden im Stehen verbringen müssen. Vorher hätten sie uns noch windelweich geprügelt. Baumschule Busch und der Eiserne Gustav prügelten und fluchten immer noch, obwohl ihr Opfer keinen Mucks mehr von sich gab.

Nachdem Busch und der Eiserne die Zellentür verschlossen hatten und nicht mehr zu hören waren, warteten wir ein paar Minuten. Diese Typen taten oft so, als wären sie gegangen, um dann abzuwarten, was passiert. Dann kamen sie wieder rein und nahmen sich ihre Opfer nochmal vor.

Diesmal jedoch waren sie weg. Wir riefen alle nach unserem Freund. Doch der sagte nichts. Wir klopften und riefen und dachten, die haben den gleich mitgenommen. Ich wollte keine Zigarette mehr, obwohl ich mich sehr gefreut hatte eine zu qualmen. Die anderen rauchten. Als ich dann doch eine wollte, war der Tabak alle.

Plötzlich erklang ein Geräusch aus der Nachbarzelle. Unser Götterbote war wieder zu sich gekommen. Wir fragten ihn, wie es ihm gehe und es dauerte eine Weile, ehe er antworten konnte. Er sagte, dass ihm kalt sei, schrecklich kalt.

Wir hatten Juli und auch in der Arrestbaracke war es sehr warm.

„Ich glaub, die haben mir meine Nieren zerschlagen und die Rippen gebrochen."

Wir tauschten hilflose Blicke und sagten ihm, dass er sich auf die Matratze legen soll.

Am nächsten Tag wurde er rausgeschlossen. Der Wärter brachte ihn ins Krankenrevier. Gesehen haben wir ihn nie wieder.

In einer Nacht wurden wir von einem Geräusch geweckt, das wir hier noch nicht kannten: Es war ein merkwürdiges Blubbern und Glucksen, Klatschen und Plätschern. Und es stank bestialisch.

Einer, der pinkeln musste, tapste zum Klo. „Ach du Scheiße!", rief er aus.

Nach und nach wurden alle wach. Es schien aber, als steckten wir in einem Alptraum fest.

„Oh neiiin! Oh, mein Gott! Was für eine Sauerei!" Die einzige Toilette, die mitten in der Zelle stand, hatte über Stunden die gesammelten Körperausscheidungen ausgespuckt. Das Zeug floss noch immer aus der Kloschüssel und überflutete den Boden. Wir saßen oder lagen jetzt also so richtig in der Scheiße. Die siebzehn Paar ordentlich aufgereihten Schuhe waren völlig unbrauchbar geworden.

Mehrere von uns riefen jetzt nach der Wache und drückten auf den Knopf der Notklingel. Doch nichts rührte sich vor der Tür, hinter der wir eingeschlossen waren. Wir brüllten im Chor. Aber es kam keine Antwort.

Wie es schien, war niemand außer uns in der Baracke.

Unseren Götterboten hatten sie ja krankenhausreif geprügelt. Also war auch die Nachbarzelle unbesetzt. Siebzehn Mann eingesperrt in einem engen Raum und die Fäkalien des ganzen Lagers breiteten sich wie ein entsetzlich stinkender Fluss aus moorigem Schlamm unter uns aus. Die Kacke war sozusagen am Dampfen. Der Spruch bekam hier nochmal eine neue Bedeutung. Und es war nicht nur unsere Kacke, es war auch die von den Wärtern und Verrätern, von den Kinderfickern und Vergewaltigern. Unser Lokus kehrte seine Aufgabe gewissermaßen um: Statt alles aufzunehmen, schleuderte es Kot und Urin aus sich heraus – wie ein Vulkan die Lava. Wir erlebten hier, so könnte man sagen, einen Toilettenausbruch. Und wir konnten nichts tun, außer warten, dass endlich mal einer vom Wachpersonal auftauchte und die Misere bemerkte.

Schließlich kamen die Wärter, die das Frühstück austeilten.

Sie verzogen ihre Gesichter und gaben uns das Brot und den Muckefuck tatsächlich noch in die Zelle. Entweder war das Gemeinheit oder Blödheit. Und sie warfen uns vorwurfsvolle Blicke zu, als hätten wir selbst die ganze Zelle vollgeschissen, nur um die Herren Genossen von der Wachmannschaft zu ärgern. Das Frühstück stand bis Mittag da auf dem Tisch. Keiner rührte es an. In der Zwischenzeit brachte man uns Eimer, Schaufeln und Lappen. Doch alle Siebzehn konnten nicht gleichzeitig einen Sechs-mal-vier-Meter-Raum von den schwimmenden Exkrementen befreien. Also blieb nur einer übrig: Ich. Spanner wollte plötzlich nicht mehr mein Leid teilen und die anderen waren auf einmal alle krank. Ich trug meine Bürde mit Würde, meckerte nicht und überlegte auch nicht. Es war eine Notsituation. Und ich tat das auch nicht für die anderen, sondern für mich. Denn ich wollte nicht mehr in der Scheiße sitzen. Als ich dann mit den ersten geleerten Eimern wiederkam, sprang einer vom Bett und half mir wortlos. Zum Schluss waren es vier, die mit anpackten. Die dreizehn anderen waren etwas Besseres. Dazu gehörte auch Spanner. War egal. Lange saß ich nicht mehr hier im Knast. Hoffentlich.

Nach dem Verwahrraum war noch der ebenfalls überflutete Flur der Arrestbaracke auszumisten und zu putzen. Wir vier brachten die Eimer zum riesigen Gully, dessen Deckel so groß war, dass er nur mit einem Flaschenzug bewegt werden konnte. Dieser Gully befand sich in der Feuerzone hinter der Arrestbaracke und dort waren Kettenhunde, die, wenn die unsere Knastklamotten sahen, die Zähne fletschten und völlig irre an ihren Ketten zerrten, um uns in den Arsch zu beißen. Man konnte da nur ganz vorsichtig vorbei schleichen, den Eimer auskippen und ganz vorsichtig wieder rein.

Als wir die letzte Wurst eingesammelt, die letzte Schaufel im Eimer und den Boden schon dreimal gewischt hatten, wuschen wir uns erstmal in einem extra bereitgestellten Wassereimer ein paarmal gründlich die Hände. Gerade wollten wir uns nun unserem bisher verschmähten Frühstück zuwenden, als es auf einmal wieder gluckste und blubberte und der nächste Schwall aus dem Klo lief.

Irgendwann stellte dann einer vom Knastpersonal den Zufluss ab. Und wir hatten Ruhe. Aber auch kein Wasser mehr. Der Extra-Eimer war wieder aus der Zelle verschwunden. Und aufs Klo konnten wir auch nicht. Wie sollten wir uns ohne Wasser waschen und die Zähne putzen? Ich putzte dann mit Muckefuck die Zähne. Waschen fiel aus.

Unsere Notdurft durften wir in unserer Not dann auf Kübeln verrichten. Sie stellten uns gnädiger Weise zwei rein. Da gab es dann eine Knastregel: Wer am Tag zuerst drauf geht, der bringt die Eimer abends raus. Zwei Tage ging da keiner drauf. Dann wurde es kritisch. Ich dachte jeden Moment, ich platze. Meine Blase war so voll, dass da wirklich nichts mehr rein ging. Und auch in meinem Darm rumorte es.

Ich überwand mich schließlich, ging zu einem der Kübel, setzte mich drauf und schwupps, flog ich gleich wieder runter. Nicht ein Gramm Stuhlgang verließ meinen Körper. Faustrecht regierte. Ich war dann der zehnte, der auf den Kübel durfte, aber nur, weil Spanner sich wieder erinnerte, dass wir Spanner waren und er Macht demonstrieren konnte.

Wenig später brachte ich die beiden schweren Kübel raus. Auf dem Flur stolperte ich und durfte alles wieder aufsammeln und danach wischen und bohnern.

Als ich endlich draußen war, genoss ich es, für drei vier Minuten zwischen den zähnefletschenden Kettenhunden frische Luft zu atmen. Das gab mir unglaubliche Kraft. Die Sonnenstrahlen noch dazu. Ich hatte wieder Hoffnung, dass nach der Entlassung alles schön wird. So hat mir Scheiße einen Augenblick Glück gebracht.

Beim Kübelauskippen in den brunnenartigen Gully beugte ich mich allerdings dann etwas zu weit rüber aus Angst, dass mich so ein beißwütiger Köter doch noch erwischte, guckte eine Sekunde zu lange in die Tiefe und da schwappte ein ordentlicher Spritzer hoch und traf genau mein Gesicht und meine Jacke.

„Ich möchte mir gerne das Gesicht abwaschen", bat ich den Schließer. Der antwortete bloß: „Jauche macht schön." Und schloss mich in die Zelle.

Bevor ich den Arrestraum betrat, hielt ich einen Moment den Atem an. Als ich vom Flur aus in die Zelle zu den anderen hineinsah, blickte ich wie in eine Gruft, in der Untote auf ihre Chance lauerten, jemanden zu vernichten.

Dann drehte sich der Schlüssel hinter mir im Schloss, die Riegel donnerten zu. In meinen Ohren und in meinen Nerven drehte es sich mit. Das schwere Metall schien sich krachend in meine Seele zu schieben.

Ich hockte wieder bei den anderen, mit Jauche im Gesicht, so dass sogar Spanner von mir abrückte. Die ganze Bude stank immer noch und einer fragte: „Wo waren die Schließer eigentlich, als das Scheißhaus überlief? Als wir klingelten und riefen, kam keiner. Was wäre passiert, wenn es gebrannt hätte?"

Nach vier Wochen ließen sie Spanner und mich da wieder raus. Und ein zwei andere auch. Und dann ging die alte Leier von vorn los: mit tausend Zählungen am Tag, mit den Stullen, die wir „für die Arbeit" machen mussten und die wirklich niemand essen wollte, mit dem Gestank, den der Käpt'n verbreitete und dem Geficke, Geblase und Gequäle in der Nacht. Für die nachgewachsenen Zehennägel des Käpt'n waren sicher die Schuhe wieder zu klein. Eine Woche noch. Dann war Entlassung. Ich zählte die Stunden, die Minuten und traute meiner eigenen Hoffnung nicht.

Kurz bevor der Tag der Tage nahte, schnappte sich der Pritscher einmal meinen Löffel, zog ihn mir einfach aus der Tasche und warf ihn durchs Gitter, so dass nach Aufschluss alle Gefangenen aus der Baracke, die zum Speisesaal marschierten, drüber latschten und der Löffel verbogen und zerkratzt war. Auch musste ich den Löffel erstmal suchen und war denn einer der letzten, der sich in die Schlange zum Essen anstellte. Der Pritscher schien auf mich gelauert zu haben. Er guckte mich an. Ich guckte ihn an. Dann fing ich an zu grinsen und lachte. Er grinste auch und fing ebenso an zu lachen. Ich hatte das Gefühl, dass er mich plötzlich mochte. Wir standen in der Schlange und schütteten uns aus vor Lachen. Von den Wachen durfte das keiner sehen, sonst hätten die uns rausgezogen und vor die Arrestbaracke in Ketten gelegt und stundenlang stehen lassen – egal, ob es in Strömen regnete oder wie verrückt die Sonne schien. Zuvor hätten sie uns vielleicht noch eins mit dem Migränestift versetzt. Vielleicht auch nicht.

Dann saß mir der Pritscher noch beim Suppe-Löffeln gegenüber und unsere Blicke trafen sich und wir lachten und lachten. Lachen ist gesund. Nur wusste er nicht, warum ich lachte.

Er war mir die letzten Tage sehr freundlich gesonnen. Zigaretten gab er mir keine. Ich fragte ihn auch nicht. Meinen Tabak hatten andere aufgequalmt. Einige gaben mir eine Tute, also eine Zigarette, einfach so.

Am Abend bevor ich entlassen werden sollte, kamen wir vom Arbeitskommando und wieder mal hatten die sozialistischen Persönlichkeiten, die in jedem Volkspolizisten steckten, die Baracke gefilzt. Das machten die öfter. Es sah dann aus, als ob eine Bombe eingeschlagen hätte. Alles, aber auch alles, war dann immer verwüstet. Alle Matratzen durcheinander, das Bettzeug lag im Dreck, Essen auf dem Boden. Danach fanden eine komplette Grundreinigung und ein Wiederaufbau der Baracke statt. Oft dauerte es bis in die Nachtruhe hinein, alles aufzuräumen und das nach einem hartem Arbeitstag im Arbeitslager der Beton-Leichtbau-Kombinate 1 und 2, bei den Gleisbauarbeitern, die im Braunkohletagebau schufteten, und den zarten Typen, die in der „Spiewa", der Spielwarenabteilung, Hopsefrösche zusammenbastelten und anderen Blödsinn, der dann in Westkatalogen angepriesen wurde und Kinder von Bonn bis Hannover und von Flensburg bis Konstanz beglückte. Beim anschließenden Stubendurchgang wurde dann kontrolliert, ob sich alles wieder ordentlich an seinem Platz befand. Und das konnte dauern. Wenn die Wärter schlechte Laune hatten, rissen sie das eine oder andere Bett wieder auseinander. Das passierte meistens von Freitag zu Sonnabend. Samstags wurde im Tagebau nicht gearbeitet. Was die gesucht haben? Brotwein und Pikerbesen, Kerzen aus Schmalz, aus Brot geknetete Würfel und Spielkarten, die selbstgebastelt waren. Diesmal fand die Filzung mitten in der Woche statt. Ich als Entlassungskandidat hatte das Privileg, nichts mehr machen zu müssen, außer meinen eigenen Kram. Dazu konnte ich mir auch einen Kifi nehmen, ich nahm mir aber keinen. Das Bett und mein Fach hab ich allein hinbekommen. Als ich sah, wie die den Kifi wieder rund machten, hätte ich ihn doch für mich nehmen sollen, dann wäre ihm einiges erspart geblieben. Schließlich ließ ich ihn doch noch meine Schuhe putzen und sagte: „Schööööön sauber!", so dass es alle hörten, und zwinkerte ihm dabei zu. Er verstand „schööön langsam" und genau das meinte ich auch. Ich legte mich aufs Nest und rauchte eine. Wäre ein Wachmann reingekommen und hätte mich da liegen und qualmen sehen, wäre die ganze Verwahrstube wieder auseinandergenommen worden. Aber es erschien keiner und die Tute war schnell aufgequalmt.

Endlich kam der Tag der Entlassung. Die ganze Nacht hatte ich kein Auge zugemacht. Nach der ersten Zählung war dieser Tag für mich gelaufen.

Die anderen gingen dann ins Arbeitskommando und ich war ganz allein. Ich durfte duschen und als ich wieder zurückkam, war schon wieder mein ganzer Verwahrraum zerwühlt. Aber das ging mich nichts mehr an. Heute würde ich endlich von hier verschwinden.

Ich vergewisserte mich, dass mich niemand beobachtete und schlich in den dritten Verwahrraum, in dem der Pritscher untergebracht war. Ich musste mich doch noch für alles bedanken. Und so kippte ich in sein Bettchen den Rest Muckefuck, schmierte mit Leberwurst und Marmelade sein ganzes Fach ein, auch seine Matratze, die Decke und den Bettrahmen nahm ich mir vor. Dann schrieb ich einen Brief und legte den bei einem anderen unter die Bettdecke. Schöne Grüße an den Pritscher. Er soll mich noch lange in Erinnerung behalten, so wie ich ihn in Erinnerung behalten werde für vier Wochen unter Verschluss. Ich überlegte, ob ich noch in sein Bett pinkle, aber da hätte man mich erwischen können und noch war ich nicht weg. Ich baute sein Bett wieder schön, so dass er zur Nacht viel Freude hatte.

Ich war gerade fertig, als ein Schließer sich am Gitter zu schaffen machte und nach mir rief. Ich ging zu ihm und als ich da allein mit dem Schließer stand, war das eine ganz andere Atmosphäre. Es war irgendwie schön und sehr entspannt und irgendwie sehr privat, ja fast feierlich.

Er brachte mich zur Effektenkammer. Dort bekam ich meine Zivilkleidung, meine Unterwäsche, meine Uhr, eine angefangene Schachtel Karo und mein Portemonnaie. Ich guckte da rein. Es war leer.

„Wo ist mein Geld?", fragte ich den Uniformierten, der die Sachen austeilte.

„Wurde beschlagnahmt, weil es zur Straftat verwendet wurde oder werden sollte."

„Wo ist mein Ausweis?", fragte ich.

„Den brauchen Sie nicht mehr. Sie bekommen einen Entlassungsschein. Damit gehen Sie zur Meldestelle der Volkspolizei und melden sich da an. Gehen sie sofort wieder arbeiten! Ihr VEB setzt sich mit den Organen in Verbindung, falls Sie nicht auftauchen oder bummeln. Dann sehen wir uns hier wieder und das wollen Sie doch nicht. Oder?"

Ich griff nach dem Entlassungsschein. Der wurde von dem Uniformierten sofort wieder weggezogen. Dafür legte er mir einen mit Ormig abgezogenen kleinen Zettel hin, den ich mir durchlesen musste und unterschreiben sollte. Sinngemäß stand da geschrieben: „Alles, was Sie hier sahen und erlebten, ist niemandem auf der ganzen Welt zu erzählen oder gar aufzuschreiben. Bei Zuwiderhandlung ist mit einer Gefängnisstrafe zu rechnen."

Der Uniformierte aus der Effektenkammer und der Schließer wiesen noch einmal deutlich darauf hin, dass das kein Spaß sei, was da auf dem Zettel stehe.

Der Schließer ging mit mir zu einem Büro, klopfte an und ich sah meinen Erzieher das dritte und letzte Mal in meinem Leben. Der saß da wie ein kleiner Junge. Tat sich aber mit seiner albernen Uniform wichtig und groß. Zu meiner Überraschung redete er mich mit meinem Namen an. Es war ein komisches Gefühl. Ich hatte meinen Namen lange nicht mehr gehört. Wir hießen in dem Haftarbeitslager Schwarze Pumpe alle „Strafgefangener" und hatten eine Nummer. Unter uns sagten wir dann so aus Quatsch: „Straffge, kommse ma her ..." Wir hießen Spanner, Pritscher oder Scheich. Ich war Straffge Nummer: 101879.

Jetzt hatte ich wieder einen Namen. Der Erzieher hielt meinen Entlassungsschein in der Hand und ich musste nochmal so eine Schweigeverpflichtung auf Ormigpapier unterschreiben.

„Zu niemandem ein Wort, weder schriftlich noch mündlich! Merken Sie sich das!", sagte der Erzieher und unterschrieb endlich den Entlassungsschein.

Ich sagte: „Auf Wiedersehen, Herr Müller."

„Für Sie Genosse Müller!", korrigierte er mich.

„Aber ich bin nicht Ihr Genosse", erwiderte ich.

„Dann eben Genosse Oberleutnant", sagte er.

Mann, ist der blöd, dachte ich und sagte: „Ja". Ich wollte den

Idioten sowieso nicht wiedersehen. Niemanden hier wollte ich wiedersehen. Ich wollte nur noch weg. Ganz weit weg. Am besten zu Mama in den Westen, doch bis dahin war es noch ein weiter weiter Weg.

Erstmal wurde ich in die Effektenkammer geführt. Ich bekam meine Zivilklamotten, die frisch gewaschen waren, zog mich um und gab die Knastklamotten ab. Dann bekam ich meinen alten Pappkoffer ausgehändigt, der mir jetzt vorkam wie ein Kinderspielzeug. Ich quittierte den Erhalt meines Eigentums und konnte schließlich zum Schleusentor gehen.

Wartend stand ich an dem grauen Tor, das noch geschlossen war und dachte daran, es anzufassen. Doch ich traute mich nicht, als ob es beißen könnte wie eine tollwütige Bestie, mich verschlingen und nie wieder loslassen.

Dann öffnete sich die Schleuse. Das hatte ich ja nun schon oft erlebt. Aber jetzt war es was ganz anderes. Ich stand hier allein mit meinem Pappkoffer, meinen Zivilklamotten und meiner Uhr. Zögernd setzte ich mich in Bewegung, als könnte plötzlich noch einer von den Schließern kommen, mich packen und in die Arrestbaracke bringen.

Aber die Zeit des Eingesperrtseins war vorbei, ein für alle Mal vorbei. Im Vorbeigehen berührte ich das Tor doch noch – vorsichtig und unauffällig. Der Stahl war grau, kalt und tot. An einigen Stellen hätte die Schleuse mal wieder gestrichen werden müssen. Doch es war nicht nur die Farbe, die in diesem Arbeitslager fehlte.

Ich lief die Straße entlang, und zwar geradeaus und nicht *links schwenk marsch* Richtung BLK. Das Herz schlug mir bis zum Hals vor Aufregung. Ich lief den mit Kopfstein gepflasterten Weg an einem Gebüsch vorbei. Die Sträucher kamen mir unwahrscheinlich grün vor. Und ich hörte Vögel zwitschern, als ob die mich begrüßten. Sie hüpften vor mir auf der Straße und ich bildete mir

ein, dass sie mir den Weg wiesen in die Freiheit: Komm! Komm schon, hier geht's lang!
Wo waren nur all die Vögel in den letzten Monaten gewesen?

Wieder draußen

Der 14. August 1975 war ein wunderschöner Sommertag. Die Sonne schien und der Wind rauschte in den Bäumen. Ich saß am Bahnhof von Schwarze Pumpe, rauchte eine Karo und wartete auf den Zug nach Berlin.
Es stank nach Eisenbahnschwellen und es waren schon wieder keine Vögel da.

In meiner Tasche hatte ich fünfundzwanzig Ostmark, meinen Lohn für die ganze Zeit im Arbeitslager, und den Entlassungsschein, der auch als Fahrkarte diente.

Ich hockte allein dort am Bahnhof. Die anderen an diesem Tag Entlassenen waren von Verwandten oder Freunden mit dem Auto abgeholt worden. Sie waren so freundlich gewesen, mich bis hierher mitzunehmen. In ihrer privaten Kleidung hatten sie ganz anders ausgesehen – frischer und netter irgendwie.

Mir tat plötzlich leid, was ich mit dem Pritscher gemacht hatte. Der war vielleicht draußen auch ganz anders. Im Haftarbeitslager musste er den Harten markieren. Wer weiß, warum er immer wieder wegen Körperverletzung einfuhr. So ganz helle war er ja nicht, dafür aber aufbrausend. Aber ein bisschen Strafe musste sein. Vielleicht überlegte er es sich das nächste Mal anders und verzichtete darauf, jemanden anzuscheißen.

Egal. Ich war draußen. In ein paar Minuten würde der Zug kommen.

Mir wurde plötzlich schlecht. Ich fühlte mich ganz schwach und völlig einsam.

Der übliche Pumpe-Mief stieg mir in die Nase, und ich dachte über den Dreck nach, den die hier ungefiltert nachts abließen. Der wurde ja nicht nur von uns Knackis eingeatmet. Alle, die hier wohnten, bekamen den ab. Ob die Eingeborenen auch ihren eigenen Urin gurgelten? Die, die hier wohnten, arbeiteten ja meist dort, wo der Dreck abgelassen wurde. Die hatten Frauen, Kinder und Großeltern. Auch die Jüngsten und die Ältesten waren den Giften, die aus den Brikettschornsteinen und Industrieschloten von Schwarze Pumpe stiegen, ungeschützt ausgesetzt. Auf den kontaminierten Böden, Spiel- und Fußballplätzen spielten Kinder und atmeten täglich die Kohlenstaubluft ein. In den verseuchten Gärten pflückten die Hausfrauen die Petersilie und den Schnittlauch für das sonntägliche Mittagessen. Hängten sie in der verdreckten stinkenden Luft auch ihre Wäsche auf? Kaum vorstellbar, dass die Kleidung in der mit Ruß und Staub geschwängerten Atmosphäre je richtig sauber wurde.

Der Zug kam angerattert und unterbrach meine Gedanken. Es fühlte sich unwirklich an, einfach so einzusteigen. Als ich den Waggon betrat, dachte ich an meine Herfahrt im Grotewohl-Express, setzte mich in ein leeres Abteil und streckte die Beine aus. Der Fahrkartenkontrolleur kam, warf mir einen missbilligenden Blick zu und knurrte: „Fahrkarte."

Ich zeigte ihm meinen Entlassungsschein und nun wusste er Bescheid, woher ich kam. Aber er hatte es sowieso schon vorher gewusst.

Im nächsten Abteil sagte er zu den anderen Reisenden etwas freundlicher: „Guten Tag, die Fahrkarten bitte!" Er hatte sofort erfasst, dass ich aus dem Knast kam. Der war ein Profi.

Nach einer Weile ging ich auf die Toilette und war das erste Mal seit langem auf einem Klo nur für mich. Ich musste ganz nötig, konnte aber nicht. Konnte nicht pinkeln. Ich blieb so lange sitzen, bis mir die Beine einschliefen. In der kleinen Kabine bekam ich auf einmal ein schlimmes Bauchgefühl. Ich dachte an den Gefangenenwaggon, die Enge, das Zusammengequetschtwerden mit den anderen, die fehlende Luft. Wo waren die mit uns im Otto-Grotewohl-Express nur überall hingefahren, dass es fast zwei Tage gedauert hatte?

Auch in Berlin schien die Sonne. In der Karl-Marx-Allee rauschten die Pappeln. Das Haus, das ich betrat, war lichtdurchflutet wie eh und je. Die Sonnenstrahlen fielen freundlich durchs Fenster, als wollten sie mich begrüßen. Doch das alles nutzte mir nichts. Es war ein beklemmendes Gefühl, als ich da die Treppe hochlief. Dieses Gefühl hatte ich sooft gehabt. Beim Kohlenholen, beim Einkaufengehen, wenn ich aus der Schule kam und Tante Lene mich schon oben mit dem Siebenstriem in Empfang nahm. Und jetzt kehrte ich aus dem Knast zurück.

„Nie hatten wir was mit der Polizei zu tun, du Penner!", begrüßte mich Lene, kaum, dass ich eingetreten war. Ich stellte den Koffer ab, gab ihr nicht die Hand und wünschte ihr keinen guten Tag.

„Ich muss gleich zur Polizei und mich anmelden, sonst suchen die mich", sagte ich, machte auf dem Absatz kehrt und lief die Treppe wieder runter.

„Guten Tag sagt man, wenn man kommt!", schrie sie mir hinterher und knallte die Tür zu.

Die Meldestelle war gleich in der Frankfurter Allee, ein paar hundert Meter östlich. Dort standen schon ein paar Leute an und warteten auf Einlass. Sie musterten mich und ich hörte, wie der eine sagte: „So wie der aussieht, kommt der grade aus dem Knast."

Ein dunkler Schleier legte sich über mein Gemüt.

In einem Extraraum wurde ich schon erwartet. Die Mitarbeiterin der Meldestelle sagte schnippisch: „Ich dachte schon, Sie kommen gar nicht mehr."

„Ich musste eine Weile am Bahnhof warten, die Rückfahrt ging aber dafür ruckzuck – in vier Stunden war ich in Berlin. Die Hinfahrt hat fast zwei Tage gedauert."

„Für sie war diese Auskunft wohl nichts Neues. „Hätten Sie sich anständig benommen, dann wären Sie heute nicht hier." Ohne mich anzusehen, schob sie mir ein Papier über den Tisch. Es war ein PM 12, ein behelfsmäßiger Personalausweis. Der besaß nur zwei Seiten. Ich musste nochmal den Zettel unterschreiben, dass ich alles, was ich in der Haftzeit erlebt und gesehen hatte, niemandem erzählen durfte. Dann wollte sie noch eine Bearbeitungsgebühr kassieren.

„Ich hab nichts", sagte ich und fummelte in meiner Jackentasche herum und zog die Karoschachtel heraus. „Ich kann Ihnen ein paar Zigaretten geben."

Sie warf mir einen genervten Blick zu und schüttelte den Kopf. „Gehen Sie!", forderte sie mich auf und machte eine ungeduldige Bewegung mit der Hand, als wollte sie mich wie ein Insekt verscheuchen.

Übertrieben höflich bedankte ich mich und steckte den PM 12 und die Zigaretten ein.

Tante Lenchen hatte Eisbein mit Sauerkraut und Kartoffeln gekocht. Die ganze Wohnung roch danach.

Nervös lief ich herum und sah erst jetzt, dass sie sich komplett neu eingerichtet hatten: ein plüschig graues Sofa, eine neue Schrankwand, die in dem kleinen Zimmer dunkel und wuchtig wirkte, ein dazu passender Couchtisch. Dass die alten Möbel weg waren, erleichterte mich, denn sie erinnerten mich zu sehr an meine achtzehn Lebensjahre der Züchtigung.

Ein Schlüsselgeräusch erklang an der Wohnungstür. Onkel Kurt erschien, warf mir einen Blick zu und sagte: „Ach, da biste ja schon." Er wirkte nicht besonders erfreut. „Ich bin extra zum Bahnhof gegangen, um dich abzuholen."

Das Essen war viel zu fett für mich.

Ich ging ins Bad und kotzte alles wieder aus.

Lene empfand das als Beleidigung. „Wozu stell ich mich eigentlich stundenlang in die Küche?" Sie trug noch ihre mit Fett bespritzte Kittelschürze und sah mich böse an. „Dem Herrn schmeckt mein Essen wohl nicht?" Einen Moment dachte ich, dass sie gleich den Siebenstriem herausholen würde. Vielleicht hatte sie ja indessen einen neuen besorgt.

Ich dachte darüber nach, warum Kurt mich vom Bahnhof abholen wollte.

Hatte er vorgehabt, mich gleich woanders hinzulenken? Weg von seiner Wohnung, die er mit seiner Ehefrau teilte und die ich nicht mehr zu beschmutzen hatte?

Während meiner Haftzeit hatten mich Kurt und dann Lene in der U-Haft in der Keibelstraße besucht. Da konnte man bequem mit der U-Bahn hinfahren und gleich noch einen Einkauf im Centrum Warenhaus am Alex machen. Ansonsten hab ich die nie gesehen. Gefehlt haben sie mir nicht, aber hingezogen fühlte ich mich seltsamerweise trotz der Schläge und Demütigungen immer noch zu ihnen. Es war die einzige Familie, die ich hatte.

„Noch nie haben wir was mit der Polizei zu tun gehabt!", sagte Lene wieder. „Wieso musstest du undankbares Geschöpf uns das antun? Haben wir nicht alles für dich gemacht?"

„Weshalb willst du in den Westen abhauen?", fragte Kurt.

„Meinste, da ist es besser?"

Beide guckten mich an. Lene, die keine Zähne mehr hatte, kaute die ganze Zeit, als ob sie etwas essen würde.

Ich antwortete nicht. Ich musste an die Vernehmungen im Knast denken.

„Im Westen musst du auch arbeiten", sagte Kurt. „Denk mal nicht, dass dir da die gebratenen Tauben in den Mund fliegen."

„Ich wollte eigentlich nur meinen Schlüssel für meine Wohnung abholen", sagte ich schließlich matt. Ich fühlte mich müde

und erschöpft und wollte nur noch in meine eigenen vier Wände.
„Die hätten dich dabehalten sollen, du undankbarer Penner! Was du uns, deinen Eltern, angetan hast! So eine Schande!", beschimpfte mich Lene und fing an zu heulen.
„Ihr seid nicht meine Eltern!", gab ich zurück. „Ihr hättet euch das ganze Theater sparen können."
Lene nahm die Kochkelle, die auf dem Tisch lag, und wollte mich damit schlagen.
„Du bist nicht meine Mutter und du nicht mein Vater! Warum habt ihr euch eingemischt in Dinge, die euch nichts angehen?"
Kurt sprang auf, kam zu mir und zerrte mich vom Stuhl. „Hau bloß ab und lass dich hier nicht mehr sehen!" Er schubste mich zur Tür und Lene schlug mir die Kelle jetzt doch noch an den Kopf. Es machte *plong plong* und weiter nichts. Dass ich eine Beule davon bekam, bemerkte ich erst Stunden später.
Bei dem ganzen Theater vergaß ich noch den Schlüssel für meine Wohnung in der Schreinerstraße. Aber es war schon gut, dass man eine Familie hatte: Sie warfen den Schlüssel einfach aus dem Fenster des vierten Stocks und trafen mich dabei sogar an der Schulter. Das tat weh, doch ich ließ mir nichts anmerken.
Ich hob ihn auf und lief, ohne mich umzusehen, davon.

Immer schneller entfernte ich mich von der Wohnung der Pflegeeltern und fühlte mich mit jedem Schritt befreiter. Ich hatte plötzlich Lust auf mein ZK-120-Tonband, das ich vor meiner Inhaftierung einem Kollegen abgekauft hatte. Das Gerät war schon der Hammer. Ich hatte Lust auf Procol Harum, auf Manfred Man, auf die Stones, die Beatles und Udo Lindenbergs *Andrea Doria*. Ich hatte Lust, mir ein paar Bretter zu besorgen, um einen Rahmen um meine drei Matratzen zu bauen, damit die nicht immer auseinanderrutschten. Doch zuerst wollte ich eine Tasse mit Wasser trinken und in Ruhe auf mein Klo gehen, das eine halbe Treppe tiefer war.

Endlich angekommen, schloss ich im vierten Stock die Wohnung auf. Dachte, die Bullen werden nach der Hausdurchsuchung nicht aufgeräumt haben und war auf das Schlimmste gefasst. Die Jungs im Knast hatten von Verwüstungen erzählt. Ich ging in das einzige Zimmer und dachte, ich spinne. Schlimmer konnte es gar nicht kommen. Eigentlich hätte ich mich freuen sollen. Doch mir stockte der Atem.

Da standen die ganzen Möbel von Tante Lene und Onkel Kurt. Statt der drei Matratzen waren da ein durch einen Vorhang abgeschirmtes Wandklappbett, die zwei Sessel und der Wohnzimmerschrank, um den ich immer gerannt war, wenn Lene mich mit Knüppel oder Peitsche verfolgt hatte. Der Wohnzimmerschrank war das Heiligtum gewesen. Da durfte nur der Vater ran, also Onkel Kurt, sonst niemand. Der hatte da seine Kassetten mit Dokumenten, in denen es um mich ging, verstaut. Und sein Geld. Er war der Ernährer und besaß einen Sonderstatus und also auch einen Schrank für sich. Unten stand immer das Porzellan für die Gäste. Wir hatten fast nie Gäste.

Wo war mein Tonband? Ich suchte in der ganzen Wohnung. Da war nicht viel zu suchen bei einem Zimmer, Küche und Außenklo. Mein Tonband war nirgends zu finden.

Plötzlich klingelte es. Ich zuckte zusammen und öffnete.

Onkel Kurt stand grinsend vor der Tür. „Na", sagte er, „freust du dich?"

„Worüber?", fragte ich.

„Na, wir haben hier ganz schön geackert und gewuchtet. Den ganzen Mist, der in der Bude drin war, rausgeschmissen und weggebracht. Und dann haben wir dir hier unsere Sachen gegeben, damit du auch was hast." Er blickte mich erwartungsvoll an. Wünschte sich ein Lob für seine Meisterleistung.

„Wo ist mein Tonbandgerät?", fragte ich ihn.

„Den Mist habe ich weggeschmissen. Das war oller Ramsch. Was willst du damit?"

„Sag mal, spinnst du?", fragte ich. „Das war mein Tonbandgerät. So was gibt's nie wieder."

„Son Mist brauchst du nicht. Diese Hottentottenmusik. Geh lieber arbeiten und verdiene Geld. Du hast doch sowieso nur Blödsinn im Kopf. Du kommst hier nie raus aus dem Osten. Dafür hab ich schon gesorgt."

„Wie bitte?", fragte ich. „Was soll ich mit dem blöden Schrank und euren Klamotten? Ich will meine drei Matratzen zurück! Den ganzen Ramsch hier kannst du wieder abholen und mir dafür mein Tonband besorgen."

„Hottentottenmusik brauchst du nicht", erwiderte Kurt. „Und die Sachen passen hier gut rein. Du bist ein undankbarer Idiot! Wir ackern uns hier für dich ab und du hast nichts Besseres zu tun, als nach kaputtem elektrischem Kram zu jammern. Du bist nichts wert, mein lieber Junge. Du musst noch viel lernen." Dabei kam er auf mich zu und ehe ich mich versah, gab er mir eine Ohrfeige, die sich gewaschen hatte. Seinen Jähzorn kannte ich nur zu gut. Und die kurzen kräftigen Hiebe mit der Hand kannte ich auch.

„Ich will das nicht! Ich will zu meiner Mutter. Und das kannst du mir nicht verbieten." „Damit du es ein für alle Mal weißt: Wir sind deine Eltern. Wir können mit dir machen was wir wollen. Und wenn ich dir sage, dass Hottentottenmusik Mist ist, mein Freundchen, dann ist das Mist! Hast du das verstanden?" Dabei stand er wie immer angespannt vor mir. Und klatsch hatte ich wieder eine im Gesicht. Er traf die vom Scheich gebrochene Nase und die blutete gleich wieder. Ich ging in die Küche, um das Blut abzuwaschen und mir ein Handtuch zu holen.

Auch dieser Raum war komplett verändert. Die Küche war mit einem alten Küchenschrank ausgestattet, in dem Geschirr und Tassen standen. Das hatte ich alles vorher nicht besessen. Ich hatte einen Handtuchhalter gehabt und eine Waschbank, auf der eine Schüssel stand. Ein kleiner Küchentisch war jetzt da und ein Stuhl. Ich hätte mich freuen müssen oder sollen.

Aber ich konnte nicht. Onkel Kurt ging fluchend, ohne sich zu verabschieden.

Erschöpft setzte ich mich erstmal hin. Ich fühlte mich fremd in der Wohnung. Ich fühlte mich hohl, bodenlos. Das einzige, was ich als echt empfand war, dass die Nase blutete und schmerzte. Am liebsten hätte ich den ganzen Mist aus dem Fenster geschmissen, damit Platz war zum Leben. Es wurde langsam dunkel. Stundenlang saß ich regungslos auf dem Stuhl. Ich wollte in meine Einzelzelle.

Auf einmal hantierte jemand an der Wohnungstür herum und schloss sie auf.

„Was ist denn jetzt los?", fragte ich. Erst wirst du ewig eingelocht und jetzt kommt hier auch jeder rein und raus, wie er grade will und wie ihm danach ist.

Der Nachbar war es, der sich mit mir den Flur teilte.

„Sie müssen sich noch beim ABV melden, sonst gibt es Ärger", teilte er mir mit. „Die waren hier und haben gemeint, Sie müssten einen Wohnungsschlüssel da abgeben."

Ich blieb erstmal sitzen. Ich geh sowieso wieder in den Knast, dachte ich. Meine Mitgefangenen waren alle nicht das erste Mal da drin gewesen. *Wer einmal aus dem Blechnapf fraß, das Wiederkommen nicht vergaß.*

Nein, nein und nochmal nein! Ich will da nicht mehr hin!

„Ich geh morgen zum ABV und sage, dass ich mich um Arbeit gekümmert habe."

Die Angst steckte mir in den Gliedern. Genau wie damals, als ich in Rummeline in den Arrest eingelocht wurde. Die Ungewissheit fraß mich mit Haut und Haaren. Der Wahnsinn hörte draußen nicht auf. Alle wollten über mein Leben bestimmen: Lene, Kurt, die Polizei, die Meldestelle, der ABV und sogar mein Nachbar. Nur ich durfte nicht mitreden. Ich bin nichts. Ein „Politischer" steht außen. Meine Geburt war eine politische. Schon lustig wie das Schicksal so spielt. Wer würde sich schon aussuchen im

Knast geboren zu werden? Von einer Mutter, die nach ihrer Haftzeit in den Westen abhaute?

Ich zog mich aus und legte mich auf das Wandklappbett. Es war schon schön und bequem. Bequemer als alles andere, worauf ich im letzten Jahr geschlafen hatte. Doch ich konnte nicht schlafen, obwohl ich todmüde war. Ich stand wieder auf, rauchte noch eine und blickte mich um.

Sogar ein altes Radio der Marke *Sonneberg* hatten Kurt und Lene mir hingestellt. Ich schaltete es an und wartete ewig, bis die Röhre leuchtete und ein Ton aus der Kiste kam.

Alles kam mir fremd vor. Ich war wie zwischen zwei Welten gefangen. Fühlte mich eingeengt und fror und zitterte, obwohl es warm war. Ich öffnete das Fenster und fasste die Häuserwand an. Sie war warm. Dann berührte ich die Wand im Zimmer. Die war etwas kühler als die Hausfassade, aber richtig kalt war sie nicht. Dennoch war eine Kälte in mir, als würde ich gerade das Schleusentor in Schwarze Pumpe berühren.

Ich lief gedankenverloren im Zimmer hin und her. Dann sprach plötzlich jemand und ich bekam einen Schreck. Es war das Radio, das auf einmal was erzählte. Ich drehte am Knopf, um einen Sender zu suchen. Eine metallisch klingende Stimme redete über Arbeit und Sozialismus. Ich suchte weiter. Im Westsender quatschte einer von Brüdern und Schwestern aus dem Osten und berichtete genüsslich, was man im Westen so alles Schönes machen konnte bei dem herrlichen Sommer. Ich schaltete den Kasten aus, rauchte noch eine und mir war kalt. Dann legte ich mich hin. Nachtruhe. Ha! ... Keine Zählung. Hahaha .... Ich lag genauso wie in meiner Einzelzelle. Nur dass mich keiner zählte, keine Glasbausteine die Sicht versperrten und dass Gardinen und Stores an den Fenstern hingen. Mensch, die haben sich echt ins Zeug gelegt. Sogar eine Lampe war an der Decke. Das Klo war sauber. Aber das teilte ich mir ja mit dem Idioten, der unter mir wohnte.

Ich konnte nicht schlafen. Konnte einfach nicht schlafen. War hellwach, obwohl ich todmüde sein müsste. Tastete nach meinen Beulen am Kopf und dachte über den ganzen Tag nach. Eigentlich hätte ich auch im Knast bleiben können. Die Freude auf die Freiheit war ein Fehler gewesen. Ich lief vom Fenster, das ich einfach so auf und zu machen konnte, zur Tür. Eigentlich könnte ich jetzt raus und spazieren gehen. Doch ich traute mich irgendwie nicht. Stattdessen schloss ich die Stube ab. Zog die Vorhänge zu und lief leise im Zimmer hin und her. Die halbe Nacht. Die Dielen knarrten. Dann war ich immer noch nicht müde. Morgen musste ich arbeiten. Ich suchte noch meine Papiere zusammen und legte mich hin. Irgendwann, nach dem ich mich genug müde gelaufen hatte, schlief ich endlich ein.

Um vier Uhr war ich wieder wach. Das war gut so. Um Sechs fing die Schicht an. Eigentlich war es im Knast besser. Da sind alle zusammen aufgestanden und gemeinsam zur Arbeit marschiert.

Ich wusch mich mit kaltem Wasser und zog mich an. Setzte einen Kessel mit Wasser auf, um mir einen Kaffee zu kochen. Es stand sogar eine Kaffeebüchse im Küchenschrank. Zögernd nahm ich sie heraus. Es war dieselbe, die immer in Tante Lenchens Küchenschrank gestanden hatte. Die Dose durfte ich als Kind nie anfassen. Zum ersten Mal in meinem Leben machte ich sie auf und ... Es war tatsächlich Kaffee drin. Die Büchse war halbvoll. Ich roch an dem Pulver und in mir stieg ein wohliges Gefühl auf.

In Seelenruhe trank ich den Bohnenkaffee und rauchte noch eine.

Auf dem Weg zur S-Bahn sah ich die Leute überall lang strömen. Die Stadt kam mir vor wie ein Ameisenhaufen. Bisher hatte ich noch keinen Ameisenhaufen gesehen, aber Ameisen hatten wir im Arbeitslager genug gehabt. Die krochen oft in unseren Fächern herum. Immer, wenn ich sie beobachtete, hab ich mich gefragt, warum die sich auf den weiten Weg machten. Von draußen, an der Barackenwand hoch, dann die andere Seite der Wand wieder runter, durch die Stube. Wenn ich einen Schritt machte, dauerte das vielleicht eine Sekunde. Bis so eine kleine Ameise den ganzen Weg eines meiner Schritte zurückgelegt hatte, verging eine ganze Weile. Und die machte viele hundert, vielleicht auch tausend Schritte. Dann krabbelte die am Schrank hoch, um in die einzelnen Fächer zu gelangen. Ich sah die von meiner Wurst fressen, sich putzen und weiter rumkrabbeln. Wie lange lebte so eine Ameise? Wo nahm sie die ganze Kraft her? Wieso hatte ich im Knast gesessen und blöden Ameisen zugeguckt?

Auf dem Bahnsteig herrschte ein ziemliches Gerangel. Als die S-Bahn einfuhr, quetschte ich mich mit den anderen Wartenden hinein. Der Waggon war gerappelt voll. Ich stand zwischen den ganzen miesgelaunten Leuten. Zwischen dünnen Frauen mit großen Brüsten, Männern, die nach Bier und Filterzigaretten stanken, sehr gepflegten Leuten und welchen, die aus dem Bett gefallen waren. Keiner sagte ein Wort. Hier durfte man doch reden. Als wir im Gleichschritt zum Arbeitslager liefen, war quatschen verboten gewesen.

Trotzdem freute ich mich, dass ich nicht mehr von Maikäfer-Klamotten-Trägern umgeben war. Die Straßenbahn war auch gerappelt voll. Als die losfuhr standen noch so viele Leute an der Haltestelle, als wäre gar keiner eingestiegen.

Schließlich war ich am KWO. Draußen stand es dran: VEB Kabelwerk Oberspree — KWO

Zusammen mit einem Pulk von Leuten trabte ich durch das Werktor, ohne einen Ausweis zeigen zu müssen. Der Pförtner las seine Zeitung und dem war das egal, wer da ein und aus ging. Ich lief dann in meine alte Abteilung zu den Kranfahrern. Der Meister saß da, verschränkte die Arme und musterte mich mit finsterer Miene.

Der Herr tat sonst immer so väterlich. Aber bei der Gerichtsverhandlung hatte der SED-Genosse ausgesagt, dass sozialistische

Erziehung mir nicht schaden würde und dass er schon vor meinem illegalen Versuch, die Grenze der DDR Richtung Westen zu überschreiten, gemerkt habe, dass mit mir was nicht stimmt.

„Was willst *du* denn hier?", fragte der Meister.

„Ich soll mich sofort wieder hier melden", antwortete ich etwas schüchtern.

„Davon wissen wir nichts."

Was weiß der schon?, dachte ich wütend. Außer Leute anscheißen, qualmen, blöde Sprüche klopfen und Kaffee saufen kann der nichts.

Der Genosse Meister hatte mal mit dem Kran einen ganzen Imprägnierkessel mit heißer Imprägniermasse ausgekippt, als er nicht aufpasste und gegen eine Maschine fuhr, hatte alles versaut und kaputt gemacht hat. Keiner konnte sich das erklären. Die Maschine stand da seit zwanzig Jahren an der gleichen Stelle. Einen ganzen Tag haben wir die klebrige Imprägniermasse mit Schiebern und Schaufeln beseitigt. Das Zeug sah aus wie Sirup, war aber viel zäher. Kein Wort wurde darüber verloren, was der tolle Genosse für einen Schaden angerichtet hatte. Aber wehe, ich bin mal eine Stunde früher abgehauen, weil nichts mehr zu tun war. Das gab gleich Geldabzug und eine Aussprache vor der gesamten Schicht. Vor versammelter Mannschaft wurde mir klar gemacht, was ich durch mein Fehlverhalten für einen gesellschaftlichen Schaden produzierte. Mir wurde unterstellt, ich hätte staatsfeindliche Ambitionen, weil es sooft vorkam.

Jedenfalls war ich hier unten falsch. Ich musste mich erst oben in der Kaderabteilung wieder aus dem Sozialistischen Strafvollzug zurückmelden.

„Du kannst so lange hier warten", sagte der Meister und zeigte in die Ecke neben der Tür, in der kein Stuhl stand. Dann trank er eine Tasse frischgebrühten Kaffee und würdigte mich keines Blickes. Rauchen durfte ich meine Karo auch nicht in seinem Büro, weil die Filterlosen so stanken. Er zündete sich eine Semper an.

Als ich rausgehen wollte, rief er mir nach: „Wo willst du hin?" Ich sagte, dass ich eine rauchen will. „Das geht so nicht. Du bist eine betriebsfremde Person. Du hast dich nirgends auf dem Werksgelände aufzuhalten."

„Hast du einen Knall?", fragte ich. „Ich hab hier schon gearbeitet. Hast du das vergessen?"

Es kamen ein paar andere Kran- und Gabelstaplerfahrer und der Schichtleiter rein. Der Schichtleiter begrüßte mich und ein Grinsen huschte über sein Gesicht.

„Was bildest du dir ein?", brüllte mich der Meister an. „Du kommst aus dem Knast hierher, in *meinen* Betrieb! Wir müssen dich leider wieder einstellen, somit hast du das zu tun, was ich sage!"

„Ach ja? Ich dachte, der VEB KWO ist ein Volksbetrieb", entgegnete ich. „Du meinst, du bist was Besseres? Du arbeitest hier genau wie alle anderen oder sitzt herum und meckerst und alle müssen dich ertragen!"

Der Meister sprang hoch. „Ich mach dir die Hölle heiß, Bursche!", brüllte er.

„Ruhe jetzt!", sagte der Schichtleiter. „Was ist hier los?"

„Der Knastologe will hier wieder arbeiten", antwortete der Meister, „hat sich aber oben noch nicht angemeldet und hier nichts zu suchen."

„Na dann geh", sagte der Schichtleiter. „Komm nachher wieder. Um neun sind die oben im Büro da."

Im Gehen warf ich dem Meister einen giftigen Blick zu. Der rannte mir hinterher und schrie: „Du wirst mich kennenlernen Bürschchen!"

Ich erwiderte, dass er erstmal Kranfahren lernen soll. Wütend schubste er mich, so dass ich beinahe hinfiel und ich rannte weg. Der war zwar stämmig, aber ich war schneller. Rennen war auf dem Betriebsgelände verboten. Das sah ich ein, denn man konnte leicht was übersehen und stolpern oder in einen Gabelstapler hineinlaufen. Das war schon sehr gefährlich. Im KWO arbeiteten damals siebentausend Menschen. Ich verließ das Werk, lief am Pförtner vorbei, der immer noch Zeitung las. Dann stand ich wieder auf der Straße. Ich schlenderte zum Rathenau-Platz, der sich gegenüber vom Kabelwerk befand, setzte mich auf eine Bank und beobachtete das Treiben der Ameisen-Menschen.

Die Bank auf der ich saß, hatte keine Farbe mehr. Genau wie die Wohnhäuser hinter mir. Alles war grau in grau – in derselben Nuance wie das Schleusentor. Unter der Staubschicht schimmerte eine gelbanmutende Backsteinfassade hervor. Die Fensterscheiben waren in Eisenrahmen eingefasst, die komplett verrostet waren. Das große schmiedeeiserene Eingangstor, das immer zum Schichtwechsel geöffnet wurde, war ebenfalls verrostet.

Nach einer Weile fing mein Magen an zu knurren. Also lief ich los, um nach Essbarem zu suchen. Genau wie die Ameise im Arbeitslager, die in meinen Spind gekrabbelt war und von meiner Wurst genascht hatte. In der Goethestraße fand ich einen Bäcker und kaufte mir eine Schrippe für 5 Ostpfennige und einen Pfannkuchen für 30 Pfennig und eine Streußelschnecke für 15 Pfennig. Dann kehrte ich zurück, setzte mich auf die Bank vor das Werktor und aß alles gierig auf.

Der kleine Zeiger meiner Uhr schlich langsam auf die 9 zu. Schließlich erhob ich mich und ging durch den „Feine-Leute-Eingang", der eigentlich für die Verwaltungsmenschen gedacht war und wo es keinen Pförtner gab. Ein böser Spion hätte da cool durchgehen und im Werk alles ausspionieren können. Nur wäre dem Spion wahrscheinlich schnell langweilig geworden. Die Maschinen, die da liefen, waren alle von Anno Dutt. Und die neueren die kamen aus dem Westen. Oder aus Magdeburg vom SKET Schwermaschinenbaukombinat „Ernst Thälmann". Also, was hätte man in dieser Dreckecke, in der es gestunken hat und die Arbeiter schon besoffen zur Arbeit kamen, wo alles schmierig war, sogar die Luft, und alles was man anfasste, klebte, ausspionieren sollen? Eventuell hätte der Spion ein neues Reinigungsmittel ausprobieren können, weil es im Westen vermutlich solche dreckigen und verwahrlosten Industriestandorte nicht gab.

Auf einmal hatte ich keine Lust mehr, in das Büro zu gehen. Aber es blieb mir keine andere Wahl, weil ich sonst wieder in den Knast gekommen wäre, wegen § 249: Asoziales Verhalten. Vielleicht würden sie mich dann gleich zurück nach Schwarze Pumpe schaffen oder zur Abwechslung für zwei Jahre ins Arbeitslager nach Bitterfeld.

Im Flur lief ich an Schaukästen mit Medaillen und Orden und anderem Klimbim und an vergilbten Wandzeitungen über die permanente Planübererfüllung, den Kampftag der Internationalen Arbeiterklasse, sozialistische Brigadevergnügen und Wettbewerbe zum Kollektiv der sozialistischen Arbeit vorbei. Überall stand, wie schön es hier war.

Alles für das Wohl des Volkes! Weiter zielstrebig vorwärts im Sinne von Marx, Engels und Lenin!, las ich im Vorbeigehen.

Eine Treppe höher tastete ich mich dann erstmal an der Wand entlang vorwärts, weil das Flurlicht kaputt war. Ich zündete ein Streichholz an, um zu sehen, wo KADERABTEILUNG dran stand und klopfte an die Tür.

„Herein", sagte eine gelangweilte weibliche Stimme.

Eine Frau mit einer Dauerwellenfrisur, die sie vermutlich älter aussehen ließ als sie war, blickte mir entgegen. „Sie wollen hier arbeiten?", fragte sie freundlich.

„Nee", sagte ich. Da guckte sie mich an.

Ich gab ihr meinen Entlassungsschein, meinen Ersatzausweis und mein Sozialversicherungsbuch. Sofort verfinsterte sich ihre Miene.

„Setzen Sie sich."

Die Frau begann an einer Schreibmaschine zu tippen. Es war die gleiche, die auch die Vernehmer alle hatten.

Sie schrieb meine Personalien auf und die Maschine klapperte vor sich hin.

Zwischendurch hielt sie inne und betrachtete misstrauisch meinen PM 12, als hätte ich den vielleicht extra gefälscht, um sie hinters Licht zu führen.

Als sie wieder aufsah, schien ein Hauch von Neugierde in ihrem Blick zu schimmern. Jedenfalls guckte sie nicht mehr so böse.

Danach durfte ich dann in meine Abteilung gehen. Dort ackerte schon alles auf vollen Touren.

Alle Kräne waren in Bewegung, die Maschinen lärmten. Es stank nach Bitumen, Imprägniermasse, nach Aluminium und Bleidämpfen. Ich blickte zu einem Kran hoch, der wie ein riesiger Saurier vor mir stand.

„Alles okay?", hörte ich jemanden fragen und drehte mich um. Der Schichtleiter lächelte freundlich.

„Ja", antwortete ich. „Alles okay."

Ein paar Tage später beschloss ich Josef M. zu besuchen – so wie ich es mir im Vernehmerzimmer der Keibelstraße vorgenommen hatte.

Mein Erzeuger wohnte gar nicht weit weg vom Rummelsburger Knast. Mit dem Fahrrad hätte er vielleicht zwanzig Minuten gebraucht, um mich mit einem Sprecher zu beglücken.

Als ich vor seiner Wohnungstür stand, starrte ich auf die Klingel mit dem Namen, den mir der Vernehmer bei dem Verhör verraten hatte. Neben dem Fußabtreter befanden sich mit Dreck beschmierte Kinderschuhe. Undeutlich vernahm ich Stimmen. Eine Frau redete und dann antwortete ein Mann.

Mein Erzeuger besaß also eine Familie. Langsam hob ich meine Hand, doch kurz bevor ich den Klingelknopf berührte, ließ ich sie wieder sinken. Ich konnte es einfach nicht. Brachte es nicht über mich da hineinzuplatzen.

Was hatte ich hier zu suchen?

Ich beschloss, ein anderes Mal wiederzukommen und fühlte mich augenblicklich erleichtert.

Nach zwei Wochen wagte ich den nächsten Versuch.
Diesmal standen keine Kinderschuhe in der Ecke. Und ich hörte auch keine Stimmen.
Wahrscheinlich ist mein Herr Vater sowieso nicht da, dachte ich. Ohne zu klingeln, wartete ich eine Weile angespannt. Mir war warm, als hätte ich Fieber und der Schweiß brach mir aus. Die Luft kam mir plötzlich zu stickig vor und ich machte auf dem Absatz kehrt und lief hinaus.
Draußen atmete ich ein paarmal tief durch. Wie ein Einbrecher blickte ich mich nach allen Seiten um. Eine grauhaarige Frau ging mit ihrem grauen Pudel Gassi. Ein Typ in meinem Alter bastelte an seinem Schwalbe-Moped. Niemand beachtete mich. Ich lief die Straße bis zum Ende, kehrte um und lief wieder bis zu dem Haus zurück.
Eine Weile lungerte ich vor dem unscheinbaren Reihenhaus herum, bückte mich, band mir meine Schuhe auf und schnürte sie fester wieder zu. Wieso konnte ich da nicht einfach klingeln? Ich tat doch nichts Verbotenes.
Jedes Kind sollte seine Eltern kennen. Bei ihnen aufwachsen und geliebt werden. Und wenn das aus irgendwelchen Gründen nicht ging, dann eben bei der Mutter *oder* beim Vater leben.
Aber ich war ja kein Kind mehr. Ich war ein Nichts, ein undankbares Geschöpf, wie Lene zu sagen pflegte. Ein Ex-Knacki, der nicht mal einen richtigen Ausweis besaß.
Die grauhaarige Frau und ihr Pudel lehnten jetzt aus einem Fenster und beobachteten mich.
Wahrscheinlich fiel ich ja so langsam doch auf. Der Typ mit der Schwalbe fluchte vor sich hin. Etwas fiel klirrend zu Boden. Ich zuckte bei dem Geräusch zusammen. Es klang nach einem Schlüssel, den ein Wärter fallengelassen hatte und einen Moment hockte

ich wieder in einer finsteren Einzelzelle mit einem stinkenden Kübel. Was war bloß mit mir los?

Ich lief zur nächsten S-Bahnstation und machte, dass ich nach Hause kam.

Alle guten Dinge sind drei, sagte ich mir einige Zeit später, als ich erneut vor der Tür von Josef M. stand. Allerdings war ich mir nicht sicher, ob das, was ich hier tat, wirklich *gut* war. Im Treppenhaus hörte ich Schritte und ehe ich mich versah, drückte mein Finger auf den Klingelknopf.

Mir öffnete eine kleine, freundlich scheinende dunkelhaarige Frau mit kurzem welligem Haar. Und als ich mich mit falschem Namen vorstellte und behauptete, dass ich ein Kollege ihres Mannes sei, sagte sie: „Aber Sie sind ja noch so jung."

„Ach, wissen Sie, das Alter spielt in unserem Beruf keine Rolle. Auch schätzen mich viele jünger, als ich bin."

„Sie sind also auch Trompeter im Friedrichstadtpalast?", fragte sie ungläubig.

Ich lächelte. „Im Moment spiele ich die zweite Geige", behauptete ich. Das war natürlich eine maßlose Übertreibung. Was meinen Vater betraf, spielte ich ja nicht mal die dritte.

Zögernd starrte sie mich an. „Kleinen Moment. Ich sage meinem Mann Bescheid, dass er Besuch hat."

Sie verschwand kurz und ich hörte sie leise etwas fragen und eine Männerstimme antworten. Mit einem unechten Lächeln bat sie mich herein. Sie führte mich durch den Flur zu dem Zimmer, in dem der Mann saß, der im Januar 1955 eine Frau begattet hatte, die dann später meine Mutter wurde.

Verwundert blickte er mir entgegen. Ohne Umschweife kramte ich ein Foto aus meiner Jackentasche und fragte ihn, ob er die Personen auf der Aufnahme erkennt. Es war ein ganz kleines Foto, auf dem meine Mutter zu sehen war, die mit ihm in einer Kneipe saß. Romantisch tranken sie eine Pulle Wein zusammen aus.

Ich reichte ihm das Foto, aber er nahm es nicht, sondern beugte sich nur über die Aufnahme.

„Nein. Nicht das ich wüsste. Ich kenne diese Personen nicht." Nervös strich er sich über seinen Schädel.

Seine Stimme ähnelte der meinen und auch der Habitus war mir nicht unbekannt, wenn ich so beim morgendlichen Anziehen in den Spiegel schaute und dabei durch die Haare fuhr. Im Gegensatz zu meinem Überraschungs-Besuchten hatte ich ja noch welche.

„Vielleicht drehen Sie das Bild mal um?" Schnell drückte ich ihm die alte Fotografie jetzt einfach in die Hand.

Er blinzelte mir zu, als würde ich ihm gleich einen etwas absonderlichen Kartentrick verraten, und guckte sich nicht die andere Seite an, sondern drehte das Foto auf den Kopf.

Ich konnte mir ein Grinsen nicht verkneifen. „Die Rückseite ist wohl interessanter als ein Kopfstand zweier Personen, die Sie sowieso nicht kennen."

Er sah mich an, drehte das Bild auf die Seite, auf der mit Bleistift eine Telefonnummer stand, die vermutlich mal seine gewesen war.

„Du bist Detlef."

Noch nie habe ich meinen Namen so gerne gehört, wie in diesem Moment, aus diesem Mund. Detlef. Was für ein Scheißname. Wer sich den ausgedacht hat, muss völlig bekloppt gewesen sein. Detlef, komm her! Detlef, mach das! Detlef, ich habe dir tausendmal gesagt, dass du scheiße bist. Wieso machst du nie, was man dir sagt, Detlef.

Und jetzt kam aus dem Mund eines mir bis vor zehn Minuten noch völlig fremden Mannes mein Vorname Detlef und es war, als hörte ich die Engel singen.

„Ja", sagte ich und grinste.

„Dann legen Sie doch ab und setz dich mal hin, Junge."

Ich ließ mich nieder, und die Dame des Hauses klopfte an die Tür und brachte meinem Vater Buletten mit Rotkohl und Kartoffelbrei.

„Entschuldigen Sie bitte, junger Mann", sagte sie, „aber der Josef muss gleich wieder weg."

„Macht nichts. Ich bleibe nicht lange."

Sie verließ das Zimmer und der Duft von Rotkohl und frisch gebratenen Buletten stieg in meine Nase und ließ mir das Wasser im Mund zusammenlaufen. Wie lange hatte ich das schon nicht mehr gegessen.

Ich fühlte mich irgendwie angekommen – in einem gemütlichen Zuhause unter netten, fürsorglichen Menschen, die einander liebten und sich gegenseitig Gutes taten.

„Was führt dich hierher?", fragte Josef, während er sich ein Stück Bulette in den Mund stopfte.

„Ich wollte dich mal kennenlernen und außerdem … außerdem gern wissen, was damals geschah."

Er kaute lange, wischte sich über den Mund und räusperte sich. Schließlich versuchte er eine Entschuldigung zu stammeln. „Ja, weißt du, wir waren damals sehr jung und …" Plötzlich klopfte es draußen an der Tür und die eben noch so freundliche Frau kam herein und forderte energisch, dass ich ihr jetzt mal vorgestellt werde. In ihrem Schatten erschien ein Kind – ein etwa 6-jähriges Mädchen.

Verlegen räusperte sich Josef noch einmal.

„Vor unserer Zeit, Schatz, gab es mal eine andere Frau in meinem Leben. Das ist lange her, sehr lange …" Es klang, als wollte er ein Märchen erzählen. Jetzt wusste er allerdings nicht weiter, machte eine Pause und holte tief Luft. „Der Junge ist ein Kind von ihr und mir", stieß er hervor.

Er sah an mir vorbei, und er blickte auch an seiner Gattin vorbei, die erst sehr blass wurde und dann rote Flecken im Gesicht bekam.

Mit einer beinahe groben Bewegung schob sie das Mädchen aus dem Raum und schickte es in das Kinderzimmer.

„Das ist jetzt nicht wahr, oder? Sag mir, dass das nicht wahr ist!

Wieso hast du nie was gesagt?" Ihre Stimme klang gepresst, als würde ihr jemand die Kehle zudrücken.

Josef schwieg. Und ich wartete ab. Mein Papa hatte mich also all die Jahre geheim gehalten. Wirklich überraschte mich das allerdings nicht.

„Und wieso kommt der jetzt hierher?", fragte die Frau weiter, als wäre ich gar nicht anwesend.

Josef machte eine unbeholfene Geste mit der Hand. Zeigte auf mich und auf sich. Aber seine Frau sah ihn nur weiter völlig fassungslos an. Auch ich verstand nicht so ganz, was er mit dem Zeichen sagen wollte. Wie es aussah, gab es keine Verbindung zwischen uns.

„Ich bring dich noch zum Bus, Junge", sagte Josef unvermittelt.

Eigentlich hatte ich gar nicht gesagt, dass ich schon gehen wollte.

Mein Erzeuger zog sich seine Schuhe an, setzte sich seine Mütze auf und brachte mich zur Haltestelle.

„Ich lauf lieber zur S-Bahn", sagte ich zum Abschied.

Er nickte mir nur zu.

Einen Moment wartete ich darauf, dass er noch etwas sagen oder vielleicht sogar mitkommen würde. Doch er brachte keinen Ton mehr heraus und kam auch nicht mit.

Ich wandte mich von ihm ab. Als ich mich nach ein paar Schritten noch einmal umdrehte, stand er immer noch da. Wahrscheinlich wollte er nur sehen, ob ich auch wirklich weggehe.

Karl Marx gegen Levi's

Ich zog also los, blickte mich nicht mehr um und lief Richtung S-Bahn-Station. Aber es war auch egal, wo ich hinging. Nach Hause wollte ich nicht. Da wartete ohnehin nur der Wohnzimmerschrank von Tante Lene und Onkel Kurt auf mich. Und der machte mich einfach nur wuselig. Dieser Schrank erzeugte eine Spannung in mir, die ich kaum beherrschen konnte – als würden statt meiner Kleidung dort all die Schläge, die ich im Lauf der Jahre bezogen hatte, aufgestapelt liegen.

Also irrte ich einfach nur herum und fragte mich nicht zum ersten Mal, warum meine Erzeuger nicht einen Fromms genommen hatten. Und da tauchte dann der alte Gedanke wieder neu in mir auf: Ich muss zu Mama.

Aber ich beschloss, erstmal in eine Kneipe zu gehen. *Zur Letzten Instanz* – oh ja, der Name passte zu diesem Tag, zur Begegnung mit meinem Herrn Vater, die nichts gebracht hatte, außer dem Gefühl zu niemandem zu gehören. In letzter Instanz war ich zum Allein-Sein verurteilt. Weder meine Mutter noch mein Vater wollten etwas mit mir zu tun haben. Und mein Erzeuger hatte mir nicht mal etwas von seinem Buletten-Kartoffelbrei-Essen angeboten. Aber in der Gaststätte duftete es schon verführerisch nach Gebratenem. Außerdem schmeckte das Bier hier besser, auch wenn es ein paar Pfennige teurer war. Außer Buletten gab es hier Eisbein, Leber und Kohlrouladen. Und was das Schönste war: Westtouristen gingen ein und aus. Ich war also nicht zum ersten Mal in dieser Kneipe. Doch bisher hatte ich mich nicht getraut, einen Westler anzusprechen. Aber an diesem Abend wollte ich es drauf ankommen lassen.

Nachdem ich ein paar Königsberger Klopse verdrückt hatte, saß ich eine Weile allein an einem riesigen Tisch, als eine Gruppe West-Studenten in die Kneipe kam. Sie setzten sich zu mir, und nach der ersten Runde kamen wir locker ins Gespräch. Ich blickte mich um, ob mich jemand beobachtete. Dann ging ich aufs Klo, um die Lage zu checken, zu prüfen, ob mich jemand verfolgte oder komisch angaffte. Mir fiel nichts dergleichen auf und ich kehrte zu den Studenten zurück und wir unterhielten uns. Sie waren sehr leger und fröhlich. Wirkten aufgeschlossen, wissbegierig und einige hatten was Weltmännisches. Einer interessierte sich für Bücher von Karl Marx. Er wusste nicht, wie er die bekommen sollte. Hm, dachte ich, ein bisschen blöd sind die aber auch. Also bot ich meine Hilfe an. Sie sagten, dass es die Bücher im Westen nur zu Schweinepreisen gibt.

„Okay", sagte ich, „dann machen wir einen Deal: Ich besorge euch alle Bücher und ihr mir im Gegenzug einen Levis-Anzug und festes Schuhwerk und einen Shell-Parker."

Ich hielt dem Marx-Fan die Hand hin und er schlug ein.

Schon als wir uns eine Woche später wiedertrafen, brachten sie mir das Gewünschte und ich den Studenten die verstaubten Ladenhüter aus der Karl-Marx-Buchhandlung in der Karl-Marx-Allee – drei dicke blaue Bände *Das Kapital* von Karl Marx.

Okay, das klappte. Nach Marx besorgte ich noch Friedrich Engels, Heinrich Heine, Goethe, Schiller und Kleist. So kam ich beim nächsten Deal zu Westgeld und beim übernächsten zu einigen Devotionalien.

Vom Handel lebte ich einige Zeit ganz gut. So schön kann Sozialismus sein. Arbeiten gehen brauchte ich jetzt eigentlich nicht mehr. Allerdings, wenn ich gar nicht mehr auf Arbeit erscheinen würde, hätten mir die Genossen aus dem KWO die Bullen auf den Hals gehetzt und ich wäre zwei Jahre ins Arbeitslager marschiert. Auch die Westler würden Ärger bekommen, wenn mein kleiner Handel aufflog. Also hielt ich alles im Maß. Die Studenten spendierten mir Bier und die Versorgung mit Fachliteratur funktionierte ganz gut. Bücher waren im Westen wirklich sauteuer. Aber auch Noten aller Couleur. Junge nee, was für ein Segen. Wir begannen sogar damit, meine Flucht zu planen. Aber ich war vorsichtiger geworden und sagte: „Ich brauche noch Bedenkzeit." Da ich wusste, was mir blühen konnte, wollte ich nichts riskieren.

Aber plötzlich war alles vorbei. Es kam keiner mehr. Ich wusste nicht, warum. Vielleicht waren alle versorgt oder besorgten sich das Zeug jetzt selbst.

Irgendwie hatte ich auf einmal Schiss, dass unter den Studenten einer gewesen war, der gesungen oder versehentlich was im Suff erzählt hatte. Vorsichtshalber verkaufte ich alle meine Devotionalien vom FC Bayern und von Hertha und TBB Tennis Borussia. Ruckzuck wurden die Fanartikel in bare Münze verwandelt. Und ich kaufte mir ein einfaches Diamant-Tourensportrad und einen gebrauchten Anhänger.

Eines Nachts hörte ich Geräusche an meiner Wohnungstür. Der PM 12 bewirkte auch, dass die Volkspolizei einen Schlüssel besaß und nicht um Einlass bitten musste.

„Routinekontrolle!", sagte ein Uniformierter, der plötzlich an meinem Wandklappbett stand.

„Ausweis", verlangte ein anderer.

Es waren bestimmt ein Dutzend fremder Menschen in meiner kleinen Bude. Darunter zwei Zivilisten. Sie wühlten überall herum und mein Herz schlug wie verrückt. Ich war so froh, dass die ganzen Devotionalien weg waren. Wie die Schließer im Knast warfen sie meinen Kram einfach auf den Boden. Schließlich zogen sie meine Jeansklamotten aus dem Schrank: die Hose und die Jacke von LEVI STRAUSS & CO.

„Wo hamse das her?", wollte der Eine wissen und starrte mich vorwurfsvoll dabei an.

„Hab ich von meiner Mutter", sagte ich.

„Das ist gelogen", sagte der. „Sie haben seit Jahren keinen Kontakt zu Ihrer Mutter."

Verblüfft sah ich ihn an. „Stimmt, Herr Genosse".

„Ich bin nicht Ihr Genosse", sagte der schnippisch.

„Stimmt auch wieder", sagte ich und grinste.

„Pass mal auf Bürschchen, wir können auch anders. Also: Wo hast du die Jeanssachen her?", schrie er mich plötzlich an.

„Ich hab mit einem Wessi die Klamotten getauscht", antwortete ich.

„Wer war das?", wollte der wissen.

Ich zuckte mit den Schultern. „Keine Ahnung."

„Wo war das?", wollte der wissen.

„In einer Kneipe."

„In welcher Kneipe? Und wann?"

„Das weiß ich nicht mehr so genau. Vor zwei oder drei Wochen, entweder im Schreiner Hof, in der Molle oder in der Bänschklause. Vielleicht war das auch gar kein Westler. Aber der sah so aus. Und nach dem Kleidertausch sah er wie ein Ostberliner aus. Und ich wie ein Westberliner." Ich grinste ihn an.

„Dir wird das Lachen noch vergehen", sagte er. „Wir kommen wieder und dann stopfen wir dir dein koddriges Maul!"

Es schien, als würde er sich zum Gehen wenden, doch dann riss er die Schublade des Schrankes auf, in der Onkel Kurt vor einiger Zeit noch meine Unterlagen und sein Geld aufbewahrt hatte. „Wo ist der gefälschte Reisepass?", fragte er auf einmal.

„Wenn ich einen hätte, würde ich es Ihnen mit Sicherheit nicht sagen." Vorsichtshalber grinste ich den Boden an statt ihn. Da traten plötzlich zwei Uniformierte auf mich zu und es hatte den Anschein, als wollten sie mir was Böses.

Doch einer von den Zivilen rief die Uniformierten zurück. Und die gehorchten wie gut abgerichtete Hunde.

Und plötzlich waren sie wieder weg. Die Wohnung roch nach Leder, Eisen und fremder Luft. Ich fühlte mich erschöpft und legte mich ins Bett, fand aber keine Ruhe mehr. Ich stand wieder auf, rauchte eine, wollte mir Tee machen. Tee war alle. Also Kaffee. Lief wie aufgedreht durch die Stube und durch die Küche. Ich ging nochmal zur Eingangstür, um abzuschließen und blickte durch den Spion.

Die Treppe war dunkel. Ich guckte aus dem Fenster und sah nichts Auffälliges, hörte aber noch, wie die Autos wegfuhren. Aber ich blieb vorsichtig. Ging zur Wohnungstür und lauschte lange in den Flur hinaus. Es war kein Geräusch zu hören. Draußen herrschte absolute Stille. Drin knarrten die Dielen. Ich erschrak, blickte vorsichtshalber in den Kleiderschrank und in die Ecken hinter den Türen. Plötzlich stand ich total unter Strom.

Kaffee und Karo sollten mich beruhigen. Was anderes war nicht da. Geblieben ist es bei Karo, denn auch der Kaffee war alle.

Die kamen bestimmt wieder. Es war nur eine Frage der Zeit. Dieses traute Heim schien mir nicht mehr sicher.

Alles was mit der Staatssicherheit zu tun hatte, brachte den Lauf der Dinge aus dem Lot. Die Angst hockte hier im Zimmer wie eine fremde Person. Mein spärliches Nest war beschmutzt und diesen Schmutz wurde ich meinen Lebtag lang nicht mehr los.

Ich rauchte eine nach der anderen und dachte nach und fand heraus, dass mein ganzes Dasein beschmutzt war. Das ganze Da-Sein von Anfang an war besudelt. Fieberhaft überlegte ich, wie ich da wieder raus kam. Ich lief in der Wohnung hin und her, als wäre ich wieder in der Zelle. Wut und Hass brodelten in mir und kochten plötzlich über.

Auf einmal holte ich aus und schlug mit der Faust gegen die Schranktür. Das war so derb, dass der ganze Schrank von Onkel Kurt und Tante Lene auf dem Dielenboden wackelte. Ich drosch nochmal dagegen und nochmal. Dann packte ich den Schrank und kippte den einfach um. Mitten in der Nacht. Das gab einen mächtigen Rumms. Jetzt trat ich gegen die untere Seite und schlug mit der Faust die Rückwand kaputt, die aus Sperrholz war. Setzte mich hin und fing an zu heulen.

Plötzlich klopfte von unten jemand an die Decke und wenig später klingelte es.

„Was ist los?", brüllte ich.

„Bei dem Krach kann niemand schlafen!", antwortete eine Stimme hinter der Tür.

„Schert euch alle zum Teufel!", schrie ich.

„Es ist mitten in der Nacht. Ich muss morgen früh raus!"

Wie in Rage riss ich die Tür auf und da stand der Nachbar aus dem dritten Stock im schlabbrigen Schlafanzug, aus dem er blass und müde herausschaute.

„Verpiss dich!"

„Was ist los?", wollte der wissen.

„Verpiss dich einfach!", fauchte ich.

Er starrte mich noch einen Herzschlag lang prüfend an und dann zog er sich zurück. Ich knallte meine Tür zu und setzte mich auf das Wandklappbett. Tränen liefen über mein Gesicht.

Im nächsten Moment vermisste ich meine drei Matratzen, die immer auseinanderrutschten, wenn ich auf ihnen lag, die ich aber selbst besorgt hatte. Im Nu sprang ich von meinem Lager hoch. Auf diesem Bett von Lene und Kurt wollte ich nicht länger schlafen. Es kam mir plötzlich vor, als könnte es mich in die Wand ziehen und verschlucken.

Also begann ich noch in dieser Nacht das Bett auseinanderzubauen. Die Teile landeten auf den Trümmern des Schrankes.

Die Möbel waren aus Holz und ich verbrannte sie am Tag darauf einfach im Ofen.

Immer wenn ich frei hatte, zog ich jetzt mit meinem Fahrrad und dem Anhänger los und suchte nach Möbeln, die zu mir und in die Wohnung passten.

Ich klapperte die Dachböden der Umgebung nach ausgemustertem Mobiliar ab und fand nach ewigem Suchen ein altes gemütliches Bett mit Federboden. Am Anfang legte ich einfach drei Decken auf die Sprungfedern, und ein paar Tage später trieb ich eine Matratze auf, die zwar etwas staubig, aber soweit noch okay war.

Dann entdeckte ich eines Tages, als ich mit meinem Fahrrad und dem Anhänger gedankenversunken durch die Stadt fuhr, einen Müllwagen, der Möbel fraß.

Ein Müllmann stand an der Maschine und sah zu, wie gerade ein Nachttisch zermalmt wurde. Aus dem Hausflur kamen zwei

Möbelpacker, die einen wunderschönen mit Wurzelholz verzierten Kleiderschrank trugen und im Begriff waren, ihn in den Möbelfresser zu schmeißen.

Ich sprang vom Rad und lief mit erhobenen Händen auf die Arbeiter zu, als würden sie eine Waffe auf mich richten. „Halt", sagte ich und winkte jetzt freundlich. „Den nehme ich. Legt mir den Schrank bitte auf den Fahrradhänger."

Sie zuckten mit den Achseln, änderten prompt ihren Kurs und taten, worum ich sie bat.

Dann fuhr ich mit dem Kleiderschrank noch zweihundert Meter weiter in die Schreinerstraße und bugsierte ihn in den Hausflur, in dem ich das Möbelstück so gut es ging zerlegte und in Einzelteilen nach oben schleppte. Das war ein Schatz!

In meiner Küche rührte ich aus Speiseessig und -öl eine Möbelpolitur an. Nachdem ich den Schrank aufgebaut, innen und außen abgeseift und auch schon mit Klamotten von mir bestückt hatte, polierte ich den richtig auf. Als die eine Seite fertig war und dankbar leuchtete, fragte ich mich, was für eine Geschichte dieser alte schöne Schrank wohl erzählen würde, wenn er könnte.

Warum hatte ihn jemand in den Müll geworfen?

Die Leute wollten heute Schrankwände aus Hellerau, die nach Formaldehyd stanken und nicht lange hielten.

Dieser Schrank hier, der jetzt in meiner Wohnung glänzte, als würde er lächeln, hatte den Krieg überlebt. Wie ich so darüber nachdachte, fiel mir ein, dass auch die Möbel von Tante Lenchen und Onkel Kurt Geschichten erzählen konnten. Doch die kannte ich schon und wollte die nicht mehr hören.

Kein Schlusswort

Eins der zehn Gebote in der Bibel besagt, dass man Vater und Mutter ehren soll. Das hat mir jahrelanges Kopfzerbrechen bereitet. Ich war schon so weit, zum Papst zu gehen und persönlich ein Update der Bibel zu beantragen. Aber ich hatte kein Geld, um nach Rom zu fahren. Warum, in Gottes Namen, soll ich Vater und Mutter ehren? Es steht ja geschrieben: „*Du* sollst ..." und nicht „*Wir* sollen." Nach etlichen Jahren kam mir der Gedanke, dass das doch so richtig ist. Ich ehre meinen Vater und meine Mutter, weil sie mir das Leben geschenkt haben. Für mehr nicht. Mehr haben sie ja nicht getan. Lange Zeit wusste ich nicht, was ich mit diesem Leben anfangen sollte, doch dann habe ich begriffen: Es ist das größte Geschenk, das man mir jemals gemacht hat.

Gitarre spielen war dann das zweite Geschenk. Die Saiten, die ich anschlug, brachten – nach einer Zeit des Übens und Herumprobierens – Schwingungen in meine Seele. Die Gitarre diente mir dazu, in meine Balance zu kommen und darin zu bleiben. Die Klänge halfen mir, Licht von Schatten und Freude von Schmerz zu trennen und auch in Krisenzeiten die Kraft zum Überleben zu finden.

Immer wieder spielte ich gegen die Unverständlichkeiten des Lebens an und entdeckte dabei auch Nuancen und Zwischentöne. Solche Zwischentöne fand ich – bei näherer Betrachtung – auch bei Lene und Kurt, und zwar in dem Augenblick, als unsere gemeinsame Geschichte begann: Sie holten mich aus dem Heim. Das hätte der Anfang eines guten Familienzusammenseins werden können – doch es kam anders.

Warum meine Pflegeeltern zu Schlägeeltern wurden, ist sicher verankert in den Lebensgeschichten der beiden. Ihre gewaltsamen Erziehungsmethoden stellten sie bis zum Schluss kein einziges Mal in Frage.

Eigentlich hat mich der Esel im Galopp verloren, dann haben

mich zwei Kamele zu sich genommen und wollten aus mir ein Kamel machen. Ich war aber ein Esel. Was sollte ich tun? Was ist nun besser? So zu tun, als wäre man ein Kamel oder darauf zu beharren ein Esel zu bleiben? Für ein Kamel bin ich zu klein und ein Herdentier bin ich auch nicht. Doch auch als Esel unter Kamelen schien ich ein falsches Leben zu leben. So habe ich mich letztlich dafür entschieden, mein Schicksal so anzunehmen, wie es nun mal ist. Ich lebe allein und unbedarft in meiner kleinen Welt und wenn ich im Zoo bin, dann gehe ich bei den Kamelen und den Eseln vorbei und betrachte, was mir erspart geblieben ist, weil ich meinen eigenen Weg gegangen bin.

Es ist alles gut so, wie es ist.

Glossar

Acht
Handschelle (Knastjargon)

Aderverseilmaschine
Eine Maschine, die mehrere Kabeladern miteinander verbindet.

Anbinder
Logistiker, der den Kranfahrer vom Boden aus begleitet, für die zu transportierenden Lasten zuständig ist und die Last an den Kranhaken „anbindet".

Bunawurzel
Schlagstock (Knastjargon)

Durchgangsheim
Übergangsheim. Geschlossene Unterbringung für Kinder und Jugendliche.

FDJ
Freie Deutsche Jugend. Staatliche Jugendorganisation.

Freistunde
Gefängnis-Rundgang auf dem Hof oder auf der Dachterrasse der Haftanstalt, die in der DDR meist zwischen 15 und 30 Minuten dauerte und einmal am Tag stattfand.

Jugendwerkhof
Spezialheim zur Umerziehung für „schwererziehbare" Jugendliche

Kalfaktor
Häftling, der Hilfsarbeiten im Gefängnis verrichtete, z. B. das Essen verteilte.

Knebelkette
Kette zum Zu- oder Abführen, die um das Handgelenk des Gefangenen gelegt und so zugedreht wird, dass jede Bewegung schmerzhaft ist.

Maikäfer-Klamotten
Gefängniskleidung mit gelben Streifen

Migränestift
Schlagstock (Knastjargon)

Mitropa
Bahnhofsgaststätte

Mosaik
Comic für Kinder

Mundelvronies
Stricher, die oralen Geschlechtsverkehr ausführen (Knastjargon).

Nachschlag
Verlängerung der Haftstrafe

Neues Deutschland
SED-Tageszeitung

Otto-Grotewohl-Express
Gefangenentransport auf Schienen. Waggon mit Zellen in der Größe von 1 m x 1,34 m, in die Häftlinge zu mehreren und über

längere Zeiträume eingesperrt von Haftanstalt zu Haftanstalt transportiert wurden.

Papierspinner
Maschine, die mehrere Schichten Papier um einen Draht oder ein verseiltes Kabel wickelt, um Durchschläge und Kurzschlüsse innerhalb des Kabels zu verhindern.

Pennerträne
Tätowierte Träne unter dem Auge, auch Knastträne: Symbol für Inhaftierung, aber auch für die Sehnsucht nach Freiheit und Trauer über das persönliche (Haft-)Schicksal; außerdem Bekenntnis zur eigenen Vergangenheit hinter Gittern.

Pikerbesen
Nadel zum Tätowieren

PM 12
Behelfsausweis für Haftentlassene und andere politisch Auffällige, der verbunden mit Kontroll- und Überwachungsmaßnahmen sowie Auflagen (z. B. sich bei der Polizei zu melden) und Reisebeschränkungen verbunden war.

Präsent-20-Anzug
Anzug aus Polyester aus den 70er Jahren

Pritscher
Strafgefangene, die als weisungsberechtigte Brigadiere eingesetzt wurden.

Schließer
Wärter

SED
Die Sozialistische Einheitspartei Deutschlands gründete sich 1946 durch die Zwangsvereinigung zwischen KPD und SPD und war die über alles herrschende Staatspartei. Der Führungsanspruch war in der Verfassung der DDR festgeschrieben.

Siebenstriem
Peitsche mit sieben Lederbändern

Staatssicherheit
„Schild und Schwert" der Partei (SED). Geheimpolizei.

VEB
Volkseigener Betrieb

Wofasept
Desinfektionsmittel

Zivi
Zivilangestellter

Inhaltverzeichnis

Prolog 3

Eins
(Kindheit)

Siebenstriem 11
„Deine Mutter ist nicht deine Mutter" 14
Schönschrift 17
Unter Beobachtung 19
Beim Jugendamt 22
Mutter kommt 24
Der Pinguin auf unserem Hof 28
Im Waschhaus 32
Fünf Pfennig oder ein Stück Speck 36
Flucht zu den Nachbarn 38
Hiob und Suse 41
Das Radio 44
Im Ferienlager 47

Zwei
(Jugend)

Als ich einmal fast ins Heim für Schwererziehbare kam 57
Beim Friseur 60
Meine Jugendweihe 61
Sommerball 64
Hotel Berolina 67
Der Nazi-Chef 73
Alles so wie immer 78
Ein heimliches Treffen mit meiner Mutter 80
Mein erster Fluchtversuch 92

Wolken zählen 102
Allein mit Jesus 114
18 116
Wie im Hamsterrad 128
Nazi-Chef 2 129
Sehnsucht 132

Drei
(Knast)

Meine zweite Flucht 137
Im Verwahrraum in Bad Schandau 140
Polizeigefängnis Pirna 144
Gefängnis Schießgasse, Dresden 146
Auf Transport 155
Untersuchungshaftanstalt Berlin, Keibelstraße 162
Gefängnis Rummelsburg, Berlin 177
Strafgefangenenlager Schwarze Pumpe 213
Wieder draußen 254
Karl Marx gegen Levi's 275
Kein Schlusswort 283
Glossar 285

Dieses Buch beruht auf dem umfangreichen Manuskript von Detlef Jablonski, das von Grit Poppe literarisch bearbeitet und lektoriert wurde.

Impressum

© Detlef Jablonski, Berlin 2021
© KLAK Verlag, Berlin 2021
Alle Rechte vorbehalten

Umschlag: Jolanta Johnsson
Satz/ Layout: Jolanta Johnsson
Druck: BookPress, Olsztyn

ISBN 978-3-948156-42-8